直线电机轮轨车辆构造原理

柳拥军◎著

中国铁道出版社有限公司
CHINA RAILWAY PUBLISHING HOUSE CO., LTD.

内 容 简 介

本书主要论述世界上技术成熟的、有代表性的直线电机轮轨车辆的构造原理。内容包括：直线电机轮轨车辆的基本组成、牵引特性、基本阻力、编组模式，转向架设计原理及基本部件，车体构造与内装，车辆连接装置。

本书适合作为城市轨道交通、铁路行业有关科研、设计、制造技术人员和管理者的参考书，也可作为高等院校车辆工程、载运工具运用工程、交通运输规划与管理等专业的本科生和研究生的教学参考书。

图书在版编目（CIP）数据

直线电机轮轨车辆构造原理 / 柳拥军著. -- 北京 ：中国铁道出版社有限公司，2025. 6. -- ISBN 978-7-113-31849-9

Ⅰ. U264.03

中国国家版本馆 CIP 数据核字第 20259MW733 号

书　　名：**直线电机轮轨车辆构造原理**
作　　者：柳拥军

策　　划：张松涛　　　　**编辑部电话**：(010)83552550
责任编辑：张松涛　彭立辉
封面设计：刘　莎
责任校对：刘　畅
责任印制：赵星辰

出版发行：中国铁道出版社有限公司(100054，北京市西城区右安门西街 8 号)
网　　址：https://www.tdpress.com/51eds
印　　刷：北京铭成印刷有限公司
版　　次：2025 年 6 月第 1 版　2025 年 6 月第 1 次印刷
开　　本：787 mm × 1 092 mm　1/16　**印张**：9　**字数**：231 千
书　　号：ISBN 978-7-113-31849-9
定　　价：68.00 元

前言

直线电机轮轨车辆是一种以钢轮钢轨作为支撑、直线电机作为动力来源的新型交通工具。与传统轨道车辆相比，直线电机轮轨车辆因其独特的优势和技术特点，已经在中国、美国、日本、加拿大等国家的地铁、轻轨等城市轨道交通系统中得到广泛应用。

20 世纪 80 年代后期，我国学者就已经开始了对直线电机轮轨车辆技术的探索，早期以少数专家学者对国外技术发展和研究动向的跟踪为主。2000 年以来，随着广州地铁 4 号线及首都机场线项目的实施，我国直线电机轮轨交通车辆技术的研究进入高潮。2005 年，由广州地下铁道总公司牵头，以北京交通大学、北京城建设计研究院等高校和科研机构为主要参与单位的科研项目“广州市轨道交通 4 号线工程直线电机运载系统”获得立项，主要针对直线电机轮轨交通的系统集成、关键技术、重大装备等进行系统性的研究。2008 年之后，针对北京机场线和广州地铁 4 号线所引进车辆的直线电机、转向架等关键设备在运营中所出现的问题，青岛四方机车车辆股份有限公司、北京交通大学、西南交通大学、株洲电力机车研究所等单位进行了多项技术攻关和创新，取得了一系列的成果。

在科研成果的基础上，中华人民共和国住房和城乡建设部、全国城市轨道交通标准化技术委员会从 2008 年起，先后组织广州市地下铁道总公司、青岛四方机车车辆股份有限公司、北京交通大学、西南交通大学、株洲电力机车研究所等单位的专家开展了直线电机轮轨车辆技术标准的编制工作。技术标准的日趋完善标志着我国已经完全掌握了直线电机轮轨车辆的各项关键技术，形成了中大运量直线电机轮轨车辆技术体系，打破了国外在该领域的垄断，使我国成为继加拿大、日本之后世界上第三个掌握该技术的国家。

本书著者在北京交通大学从事轨道车辆工程方向的研究和教学，于2005年至2008年期间参与了国内“广州市轨道交通4号线工程直线电机运载系统”项目的研究，作为项目负责人承担了“直线电机车辆应用研究”“直线电机车辆径向转向架研究”两个子课题。2008年之后又参与了多项与车辆运用、直线电机和转向架的设计制造等相关的技术攻关项目。2008年至2020年期间作为主要编制人员参与了国内所有与直线电机车辆相关的技术标准的制定工作，2022年至2024年期间参与了国家标准《城市轨道交通直线电机车辆通用技术条件》（GB/T 32383—2020）中译英的编制工作。研究生党一纵、郝海龙、郝凯霞、李磊分别在牵引计算、直线电机悬挂、运行阻力和车辆动力学方面进行了研究，为完善直线电机轮轨车辆的技术体系做出了贡献。

本书基于著者及其课题组多年来在直线电机轮轨车辆关键技术及应用方面的探索和工程实践，并参考吸收加拿大、日本等国的部分成果，在对直线电机轮轨车辆的技术体系进行归纳整理的基础上编写而成。本书围绕直线电机轮轨车辆的核心技术论述了车辆各主要组成部分，特别侧重于有别于传统城轨车辆的车体、转向架、牵引力特性、运行阻力等内容。

在本书的编写过程中，得到了刘晓芳、刘晓静、乔志飞、郭俞宏的大力支持，在此一并表示感谢。

限于作者水平，书中疏漏和不妥之处在所难免，恳请读者批评指正。

著　者

2024年4月

目录

第1章 绪　论

1.1 直线电机轮轨交通技术的由来与发展

直线电机由旋转电机转变而来,可以认为是半径无限大的旋转电机,也可以认为是把旋转电机展开成平板状,它的基本构成和工作原理也与旋转电机类似。把定子和转子这两个圆筒展开成板状,并相对合在一起,通电后定子旋转磁场变成了直线移动磁场,转子随之沿定子的长度方向移动。于是,相应的传动方式也由旋转运动变为直线运动,如图 1-1 所示。

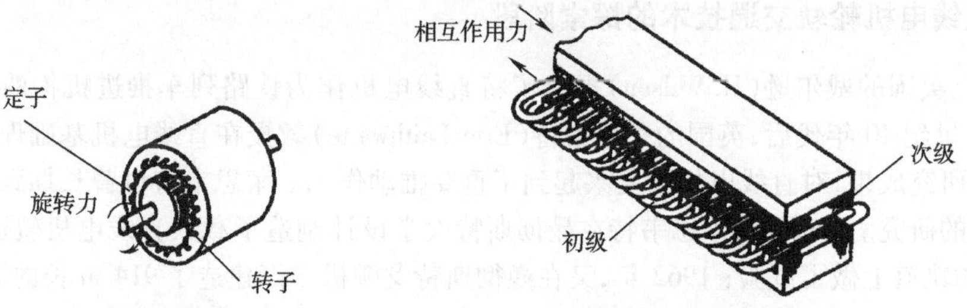

图 1-1　由旋转电机演变为直线电机的过程

1.1.1 直线电机技术及其发展

据有关文献的记载,直线电机的历史起源最早可追溯到 1840 年惠斯通(Wheatstone)提出并制作了直线电机的雏形。从那时至今,历经 180 余年,直线电机技术的发展走过了探索实验、开发应用和实用商品化三个阶段。

1840—1955 年为探索实验时期。这期间直线电机从设想到实验,再到部分实验性应用,经历了一个不断探索的过程。在 Wheatstone 提出和试制了直线电机雏形以后,1890 年美国匹兹堡市的市长在其文章中明确地提到直线电机及其专利。由于当时的制造技术、工程材料以及控制技术的水平,经过 20 多年的努力后,直线电机技术依然未能获得最终的成功。1905 年,曾有人提出利用直线电机推进铁路列车的设想,例如将初级电机放在轨道上,或者将初级电机放在车辆底部。这些建议提升了直线电机的应用价值,促使更多国家的科研人员投入到直线电机技术的研究。1917 年第一台圆筒形直线电机出现,并被人们试图用于导弹发射,但只停留在概念机阶段。1930—1940 年期间,直线电机进入了实验研究阶段,在此阶段,科研人员获取了大量的实验数据,从而对已有理论有了更深一层的认识,奠定了直线电机的技术基础。

1941—1955 年期间,一些发达国家在基础实验的基础上,又开展了一些应用实验。1945 年,美国曾进行过直线电机弹射飞机的试验,成功地将一架质量为 4 535 kg 的喷气式飞机在 165 m 的行程内由静止加速到 188 km/h。1954 年,英国研制了利用双边扁平型直流直线电机发射导弹装置,导弹发射速度可达1 600 km/h。与此同时,将直线电机作为铁路高速列车驱动装置的研究也得到了各国的高度重视。然而,这一时期在直线电机与旋转电机的相互竞争中,直线电机在成本和效率方面没有能够战胜旋转电机。直线电机的应用领域不明确,在设计方面也没有突破性的成功,所以直线电机在这一时期始终未能得到真正的应用。

1956—1970 年为直线电机的开发应用时期。1955 年之后,控制和材料技术的飞速发展促进了直线电机技术的进一步发展,从而进入全面开发阶段。直线电机专利数量也开始急速增加,增长率超过了所有其他技术领域的平均增长率。1965 年以后,随着控制技术和材料性能的显著提高,采用直线电机的磁流体动力泵(magneto hydrodynamic pump)、自动绘图仪、磁头定位驱动装置、电唱机、缝纫机、空气压缩机、输送装置逐渐开发出来。

1971 年至今为直线电机的全面推广应用时期。在此阶段,各类直线电机的应用得到迅速推广,许多具有实用价值的装置、产品被制造出来,例如直线电机驱动的钢管输送机、运煤机、起重机、空压机、冲压机、拉伸机、各种电动门、电动窗、电动纺织机等。利用直线电机驱动的高速磁悬浮列车,其速度已超500 km/h,接近了航空的飞行速度;利用直线电机驱动的中低速磁悬浮列车、轮轨式列车、独轨列车等,在世界各国大规模推广应用。

1.1.2 直线电机轮轨交通技术的探索阶段

1905 年,英国的威尔逊(H. Wilson)提出了将直线电机作为铁路列车推进机构的设想并申请了专利。20 世纪 40 年代后,英国的莱思韦特(Eric Laithwaite)教授在直线电机基础理论研究方面取得了很多研究成果,对直线电机的复兴起到了重要推动作用。莱思韦特也曾长期致力于直线电机轨道车辆的研究。1960 年,莱思韦特在曼彻斯特大学设计制造了载人直线电机轨道车辆模型,并在 24 m 的轨道上做了试验; 1962 年,又在曼彻斯特戈顿机车厂建造了 914 m 长的试验线,对该轨道车辆模型(垂直感应板)进行了试验。在英国政府的支持下,莱思韦特曾建立了“轨道气垫有限公司”(Tracked Hovercraft Ltd.),专门进行直线电机气垫悬浮轨道车辆的研究。1967 年,意志坚定的莱思韦特又为英国工业研究协会设计制造了一套用于汽车碰撞试验的直线电机加速系统。

1975 年,英国设计了一条以直线电机驱动、钢轮/钢轨支撑的列车试验线,轨道中间安装 238 m 长的铝制反应板,以英国 101DMU 型列车转向架为基础,在其上安装了直线牵引电机定子。但是,当时直线电机牵引试验并没有完成,而仅仅是检验直线电机牵引系统的可行性,包括反应板安装的难易程度等。

1980 年美国的 Johnson 提出了用直线电机驱动单轨列车的设想。但是,由于当时直线电机的调速性能、经济性、可靠性等与旋转电机相比还没有足够的竞争力,因此上述设想很长时间内未得到应用。

1.1.3 直线电机轮轨交通技术的成熟与快速发展阶段

20 世纪 70 年代以后,直线电机轮轨交通技术逐渐成熟,加拿大、日本、美国等相继成功地开发出直线电机驱动的轮轨交通系统并付诸实用。从技术的角度来看,这些系统分为两类:一类是采用短定子直线感应电机(安装于车辆);另一类是采用分段长定子直线电机。前者以加拿大、日本、中国为代表性技术,后者则已经在美国进行了长期的研究。

1970 年左右,加拿大安大略省城市交通发展公司投资开发一种中等运量的旅客运输系统以满足城市交通需求。该项目的建设目标之一是能减小高架线路对环境的影响。项目的最终成果是研制了全自动运行、采用直线感应电机牵引的新型中等运量轨道交通系统。1981 年,多伦多市东部的斯卡伯勒计划修建一条轨道交通线路,原本规划的是有轨电车,但是安大略省政府为了新交通系统的发展与推广,选用了新型的直线电机轮轨交通系统,并于1983年3月投入运营。1986年,加拿大温哥华市为解决世博会的交通需求,主管部门经过长期的酝酿决定建设一条采用直线电机轮轨交通技术的快速轨道交通线,称为空中列车(SkyTrain)。该系统1981年开始规划设计,1982年施工,1985年底全线建成,1986年1月在世博会开幕之前正式投入运营,称为世博会线(expo line),长28.9 km。2002年又开通了长20.6 km的新千年线(millennium line)。

20世纪70年代中期,日本在轨道交通建设方面遇到一个难题:一方面各大城市和地方中小型城市为了缓解城市交通运输压力急需建设地铁新线;另一方面逐年攀升的地铁造价又制约着各城市的地铁建设。在此背景下,日本国内开始探索低造价中等运量的小型地铁技术。1981—1983年,日本铁道技术协会进行了"小断面地铁直线电机驱动车辆"的研究,试制样车,开展基础实验,确立了采用直线感应电机驱动的小断面地铁模式。1985—1987年,在运输省及地下铁道协会的指导下,组成专门委员会,开展直线电机驱动小型地下铁道实用化研究。1990年3月,大阪鹤见绿地线京桥至鹤见绿地段(即7号线,后于1996年12月改称长堀鹤见绿地线)小断面的直线电机地铁通车运行;1997年8月,长堀鹤见绿地线大正至心斋桥段、鹤见绿地至门真南段开通。1988年东京大江户线开始一期施工,1991年12月光丘至练马段间开通;2000年12月第三期建成,全线通车;2001年建成神户海岸线;2005年建成福冈七限线(3号线);2006年12月,大阪长崛鹤见绿地线的大阪巨蛋前千代崎站改称巨蛋前千代崎站,标志着该线的建设全部完成,全线开通。同年12月大阪今里筋线开通。2008年建成横滨4号线。目前,日本已建成6条直线电机地铁线路,成为世界上拥有直线电机轮轨交通线路最多的国家。

20世纪80年代,中国北京曾对西直门至颐和园线采用直线电机轮轨交通方式进行过初步研究,由于当时条件的限制,其研究还不够深入,在线路设计、施工、运营中的许多关键技术问题并没有完全解决,最终未选用直线电机轮轨交通。2000年以后,随着广州地铁4号线以及首都机场线方案的论证,直线电机轮轨交通逐渐引起关注。最终广州地铁4号线、5号线和6号线以及首都机场线决定采用直线电机轮轨交通。广州地铁4号线试验段琶洲塔站于2003年1月28日破土动工,2005年12月26日大学城专线正式通车。广州是我国第一个应用直线电机轮轨交通的城市。2008年7月,采用加拿大MKⅡ型车辆(车体尺寸有所扩大)的北京地铁首都机场线也开通运行。目前世界上已建成及在建的直线电机轮轨交通线路见表1-1。

表1-1 直线电机轮轨交通线路

线路名称	开通年份	线路长度/km	车站数	最高运行速度/(km/h)	国家
多伦多斯卡伯勒线	1985	6.4	6	90	加拿大
温哥华空中列车世博会线	1985	28.9	20	80	加拿大
底特律 People Mover 系统	1987	4.8	13	48	加拿大
大阪鹤见绿地线(1996年12月起改称长堀鹤见绿地线)	1990、1997	15	17	70	日本
东京大江户线	1991、2000	40.7	38	70	日本
吉隆坡格兰那再也线	1998	29.4	24	80	加拿大
神户海岸线	2001	7.9	10	70	日本
温哥华空中列车新千年线	2002	20.6	13	80	加拿大

续表

线路名称	开通年份	线路长度/km	车站数	最高运行速度/(km/h)	国家
纽约肯尼迪机场线	2002	13	10	100	加拿大
福冈七限线	2005	12.7	16	70	日本
广州地铁4号线	2005	14.11/68.96	5/27	90	中国
大阪今里筋线	2006	11.9	11	70	日本
横滨4号线	2008	13.1	10	80	日本
北京首都机场线	2008	27.3	4	110	中国
龙仁 EverLine 线	2009	18.5	15	90	加拿大
广州地铁5号线	2009	31.9/40.5	23/28	90	中国
温哥华加拿大线	2009	19	—		加拿大
广州地铁6号线	2011	24.3/32.4	22/26	—	中国
仙台东西线	2015	13.9	13	—	日本

在以短定子直线感应电机为驱动力的直线电机轮轨交通系统获得长足发展的同时，以分段长定子直线电机驱动的轮轨交通也在不断发展。分段长定子直线电机驱动的轮轨交通简称为分段直线电机轮轨交通。它与上述短定子直线感应电机驱动的轮轨交通的相同之处是均为钢轮钢轨式的轮轨交通，不同之处在于直线电机安装方式不同。分段长定子直线电机的定子铺设在轨道上，转子安装在车辆上，故不需要为车辆提供驱动电源，因此不需要接触网或接触轨为车辆供电，这是其优势所在。美国对该种直线电机轮轨交通进行了长期研究，已在国会地铁、休斯敦机场摆渡、加州迪斯尼乐园内建起了相应的试验线。

美国国会地铁（Congressional Subway）是美国首都华盛顿哥伦比亚特区连接美国国会大厦和美国众议院、美国参议院的地铁，仅限议员、议会相关人员和职员使用。早期采用的是电气化轻轨技术，1933 年参议院到狄克和哈特参议院办公大楼之间的老线路改为分段长定子直线电机地铁，因此无须给车辆供电。在转向架下部安装有铝板作为直线电机转子的感应板，在线路上共分布着 506 段直线感应电机的定子，间隔 1.5 ~ 3 m。美国休斯敦机场摆渡系统采用了与美国国会大厦相似的系统，也采用分段长定子直线电机。该系统建于 1981 年，是为了运送休斯敦机场的旅客专门建设的。迪斯尼乐园中的直线电机轮轨系统曾称为 WEDway People Mover，始建于 1975 年。线路长度 1 671.5 m，双线运行。该系统与美国休斯敦机场摆渡系统相似，只是参数有一些差别。

1.2 直线电机轮轨车辆概述

直线电机轮轨车辆（简称直线电机车辆）交通一般指采用短定子直线电机驱动、依靠车轮和轨道进行支承与导向的轨道交通车辆。在轨道上铺设有感应轨（或称为感应板、反力板），使其与安装在车上的直线电机定子相互作用产生电磁力，驱动列车运行。车辆的支承与导向既可以是钢轮/钢轨形式，也可以是胶轮路轨形式。我国在引进直线电机钢轮/钢轨车辆技术之后，对其进行了严格的定义：由直线感应牵引电机驱动、钢轮钢轨支撑、在线路上可编成列车运行的车辆（GB/T 32383—2020《城市轨道交通直线电机车辆通用技术条件》）。

图1-2所示为直线电机轮轨车辆的结构示意图(以直线电机钢轮/钢轨车辆为例),直线电机的定子安装于车辆走行部,轨道上对应的位置安装反力板。车辆通过直流接触网供电,车体上安装的逆变器将直流电转换为频率可控的交流电供给直线电机定子,驱动列车前进。车辆依靠钢轮/钢轨支承和导向,司机或无人驾驶系统只能控制列车的前进或后退,以及加速、匀速或减速,而不能改变列车运行方向。

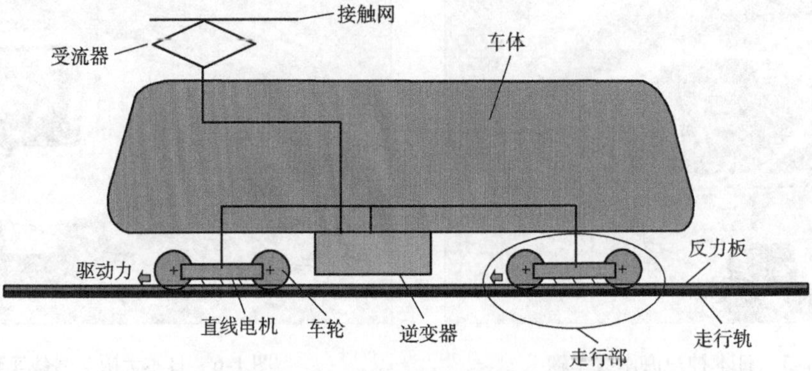

图1-2　直线电机轮轨车辆的结构示意图

目前世界范围内,采用钢轮、钢轨技术的直线电机轮轨车辆占据主流,已经形成了加拿大MK系列直线电机车辆、日本线性电机车辆,以及中国广州地铁直线电机车辆等三种典型的技术制式。由于发展时间、目标的不同,这些直线电机车辆都具有各自鲜明的特色。

加拿大MK系列直线电机车辆具有低噪声、低振动、大爬坡能力、小平面转弯半径、重量轻、小编组、高密度(发车间隔可达90 s)、全自动无人驾驶运行等特点。既可以在地面运行,也能实现以高架、地面为主,地下线为辅的运营模式。配以多项先进技术,能耗低、系统可靠性高,从而达到了降低运营成本的目的,成为城市轨道交通中技术先进、轻轨运量等级的运载系统。由于性能优越,加拿大直线电机车辆陆续应用于美国底特律、纽约,马来西亚吉隆坡,韩国龙仁,以及我国北京等城市。图1-3和图1-4所示为加拿大MKⅠ型和MKⅡ型直线电机轮轨车辆。

图1-3　MKⅠ型车辆

图1-4　MKⅡ型车辆

日本发展直线电机轮轨车辆是为了解决既有轨道交通线之间的低成本联络问题,重点考虑经济实用,不过度追求技术先进,致力于开发大运量、大编组、中等密度、小型化的直线电机轮轨交通,适合于地下线路运营使用。因此,日本的直线电机轮轨交通以地下线为主,甚至有的车辆段及综合维修基地也设置在地下。图 1-5 和图 1-6 所示为日本神户海岸线和大阪 7 号线直线电机轮轨车辆。

图 1-5　日本神户海岸线车辆

图 1-6　日本大阪 7 号线车辆

中国直线电机轮轨车辆的研发始于广州地铁 4 号线的建设,目标是开发与国产 B 型地铁车辆载客量相似的车型,因此在车辆尺寸、可靠性、通用性等方面提出了更高的要求。尽管在研发过程中引进了加拿大和日本直线电机轮轨车辆的部分技术,但是在充分分析加拿大和日本直线电机轮轨车辆优缺点的基础上,对直线电机轮轨交通的系统集成、关键技术、重大装备等进行了系统研究。这些研究内容包括车辆适用性、直线感应电机的设计、VVVF 变频器研制、转向架研制、车辆设计及系统集成等。针对运用过程中出现的一些问题,在后续车型的研制过程中不断进行创新与改进,最终形成以大容量为特色的直线电机轮轨交通系统和车辆技术。目前,以广州地铁 4 号线车辆为代表的车辆是世界上单车载客量最大的直线电机车辆,其轴重、运量大幅超过加拿大以及日本的直线电机车辆。除此之外,中国北京首都机场线还引进了加拿大 MKⅡ型直线电机车辆(车辆尺寸与载客量比原型车有所增加)。图 1-7 和图 1-8 所示为北京地铁首都机场线和广州地铁 4 号线直线电机轮轨车辆。

图 1-7　北京地铁首都机场线车辆

图 1-8　广州地铁四号线车辆

表 1-2 列出了加拿大、日本及我国直线电机轮轨交通系统和车辆的主要技术规格。

表 1-2 直线电机轮轨交通主要技术规格对比

—		加拿大(MKⅡ)	日本	中国
代表线路		纽约肯尼迪机场线	东京大江户线	广州地铁 4 号线
运量		中等运量	中等运量	大运量
编组		小编组、高密度	大编组、中等密度	大编组、中等密度
驾驶方式		无司机全自动驾驶	有司机自动驾驶/无司机全自动驾驶	有司机自动驾驶
土建特点		高架桥和地面线为主,地下线为辅	地下线为主,隧道净空断面面积只有传统轮轨交通隧道的 48%	高架桥和地下线并重,少量地面线
车辆尺寸	长/m	17.602	16.0	17.2
	宽/m	3.2	2.498	2.9
	高/m	3.81	3.145	3.625
质量/t		24(空车)	25(空车)	29(空车)
定员/人		123	头车 90,中间车 100	头车 312,中间车 347
转向架		迫导向径向转向架	自导向径向转向架	自导向径向转向架
供电方式		DC 750 V 三轨受流,四轨回流	DC 1 500 V 受电弓受流	DC 1 500 V 三轨,架空网受流

1.3 直线电机轮轨车辆的特点

直线电机在将电能直接转换成直线运动机械能的过程中不需要中间转换机构,因此采用直线电机驱动的车辆和其他非直线电机驱动的车辆相比,具有一些特殊的优势。

①旋转电机通过钢绳、齿条、传动带等转换机构转换成直线运动,这些转换机构在运行中,其噪声是不可避免的;而直线电机是靠电磁推力驱动装置运行的,故整个装置或系统的噪声很小或无噪声,运行环境好。

②采用直线电机驱动的车辆,不需要任何转换装置而直接产生推力,因此省去了中间转换机构,在简化车辆驱动装置的同时还能保证运行的可靠性,提高能量传递效率。车辆结构的简化使得制造成本降低并易于维护。

③直线电机车辆在产生电磁推力的过程中无机械接触,传动零部件无磨损,从而减少了机械损耗和机械维修工作量。此外,由于直线电机无转动部件,所以不需要轴承和润滑机构,使其结构简单,寿命延长,大幅减小了车辆运营中的维修工作量。

④直线电机车辆的驱动装置结构简单,呈扁平型,初级的铁芯和绕组端部直接暴露在空气中,同时次级很长,具有很大的散热面,热量很容易散发,所以热负荷可以取得较高,并且不需要附加冷却装置。

当然,任何事物都是一分为二的,直线电机轮轨车辆也不例外,也存在着一些不足之处,主要表现在以下两个方面:

第一,与同容量旋转电机相比,直线电机的效率和功率因数要低,尤其在低速时比较明显。其原因主要是由两方面引起的:一是直线电机的气隙一般比旋转电机的气隙大,因此所需的磁化电流较大,使损耗增加;二是由于直线电机初级铁芯两端断开,产生了所谓的边端效应,从而引起波形畸变等问题,其结果也导致损耗增加。但从整个装置或系统来看,直线电机省去了中间传动装置的功率消耗,可弥补一些功率损失。

第二,直线电机特别是直线感应电机的启动推力受电源电压的影响较大,故需要采取相关措施保证电源的稳定或改变电机的有关特性来减少或消除这种影响。

1.4 轮轨式车辆非黏着牵引模式的技术优势

直线电机驱动地铁车辆的特点是非黏着的驱动,车辆的运动是依靠直线电机所产生的电磁力来推进,而车轮仅起支撑承载作用,不传递驱动力,不再受到轮轨黏着因素的制约。

传统旋转电机驱动方式是由旋转电机产生动力,通过相应的机械传动装置(齿轮和传动连杆)传到轮轴上,再通过轮轨间蠕滑的作用形成牵引、制动力,推动或制动车辆,如图 1-9 所示。图中 ω 是车轮转动速度, v_0 是车辆运行速度。一旦轮轨间的力传递超过轮轨允许的最大黏着力 $F_{max} = \mu P$ (μ 为摩擦因数,P 为轮重),则会造成轮对空转和滑行,引起轮周力迅速丧失,此时车辆就不能实现牵引或制动。

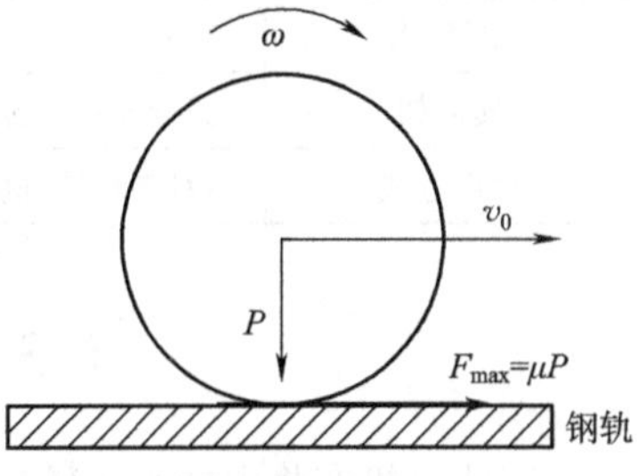

图 1-9 轮轨黏着产生牵引、制动力示意图

所以,传统的旋转电机驱动是一种受到轮轨黏着限制的驱动方式。对于黏着驱动方式而言,轮轨之间的摩擦力既是牵引运动的成因,又是牵引运动的限制。黏着驱动方式需要最大限度地利用正压力(轴重)并最大限度地获得高摩擦因数,而这些会受到轨道承载能力、轮轨接触材质特性和表面状态的限制。这些限制表现在:

①轨道和车轮的表面是暴露的,当轨面存在杂质或潮湿时,摩擦因数会大幅降低。实际可以利用的摩擦系数仅是理想状态的 1/3 左右,因此旋转电机驱动方式需要增大车辆重量以提高黏着力,导致车辆制造材料和能源利用效率降低。

②钢轨是铺设在弹性基础上的,轮对在钢轨上的运动实际上是一个振动过程。通常,轮对经由悬挂装置和转向架或车体相连接,组成一个车辆振动系统。这个车辆系统和轨道结构的相互作用,使轮对的运动轨迹具有明显的波动特性,故正压力的波动导致摩擦力波动,进一步引起摩擦力的波动,黏着牵引力随之波动。

③线路构造存在着坡道、曲线以及其他线路特征,使轮对产生瞬态的、周期性的或连续的响应,导致轴重的转移和再分配,影响摩擦力的有效利用。

④随着运营里程的积累,线路和车辆车轮的许多设计参数都不可避免地会出现不同程度的退化,偏离各自的初始值而出现各种不平顺。机车车辆系统要对这些不平顺输入产生响应,从而导致轴重的转移和再分配。

总之,对旋转电机驱动方式而言,轴重变化和牵引力之间的关系,涉及复杂的动力学环境和动力学效应,其中最重要的是接触传力效应和破坏性效应。超过一定的临界条件和参数匹配关系,轴重越大,破坏性也越大,牵引力的传递质量也越差。

而直线电机驱动方式的力的传递途径与旋转电机完全不同,它不需要中间的机械传动装置环节,而是利用直线电机的车载定子与地面感应板的直接电磁作用(也可视为直线电机自身的作

用)，产生牵引、制动力，完全不需要借助轮轨相互作用，属于非黏着驱动，因此上述因轮轨黏着而带来的问题全都迎刃而解。

发展用于轮轨式车辆的直线电机驱动技术的初衷是为了解决因黏着驱动而带来的诸多问题。运用实践表明，采用这种驱动技术不仅可以克服因轮轨黏着而带来的诸多问题，还可以使车辆的地板高度降低、断面积减小、轴重变轻以及动力性能提升，因此相比传统的旋转电机驱动车辆具有许多优势。主要有以下几点：

①直线电机车辆的车轮仅起支撑作用，列车牵引力不再受钢轮与钢轨之间黏着条件的制约，因而可以大幅增加牵引功率，获得更高的动力性能和爬坡能力，线路最大坡度可以达到60‰～80‰的最大坡度限制，远大于传统轮轨交通的30‰～40‰。

②由于牵引力直接在车载定子和轨道反应板之间产生，取消了机械变速传动装置，轮对轴箱相对于构架的摆动自由度得以释放，可以采用纵向刚度较小的定位结构。因此，直线电机车辆一般都采用径向转向架，从而具有更好的曲线通过能力。例如，直线电机车辆采用径向转向架后，正线最小曲线半径可减小至80 m，而我国B型地铁车辆正线最小曲线半径为250 m。

③直线电机车辆的下部空间不需要容纳旋转电机和机械传动机构，因此可以采用小半径车轮以降低车辆底板高度和车辆总高度，减小车辆断面尺寸。相应地，车辆限界、设备限界、建筑限界均有所减小，最后的结果是隧道断面显著减小。以日本东京地铁大江户线和新宿线为例，大江户线单线圆形隧道的内径比传统轮轨交通大约减少了1/3，净空断面面积只有传统轮轨交通隧道的48%。

④直线电机车辆采用非黏着驱动，不再需要通过增加轴重来提高黏着牵引力。转向架没有了机械传动机构，可以设计得很紧凑。再加上采用轻质材料车体，小型化各种设备，因此可以大幅度减轻车辆重量。以MKⅡ型车辆为例，轴重只有9 t。小轴重可以使轨道下部结构(包括道床、梁、墩，基础结构等)实现轻量化，减小高架线断面积，最终减小线路建设工程量。

⑤直线电机车辆没有旋转电机和齿轮箱等传动机构，车辆结构简单，非黏着驱动的特点使得车轮和钢轨磨耗少，因此系统机械维修量减小，车辆检修周期加长，检修工艺更加简单。以加拿南大温哥华空中列车轻轨交通系统为例，曾经运营20年无须大修，只需要进行日常维护。

⑥由于取消了传动装置，不再有齿轮箱及传动机构噪声。径向转向架的使用又改善了轮轨接触条件，减少了轮轨磨损和噪声。较小的轴重使得直线电机车辆在轨面上运行时，车体的横向、纵向和垂向振动加速度均小于传统地铁车辆，属于低振动系统。在驱动状态下，车载直线电机定子与反应板之间存在一定的垂向电磁吸力，因而脱轨系数比同等条件的地铁车辆要小，列车运行更加安全、稳定。

⑦直线电机车辆更容易实现再生电制动系统，能获得比传统电制动更大的制动力，并产生更大的再生能量，能节约系统牵引能耗。再生能量的回收利用还减少了隧道内因制动能量消耗而造成的隧道洞体温度升高，节约隧道通风和空调能耗。

1.5 我国发展直线电机轮轨车辆技术的意义

国内城市轨道交通线路布局主要遵循“主干网＋支线”的原则，即在城市主要干道上建设主干线路，通过枢纽站与支线路进行衔接。当前，不同类型城市的轨道交通建设呈现出不同的发展趋势，主要有三点：其一是以北京、上海、广州、南京等为代表的超大城市、特大城市基本都已实现了城市轨道交通主干网络的建设，下一步的发展趋势是进一步提高线网密度，大力建设联络线，实现更高效、便捷的换乘和连通，达到进一步提升城市交通网络的覆盖范围和服务质量的目的；其二是以苏州、厦门、温州为代表的大城市都已修建了数条主干线路，正在规划或建设城市轨道交通主干网络，以实现更快速、高效的交通出行；其三是以昆山、常州、绍兴为代表的中小城市开始规划或建设首条城市轨道交通线路，但受限于客流量不足，需要根据人口流动情况合理设置线路，尽力提高运营效益。

超大城市、特大城市联络线的建设需要避开既有地铁线路和各种地下设施，很多车站都只能建在地下很深的位置，导致线路不得不采用较小的曲线半径、较大的线路坡度，线路建设费用增高。中小城市轨道交通系统由于客流不足，预期运营效益普遍不高，同时由于中小城市财政收入有限，还面临着建设资金短缺的问题。另外，城市轨道交通建设往往涉及大量征地和拆迁工作，拆迁过程中，易出现钉子户、补偿争议等问题，影响工程进度和质量。

对于上述问题，直线电机车辆轮轨交通技术不失为一个较好的解决方案。直线电机车辆由于摆脱了轮轨黏着对牵引力发挥的限制，理论上只要驱动电机的功率足够大，就可以获得任意量值的牵引力，因此车辆可以获得很强的启动、加速和减速动力性能，尤其具有突出的爬坡能力，线路最大坡度可达到70‰（传统的地铁车辆最大允许35‰），并能在恶劣的环境和轨面条件下保持良好的性能。这就可对地铁线路的纵断面进行合理的选择，减小隧道与高架的过渡段长度，有利于减小地面占地和拆迁，从而降低地铁的土建工程造价。其次，直线电机驱动方式易于实现径向转向架。由于车轮不再传递牵引、制动力，所以轴箱定位结构可以大幅简化，尤其是牵引力不再经过轴箱传递，轴箱纵向定位刚度不需要设计得很大，因此可以容易地实现较小的轴箱定位纵、横向刚度，达到柔性定位。再加上轴间无传动装置和大直径的旋转电机，转向架的轴距可以适当减小，这样就很容易实现结构简单的径向转向架，提高了车辆的曲线通过性能和运行平稳性。由于转向架具有径向功能且轴距较小，使地铁运营线路的最小曲线半径可以大幅降低，使线路的选择更容易避开地下建筑物基础和高架地面建筑物，减少线路占地和拆迁工作量，也可大幅降低土建工程造价。第三，容易实现线路横断面结构的小型化。在旋转电机中，旋转力矩与其直径的平方成正比，所以要得到大的旋转力矩，电机的直径就要增大，在直线电机中，这相当于将相应的部分在长度方向延长，而高度方向可以减小。在大型电机中，如果是1级齿轮减速，车轮直径也必须加大；而采用直线电机驱动，则不必如此，因此可以减小车轮的直径，这将使车辆的地板面的高度降低，从而实现车辆限界的减小。

在我国广州地铁四号线的建设过程中，曾组织广州地铁设计院、北京交通大学、北京城建设计研究院、中铁咨询公司等单位完成了“广州市轨道交通4号线工程直线电机运载系统”科研项目，该项目在充分分析加拿大和日本直线电机车辆优缺点的基础上，对直线电机轮轨交通的系统集成、关键技术、重大装备等进行了系统的研究，内容包括系统适用性、直线感应电机的设计、VVVF变频器研制、转向架研制、车辆设计及系统集成、感应板、道岔研制、轨道结构设计、供电及配电系统、信号及列车运行控制等。在轨行系统及基础设施工程方面，重点研究了直线电机轮轨交通限界、线路设计参数、轨道结构相关技术、混凝土板式道床振动控制与轨道动态平顺性控制，以及高架结构动力特性及车辆走行性等。通过这些研究，取得了一系列重要成果，最终形成了以大容量为特色的具有中国特色的直线电机轮轨交通系统和车辆技术体系，打破了国外在该领域的垄断，使我国成为继加拿大、日本之后世界上第三个掌握该技术的国家。

中车四方青岛机车车辆股份有限公司研制的直线电机地铁车辆载客量大，填补了国际上中大运量直线电机地铁车辆的空白。以6辆编组为例，最多可载客2 012人，与常规B型地铁列车相当，是世界上载客能力最强的直线电机列车。自2005年国内首列直线电机地铁车辆在广州地铁4号线投入运营以来，我国直线电机列车实现批量化制造，至今为止，中车四方已累计获得超过1 000辆订单。这些车辆分别在广州地铁4号线、5号线、6号线等多条线路投入规模化商业应用，已安全运营19年。

直线电机轮轨交通系统和车辆关键技术的掌握，使得我国轨道交通装备制造企业具备了按照不同城市的需求开发各种不同运量和成本的直线电机列车产品的能力，可以推动城市轨道交通运营部门进一步提高国产设备选用率，降低轨道交通建设和运维成本，促进我国轨道交通技术制式的多元化发展。

第2章 车辆总体

车辆是直线电机轮轨交通系统中最重要的、也是最关键的设备,它是集多专业先进技术于一体的综合性产品,涉及机械、电气及控制、材料等领域,具有先进性、可靠性和实用性的特点,满足容量大、安全、快速、舒适、美观和节能的要求。通常,直线电机轮轨列车是全动车,即全部车辆都安装了驱动装备,但一般分为带司机室和不带司机室的车辆、带受流器和不带受流器的车辆等多种形式。直线电机列车的首尾两节车均带有司机室,多数列车各节车厢之间设置贯通道,乘客沿全列车可随意走动,使乘客在全列车中均匀分布,也有利于在列车发生意外事故时让乘客有秩序地沿此通道经司机室前端安全门撤离。但也有少数列车的各车厢之间不设置贯通道,乘客不可流通。

2.1 直线电机轮轨车辆的基本构造

作为公共交通工具,直线电机轮轨车辆的构造关乎乘客的舒适性和安全性。车辆基本组成部分包括车体及其附属设备、走行部、直线电机及其控制装置、空气制动装置、空调与通风系统、乘客服务设施、运行控制与监测装置、通信装置与网络设备等。

1. 车体及其附属设备

直线电机轮轨车辆的车体分有司机室车体和无司机室车体两种,是容纳乘客和司机驾驶的设备,也是安装与连接其他设备和部件的基础。作为新型轨道交通载运工具的直线电机轮轨车辆,其车体均采用整体承载的钢结构或轻金属结构,以达到在最轻的自重下满足强度的要求。一般均有底架、端墙、侧墙及车顶等。车体通常具备美观性、舒适性、轻量化三大特点。外部造型多为现代时尚的流线型,车内设备、设施牢固可靠,且具有良好的防水、防尘性能。图2-1所示为加拿大庞巴迪公司生产的MKⅡ型直线电机轮轨车辆的车体。

2. 走行部(转向架)

走行部也称转向架,位于直线电机轮轨车辆的车体与轨道之间,用来牵引和引导车辆沿着轨道行驶和承受与传递来自车体及线路的各种载荷并缓和其动作用力,其性能决定了乘客的舒适性及安全性,是保证车辆运行品质的关键部件。转向架一般由构架、弹簧悬挂装置、轮对轴箱装置和制动装置等组成。图2-2所示为日本开发的一种直线电机轮轨车辆的转向架。

图2-1 MKⅡ型直线电机轮轨车辆的车体

3. 直线电机

直线电机是产生牵引力、制动力的关键电气部件，包括定子和反应板。通常每个直线电机转向架上都安装有用于驱动列车的直线电机定子。图 2-3 所示为 MK 系列直线电机轮轨车辆所采用的直线电机定子。

图 2-2　直线电机轮轨车辆的转向架

图 2-3　MK 系列直线电机轮轨车辆的直线电机定子

4. VVVF 逆变器

VVVF(variable voltage and variable frequency，可变电压、可变频率)逆变器是直线电机轮轨车辆牵引系统中的重要组成部分，用于将直流电转换为交流电，以驱动直线电机。VVVF 逆变器通过将直流电转换为可变电压和可变频率的交流电，实现对电动机的精确控制，从而满足了地铁牵引系统的要求。图 2-4 所示为日本福冈市地铁七隈线直线电机轮轨车辆所采用的 VVVF 逆变器。

图 2-4　直线电机轮轨车辆的 VVVF 逆变器

5. 牵引缓冲连接装置

直线电机轮轨车辆编组成列运行必须借助于连接装置，即所谓车钩。为了改善列车纵向平稳性，一般在车钩的后部装设缓冲装置，以缓和列车冲动。另外，还必须连接车辆之间的电气和空气的管路。图 2-5 所示为北京地铁首都机场线直线电机车辆的自动车钩缓冲装置，图 2-6 所示为日本神户海岸线 5000 型直线电机车辆的电气和空气管路及半永久车钩缓冲连接装置。

6. 制动装置

制动装置是保证直线电机列车安全运行所必不可少的重要子系统，包括空气制动和电制动。通常首先采用电制动(包括动力再生制动或电阻制动)对列车进行调速，当再生制动力或电阻制动力不够时，再配合以空气制动使列车进一步降速或停车。空气制动包括制动机构和供风系统，常见的空气制动系统控制形式主要有车控式和架控式,制动机构有盘式制动和踏面制动之分,直线电机车辆转向架由于结构紧凑、轮径较小,多采用盘式制动。供风系统用于产生列车制动的施加与缓解所需的高压空气,保证车辆及时减速或停车。高压空气通常储存于制动风缸中。图 2-7 所示为大阪 7 号线直线电机轮轨车辆的盘式制动装置。

图 2-5　直线电机轮轨车辆的自动车钩缓冲装置

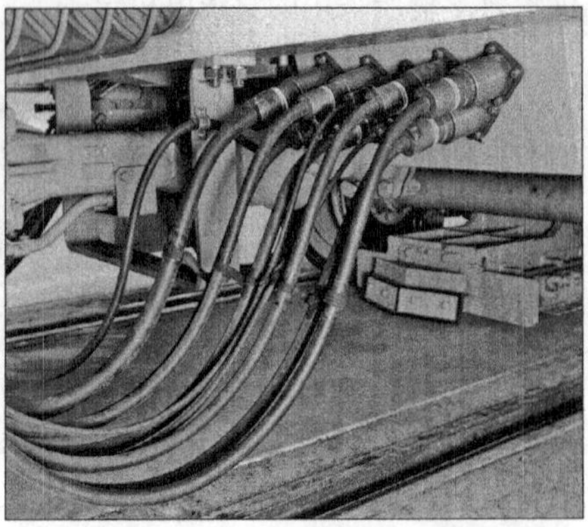

图 2-6　直线电机轮轨车辆的电气和空气管路及半永久车钩缓冲连接装置

图 2-7　直线电机轮轨车辆的盘式制动装置

除常规的空气制动装置外,有的直线电机轮轨车辆还装有磁轨制动装置。

7. 受流装置

受流装置是从接触导线(接触网)或导电轨(第三轨)将电流引入直线电机轮轨车辆的装置。直线电机轮轨车辆的受流装置按其受流方式可分为两种形式:

①轨道式受流器:从位于轨道一侧的导电轨受流,又称第三轨受流,其原理如图 2-8 所示。这种受流方式可以节约车辆上部空间,加拿大温哥华空中列车系统、北京地铁首都机场线以及广州地铁四、五号线等直线电机轮轨车辆均采用这种受流模式。图 2-9 所示为北京地铁首都机场线所采用的下作用式三轨受流器。

②受电弓受流器:属上部受流,弓可升可降,日本福冈市地铁七隈线直线电机轮轨车辆采用这种受流模式,如图 2-10 所示。

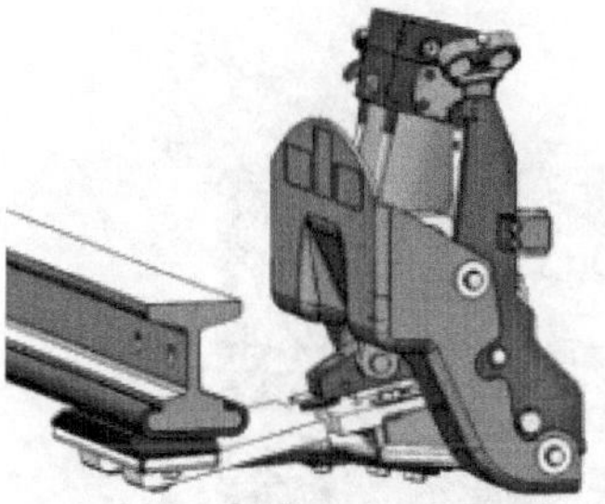

图 2-8 轨道式受流器原理

图 2-9 北京地铁首都机场线下作用式三轨受流器

图 2-10 直线电机轮轨车辆的受电弓受流器

8. 车辆电气系统

车辆电气包括车辆上的各种电气设备及其控制电路。按其作用和功能可分为主电路系统、辅助电路系统和电子与控制电路系统等三部分。

9. 辅助电源系统

辅助电源系统包含辅助逆变器、充电机、蓄电池组、车间电源等设备。其中,辅助逆变器为空调、空压机提供380 V交流电源,充电机为蓄电池组和直流负载提供110 V电源,蓄电池组用于列车激活启动,车间电源为库内检修(主要是空调)提供高压电源。图 2-11 所示为日本福冈市地铁七隈线直线电机轮轨车辆所采用的辅助电源系统。

10. 牵引与电制动系统

牵引与电制动系统是列车的动力核心,是列车电能转化为机械能的关键子系统。其中,高压主回路主要承担高压的接入和列车动力的输出,牵引控制回路主要承担控制指令的接入、逆变控制的输出及故障诊断功能,两者共同作用实现列车的牵引和电制动功能。

11. 列车控制装置

列车控制技术包含列车网络控制及硬线控制两种,通过总线或硬线向牵引、制动等子系统传输数字信号或模拟信号,实现对子系统的控制,进而实现列车的激活、列车的牵引和制动控制等基本功能,同时兼具网络监控与诊断功能。图 2-12 所示为日本福冈市地铁七隈线直线电机轮轨车辆所采用的 ATO/ATC 控制装置。

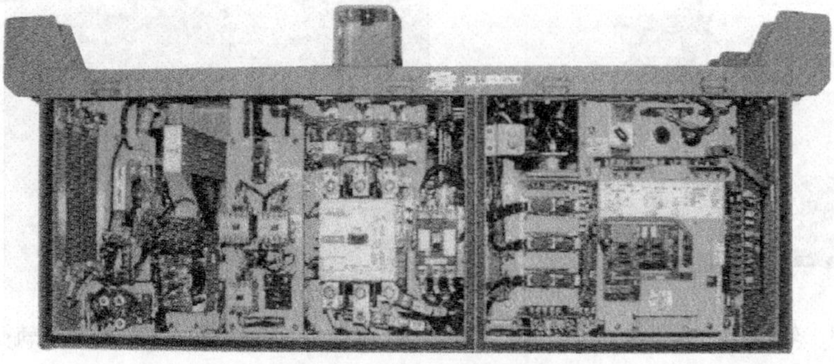

图 2-11　直线电机轮轨车辆的辅助电源系统

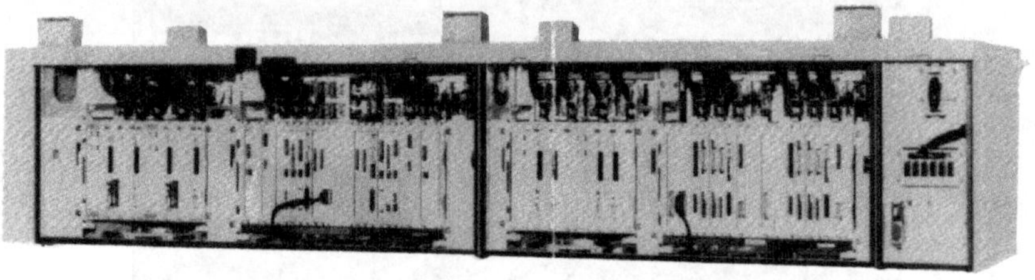

图 2-12　直线电机轮轨车辆的 ATO/ATC 控制装置

12. 列车无线设备

列车无线设备是为解决直线电机轮轨车辆调度通信而研制的，是直线电机轮轨车辆的重要组成部分，主要用于实现调度员、司机之间的通信，保障安全行车。其终端安装在列车两端司机室驾驶操作台的左侧，附带有显示屏、按键、扬声器、送话器等。其主机是车载无线设备的核心，安装在电气柜内，车顶和车底各有一个天线。图 2-13 所示为日本福冈市地铁七隈线直线电机轮轨车辆所采用的无线设备的车载主机。

13. 乘客信息系统

乘客信息系统由列车广播系统和媒体系统组成，主要用于提供及时、准确的线路信息和出行信息，给乘客提供及时、准确的运营服务和应急指引信息，同时具备应急情况下的乘客报警及紧急广播功能。图 2-14 所示为日本神户海岸线 5000 型车辆的乘客信息系统。

图 2-13　直线电机轮轨车辆的无线设备的车载主机

图 2-14　直线电机轮轨车辆的乘客信息系统

14. 车辆内部设备

车辆内部设备包括服务于乘客的车体内的固定附属装置和服务于车辆运行的设备装置。属于前者的有车电、通风、取暖、座椅、拉手等。图2-15所示为日本福冈市地铁七隈线直线电机轮轨车辆的内部设备。

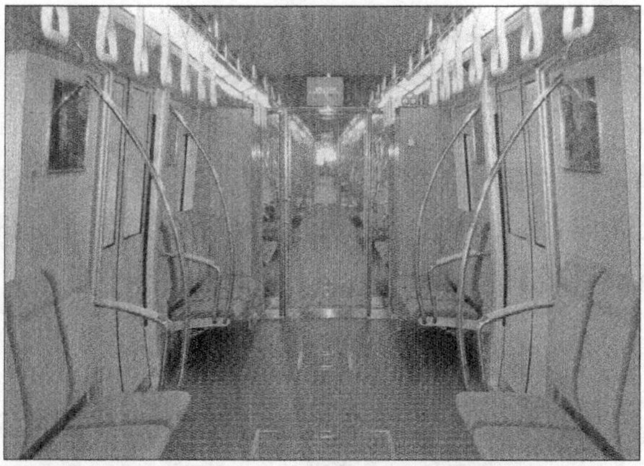

图2-15　直线电机轮轨车辆的内部设备

15. 车辆底部设备

服务于车辆运行的设备装置大多吊挂于车体底架，如蓄电池箱、继电器箱、控制箱、电动空气压缩机组、总风缸、电源变压器、各种电气开关和接触台箱等。图2-16所示为日本神户海岸线5000型车辆的底部设备。

16. 贯通道

贯通道装置也就是风挡装置，是车辆间的乘客通道，具有良好的防雨、防风、防尘、隔音、隔热等功能，能够使旅客安全地穿行于车厢之间。图2-17所示为日本神户海岸线5000型车辆的贯通道。

图2-16　直线电机轮轨车辆的底部设备

图2-17　直线电机轮轨车辆的贯通道

17. 空调与通风系统

空调系统的主要作用是确保车内温度基本恒定,为乘客提供舒适的乘坐环境。空调系统的主要参数是通风量和制冷功率,其选型特点为舒适与节能。同时,空调还应包括紧急通风功能,紧急情况下能够保证足够的外界通风。图 2-18 所示为日本神户海岸线 5000 型车辆的空调与通风系统。

18. 车门及其控制装置

车门包括客室车门和司机室侧门。客室车门为乘客出入列车的通道,司机室侧门为司机进出列车的通道,车门机械结构相对复杂,安装基数大,动作频繁,因此,要严格把控车门尺寸,确保车门动作可靠。车门开关动作可以由司机人工控制和信号系统自动控制。图 2-19 所示为日本神户海岸线 5000 型车辆的车门及其控制装置。

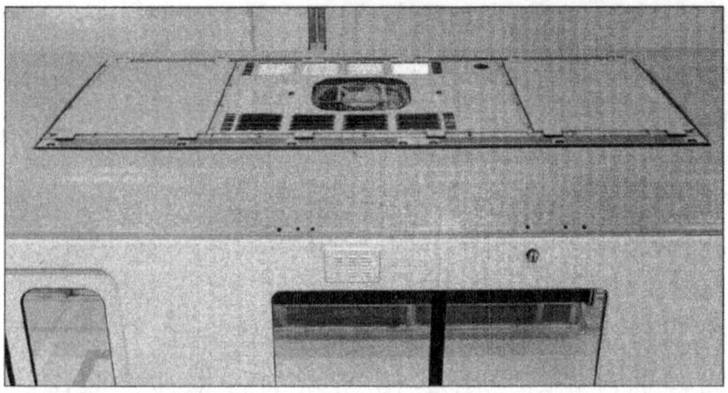

图 2-18　直线电机轮轨车辆的空调与通风系统

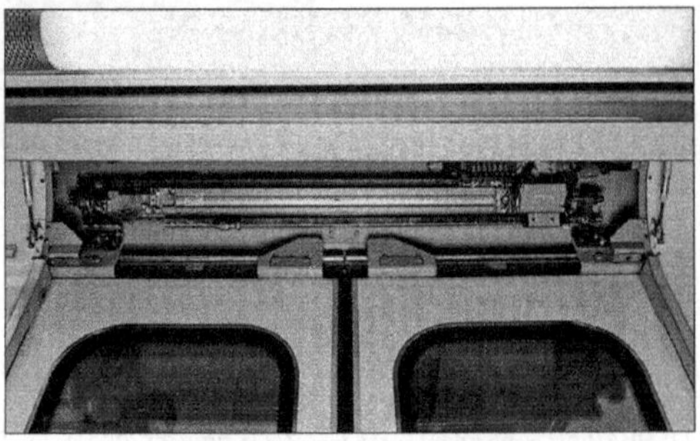

图 2-19　直线电机轮轨车辆的车门及其控制装置

2.2　直线电机轮轨车辆的主要技术参数

直线电机轮轨车辆的主要技术参数用于概括地介绍车辆技术规格的某些指标,是从总体上表征车辆性能及结构的一些参数,一般分为性能参数与主要尺寸两大类。

2.2.1　直线电机轮轨车辆的性能参数

具体性能参数如下:

①自重:自重为直线电机轮轨车辆本身的全部质量。

②轴重:指按直线电机轮轨车辆车轴型式及在某个运行速度范围内该轴允许负担的并包括轮对自身在内的最大总质量。轴重的选择与线路、桥梁及车辆走行部的设计标准有关。

③每延米轨道载重:这是直线电机轮轨车辆设计中与桥梁、线路强度密切相关的一个指标,同时又是能否充分利用站线长度、提高运输能力的一个指标,其数值是车辆总质量与车辆全长之比。

④通过最小曲线半径:指配用某种形式转向架的直线电机轮轨车辆在站场或场、段内调车时所能安全通过的最小曲线半径。当车辆在此曲线区段上行驶时不得出现脱轨、倾覆等危及行车安全的事故,也不允许转向架与车体底架或车下其他悬挂物相碰。

⑤每吨自重功率指标:车辆功率与自重的比值,单位为 kW/t。

⑥最高运行速度：指直线电机轮轨车辆设计时按照安全及结构强度等条件所决定的车辆最高行驶速度；并要求连续以该速度运行时车辆具有足够良好的运行性能。

⑦启动平均加速度：指在平直线路上，直线电机轮轨列车载荷为额定定员，自牵引电机取得电流开始，至启动过程结束（即转入其自然特性时），该速度值被全过程经历的时间所除得的商。注：牵引电机自然特性即通常所指的在额定电压、满磁场时的牵引电机的速度特性、牵引力特性等工作特性，以米/秒^2（m/s^2）为单位。

⑧制动平均减速度：指在平直线路上，直线电机轮轨列车载荷为额定定员，自制动指令发出至列车完全停止的全过程，相应的制动初始速度（一般取最高运行速度）被全过程经历的时间所除得的商。

⑨冲击率：由于工况改变引起的直线电机轮轨车辆列车中各车辆所受到的纵向冲击。该参数主要用于说明车辆本身电气及制动控制系统所应达到的冲动限制。用加速度变化率来衡量，以米/秒^3（m/s^3）为单位。例如，直线电机轮轨车辆正常运行（启动加速、电制动、紧急制动工况除外）时，纵向冲击率不得超过1 m/s^3。

⑩平稳性指标：评定直线电机轮轨车辆旅客乘坐舒适程度的主要依据，反映了车辆振动对人体感受的影响，因此评定平稳性的方法主要以人的感觉疲劳程度为依据，通常以平稳性指标表示。我国主要用斯佩林公式来计算平稳性指标 W，W 值越大，说明车辆的平稳性越差。

⑪额定载客量：即直线电机轮轨车辆正常允许的最大载客数量，其值等于座席数加上每平米地板面积允许站立人数乘以总地板面积的积的总和。

2.2.2　直线电机轮轨车辆的主要尺寸参数

主要尺寸参数如下：

①车辆最大宽度、最大高度：车辆最大宽度指车体最宽部分的尺寸；车辆最大高度指车辆顶部最高点离钢轨水平面之间的距离。这两个尺寸均需要符合车辆限界的要求。

②车体长、宽、高：有车体外部与内部之别，车体内部的长、宽、高必须满足货物装载或旅客乘坐等要求。

③车钩中心线距轨面高度：简称车钩高，是指车钩钩舌外侧面的中心线至轨面的高度。直线电机列车中各车辆的车钩高基本一致，是保证正常传递牵引力及列车运行时不会发生脱钩事故所必需的。

④地板面高度：地板面距轨面的高度与车钩高一样，均指新造或修竣后空车的数值。它将受到两方面的制约：一是车辆本身某些结构高度的限制，如车钩高及转向架下心盘面的高度；另一方面又与站台高度的标准有关。

⑤车辆定距：车辆两相邻转向架中心之间距离，如图2-20所示。

⑥转向架固定轴距：不论是二轴转向架或多轴转向架，其最前位轮轴中心线与最后位轮轴中心线之间的距离称为转向架固定轴距，如图2-20所示。

⑦气隙：直线感应牵引电机初级（即直线电机定子）铁芯齿表面与反应板表面之间的距离，也称为机械气隙，如图2-21所示。

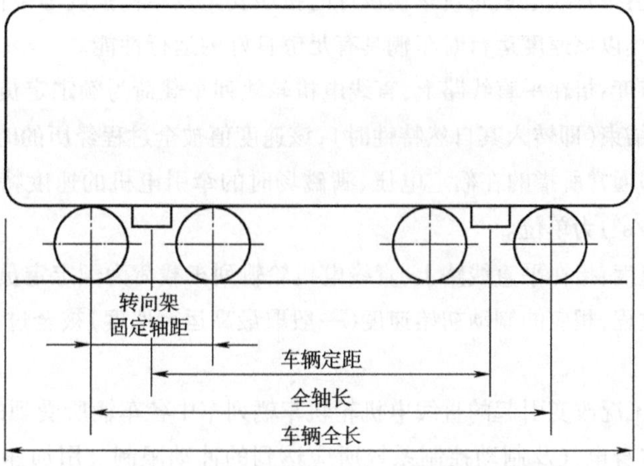

图 2-20 车辆定距和转向架固定轴距

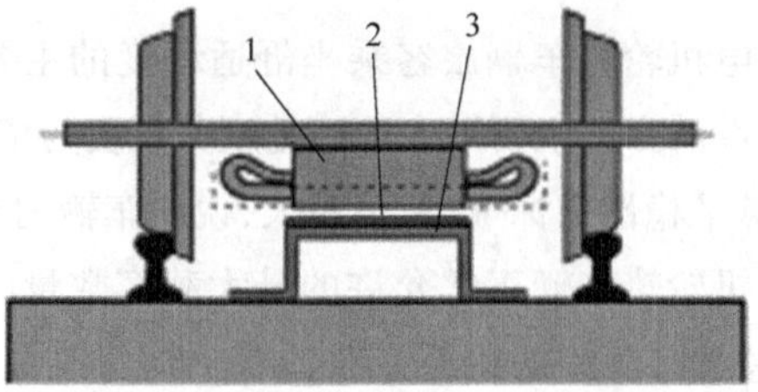

1—直线感应牵引电机初级铁芯;2—气隙;3—反应板。

图 2-21 直线感应牵引电机初级铁芯与感应板之间的气隙

2.3 直线电机轮轨车辆走行部的功能

走行部是直线电机轮轨车辆下部的一个相对独立的部件,位于车体与轨道之间,是车辆的重要组成部分,其主要作用是支承车体重量、产生和传递各种作用力,引导车辆沿着轨道运行。具体功能包括:

①承受车体的重量,并将其均匀地传递到轨道。

②导引车辆沿着轨道行驶,顺利地通过曲线和道岔。

③产生足够的牵引力,使得车辆达到需要的运行速度。

④产生足够的制动力,保证车辆在规定的制动距离内停车。

⑤缓和线路不平顺对车辆的动力作用,保证车辆具有较好的运行平稳性和稳定性。

走行部的结构形式和性能直接影响轨道车辆的运行可靠性、动力性能和行车安全。例如,走行部上设有弹簧缓冲减振装置,不仅可以减缓由轨道不平顺所引起的振动(见图 2-22),提高轨道车辆的运行品质,也使得走行部相对于车体可以适当地转动和平动,有利于通过曲线;轨道车辆的驱动装置和制动装置都安装在走行部上,方便对这两大关键系统的拆解和维护,满足车辆的运行要求,同时也使得轨道车辆结构更加紧凑,腾出更多的车体内部空间以装载货物或载客。

直线电机用来驱动轮轨式车辆时,磁铁和线圈(直线电机定子)和转子(感应板)分别安装在车辆上和轨道中间的导轨上。扁平状的直线电机定子一般安装在车辆的走行部，即转向架上。为保证一定的牵引、制动力，直线电机定子和转子间的气隙必须要控制在一定的范围内。通常，直线电机轮轨车辆的两端各有一个转向架和直线电机，牵引电器设备则安放于车辆中部，从车体底架往上看如图2-23所示。

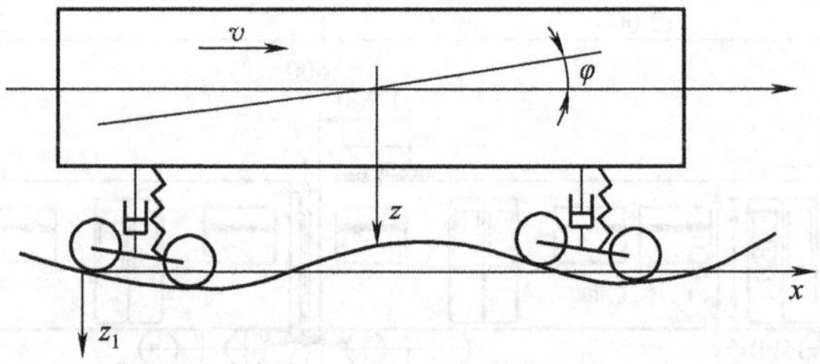

图2-22　走行部的结构和原理

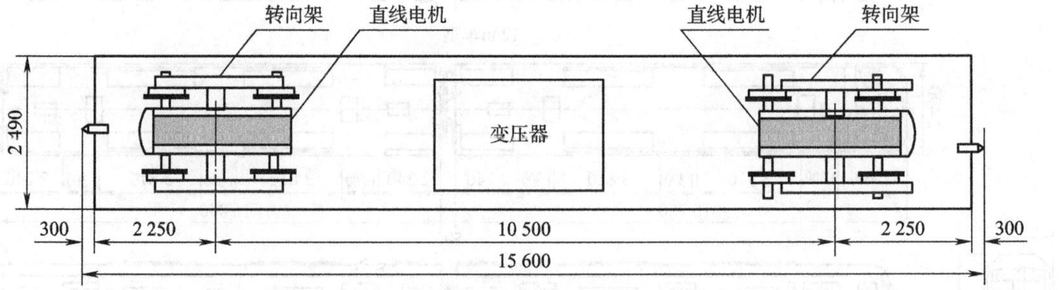

图2-23　直线电机轮轨车辆结构示意图

2.4　直线电机轮轨车辆的分类

2.4.1　中国和日本的标准化直线电机轮轨车辆

经过多年的发展，加拿大、日本、中国等国已经相继开发出多种结构形式的直线电机轮轨车辆，这些车辆按照容量大体上可分为两类：中小运量直线电机轮轨车辆和中大运量直线电机轮轨车辆。还有一类专门用于机场线的宽体直线电机轮轨车辆，这种车辆的轴重并不大，但通过加宽车体来增大车内空间，以便于航空旅客携带行李，其车体宽度可达3.2 m，几乎超过所有类型的城市轨道车辆，属于一种特制车型。

20世纪90年代，日本在直线电机运营线路达到一定规模之后，随着以直线感应牵引电机作为牵引动力的车辆的应用越来越广泛，为了实现直线电机车辆产品的批量化生产，降低运营部门的维修成本，减少整车及零部件采购过程中的纠纷，开始了直线电机车辆标准化的讨论，并逐步形成了直线电机车辆产品的标准化体系。在标准化车辆结构和尺寸的规划方面，日本地铁协会标准化委员会的专家认为，直线电机车辆与旋转电机车辆结构上的主要区别在于走行部，车体结构方面的差异很小，因此在直线电机轮轨车辆的容量方面可以根据各城市的需求设计不同尺寸的车体。

根据东京和大阪的运营经验以及全日本城市轨道交通的发展需要，日本地铁协会标准化委员会规范了LIM传动车辆的型谱，规划了12 m长度、16 m长度以及20 m长度三种车型，如图2-24所示。

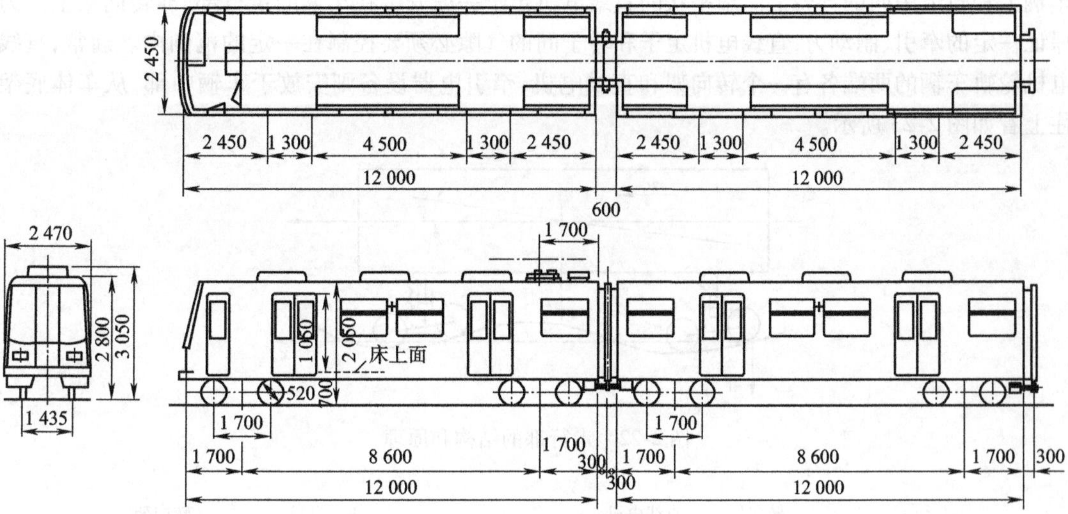

（a）12 m车型

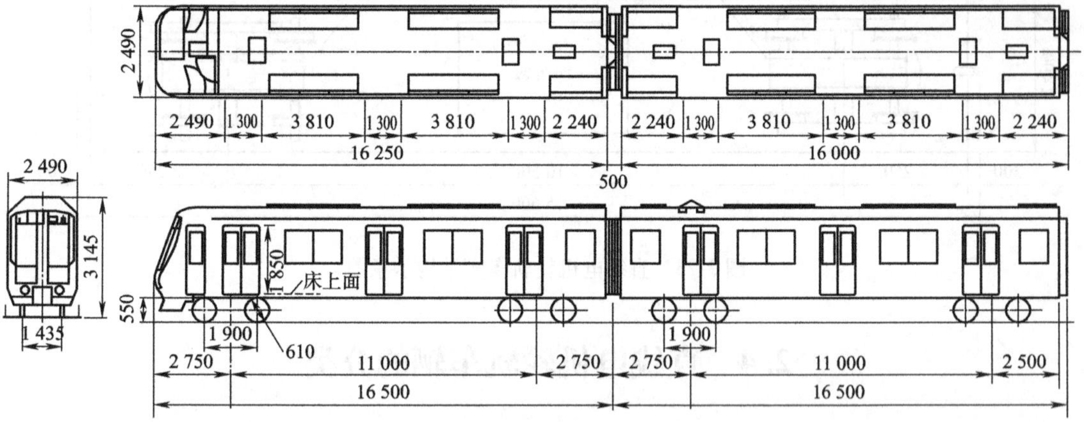

（b）16 m车型

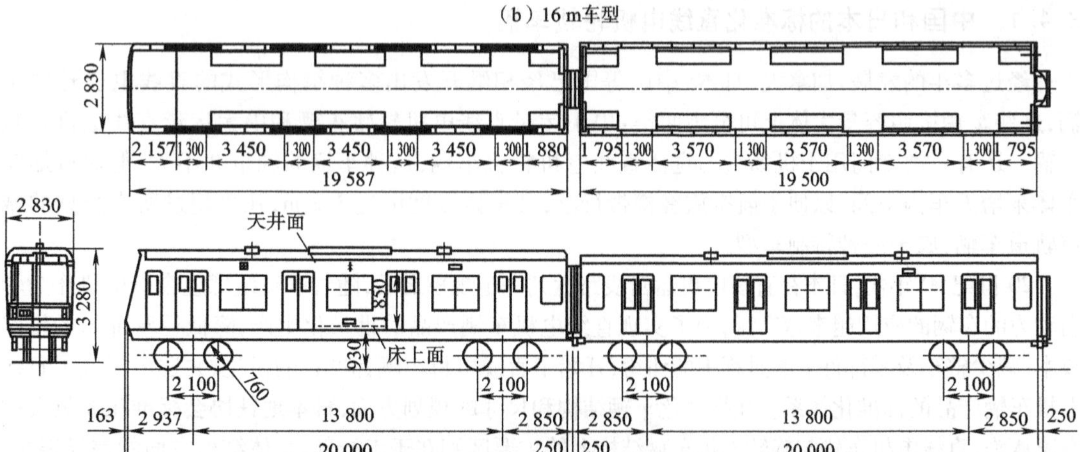

（c）20 m车型

图 2-24　日本系列化车辆外形尺寸

这三种标准车型的主要尺寸参数见表2-1。其中,12 m长度和16 m长度车型属于中小运量,而20 m长度车型已经属于中大运量车辆。

表2-1　日本标准车型的主要尺寸参数

车辆类型		12 m车辆		16 m车辆		20 m车辆	
轨距/mm		1435					
牵引供电		DC 600～1 500 V,接触网或第三轨受电					
车辆空车重量/t		15.6		25.5(平均)		33(平均)	
车型	M	Mc	M	Mc	M	Mc	M
载客量	座位/个	28	38	36	40	46	54
	站位/个	68	72	110	122	182	192
	合计/个	96	110	146	162	228	246
车体长度/mm		12 600		16 500		20 000	
车体宽度/mm		2 500		2 500		2 850	
车辆高度/mm		3 050		3 150		3 280	
地板高度/mm		700		800		930	
乘客室高度/mm		2 050		2 100		2 100	
转向架		二系为空气弹簧,无自导向机构					
车轮直径/mm		520		610		760	
转向架轴距/mm		1 700		1 900		2 100	
转向架中心距/mm		8 600		11 000		13 800	
LIM悬挂		转向架构架悬挂					

我国在广州地铁4、5号线,首都机场快速轨道交通线采用直线电机驱动方式的基础上,为了使这种技术模式得到更好、更广泛的应用,推动我国直线电机车辆技术的进一步发展,中华人民共和国住房和城乡建设部、全国城市轨道交通标准化技术委员会先后组织广州市地下铁道总公司、中车青岛四方机车车辆股份有限公司、同济大学、西南交通大学、北京交通大学、中车青岛集团株洲电力机车研究所等单位的专家开展了直线电机车辆通用技术标准的编制工作。按照GB/T 32383—2020《城市轨道交通直线电机车辆通用技术条件》技术标准,我国直线电机轮轨车辆分为L_b型车和L_c型车两类,车辆具体的尺寸规格见表2-2。其中,L_b型车属于中大运量车辆,L_c型车则属于中小型车辆。

表2-2　中国直线电机轮轨车辆技术规范

序号	名　称	L_b型车	L_c型车
1	车体基本长度/mm	16 800	15 500
2	车体基本宽度/mm	2 800	2 600
3	车辆最大高度/mm	3 650	3 550
4	车内净高/mm	≥2 100	

续表

序号	名　称	L_b 型车	L_c 型车
5	地板面高/mm	930	850
6	轴重/t	≤13	≤11
7	车辆定距/mm	12 000	11 000
8	通过最小曲线半径/m	60	

2.4.2 典型直线电机轮轨车辆简介

1. 中小运量直线电机轮轨车辆

MK Ⅰ型车辆是加拿大庞巴迪公司制造的先进捷运列车(advanced rapid transit)的第一代产品。它采用直线感应电机牵引、移动闭塞全自动列车控制系统和自导向转向架技术，保证了该系统优良的运行性能和在各种天气条件下准点运营的服务水平。最先采用 MK Ⅰ型车辆的系统有 Scarborough 快速交通系统(1984 年开通)和温哥华 5 kg Train 轻轨系统。

MK Ⅰ型车辆外形小巧，长 12. 7 m、宽 2. 5 m、高 3. 125 m，乘客容量 90 人(每平方米 6 名站立乘客)，属于小型城市轨道交通车辆。为减轻车辆自重，改善车辆运行性能，降低轮轨磨耗，MK Ⅰ车辆的车体结构由轻质的铝合金制造，外观为红、白、蓝色相间，如图 2-25 所示。

图 2-25　MK Ⅰ型直线电机轮轨车辆

多伦多 Scarborough 线采用的 MK Ⅰ型车辆(见图 2-26)除了外观不同、车辆定员略大一些外(乘客容量 100 人)，各种性能与温哥华 SkyTrain 系统的 MK Ⅰ型车辆基本相同，也能够实现全自动驾驶，但是出于安全的考虑，仍在车上设了司机。

1988 年，庞巴迪公司做了 ART(advanced rail transit system)技术性能及市场评估，认为要继续成功占领市场，需要降低车辆设计制造的成本并同时提高车辆的载客量。达到这些要求的最简单的方法是适当地增大车辆尺寸。由于主要设备的成本几乎不随车辆尺寸的增大而增加，因此每乘客座位的资金成本将会显著降低。MK Ⅱ型直线电机轮轨车辆(见图 2-27)正是基于这一目标而开发的。

由于 SkyTrain 系统的限界是根据 MK Ⅰ型车辆设计的，新开发的 MK Ⅱ型车辆必须保证能够在相同的限界内运行，因此车辆外形尺寸也不能有太大的增加。车辆长度从 12. 7 m 增加到 16. 85 m，宽度从 2. 5 m 增加到 2. 65 m。在增大车辆尺寸的同时，尽量减小了内部设备的尺寸，两方面的改进使得 MK Ⅱ型车辆的乘客空间比 MK Ⅰ型车辆大概增加了约 50%,载客量从 90 人增加到 130 人(每平方米 6 名站客)。该车最高速度为 90 km/h,平均服役速度为 45 km/h。MK Ⅱ型直线电机轮轨车辆主要部件的样品制造及测试于 1992 年完成,第一批订单于 1994 年末与吉隆坡签订,应用于 LRT 系统。1998 年末,作为发展 SkyTrain 系统的承诺,温哥华省政府从庞巴迪运输部门订了 60 列第二代 MK Ⅱ型 SkyTrain 车辆,20 列用作世博线,40 列用作新千年线。因此目前 SkyTrain 系统是 MK Ⅰ型车辆和 MK Ⅱ型车辆混合运行。

图 2-26　Scarborough 线的 MK Ⅰ型直线电机轮轨车辆

图 2-27　MK Ⅱ型直线电机轮轨车辆

马来西亚吉隆坡格兰那再也线(The Kelana Jaya Line,缩写为 KJL,原名为 PUTRA Ⅱ线)是一条由东北至西南方向的线路,全长 28.68 km,在城市中心为地下线,其余为地面线和高架线,共设有 24 座站。格兰那再也线采用了庞巴迪 MK Ⅱ型车辆(见图 2-28),同样是在温哥华市 MK Ⅰ型基础上改进的车型,但与 SkyTrain 系统的 MK Ⅱ型车辆相比适当增加了载客量并采取了一些降低成本的设计。列车实现了无司机自动化运行,因此无驾驶室,头车和尾车的长度为 16.85 m,中间车的长度为 16.7 m,宽度都是 2.65 m,额定载客量为 185 人。

日本目前已经投入运营的各种直线电机轮轨车辆,包括大阪长堀鹤见绿地线 70 型、东京大江户线 12000 型、神户海岸线 5000 型、福冈七隈线 3000 型和横滨 4 号线 10000 型车辆等在内,都属于中小运量车辆,定员一般只有 20 m 长的既有地铁车辆的 60%~70%。为了缓解因车辆尺寸小给乘客带来的狭窄压抑的感觉,日本的制造商在设计制造车辆时采取了多种措施。这些措施包括:使用小轮径车轮降低地板高度,采用曲线车体断面和平直形状车辆顶板,使用超薄型空调,取消车内的悬挂广告和行李架等。已经开通的日本直线电机车辆基本都能保证车内净空高在 2.1 m，这个高度虽然比既有地铁车辆低 10 cm 以上，但能够保证乘客乘坐舒适性的要求。

图 2-28　马来西亚吉隆坡格兰那再也线车辆

大阪长堀鹤见绿地线是日本第一条直线电机地铁线路，采用 70 型直线电机车辆，实现了车上各种设备的小型化，如图 2-29 所示。由于转向架轮径较常规转向架减小 200 多毫米，配合车下设备的小型化，车体底板较常规车辆降低近 600 mm，实现了整车的小型化。低重心使得车辆在小曲线或陡坡线路上高速运行时依然具有良好的稳定性，车体左右摆动幅度较小，大幅提高了乘客舒适度。该车最高速度为 70 km/h。车辆外形尺寸方面，带司机室的端部车辆长 15.8 m、宽 2.49 m、高 3.12 m，不带司机室的中间车长 15.6 m、宽 2.49 m、高 3.115 m。车辆定员为端部车辆 89 人，其中座席 30 人，中间车定员 101 人，其中座席 38 人。车辆自重为端部车辆 26.5 t，中间车辆 24.5 t。

图 2-29　大阪长堀鹤见绿地线车辆

东京大江户线使用的车辆为 12000 系列车辆，如图 2-30 所示。每节车辆设置三对车门，车门上方交替设置显示板，此外还设有车内自动广播设备及直接与列车员通话的紧急报警装置。每列编组有两节车厢。除了试制车辆之外，在大江户线上使用的 12000 系列车辆共分 5 批制造，每批生产的车辆均比以前有所改进。该车最高速度为 70 km/h。车辆外形尺寸方面，带司机室的端部车辆长 16.75 m、宽 2.498 m、高 3.145 m，不带司机室的中间车长 16.5 m、宽 2.498 m、高 3.145 m。车辆定员为端部车辆 90 人，其中座席 36 人，中间车定员 100 人，其中座席 44 人。车辆自重为端部车辆 24 t，中间车辆 25 t。

图2-30 东京大江户线车辆

神户海岸线采用5000型车辆,如图2-31所示。5000型车辆比大江户线12000型车的体积要小,为了减轻重量,车体全部用耐腐蚀的铝合金焊接结构,喷涂氟化乙烯树脂。为了减轻车内的狭窄感,天花板设计为平顶式,并配以高亮度的颜色。车内设置了轮椅停靠位置,安装了照顾专座,方便一些特殊旅客乘车。该车最高速度为70 km/h。车辆外形尺寸方面,带司机室的端部车辆长15.8 m、宽2.49 m、高3.12 m,不带司机室的中间车长15.6 m、宽2.49 m、高3.12 m。车辆定员为端部车辆84人,其中座席30人,中间车定员97人,其中座席38人。车辆自重为端部车辆26.2 t,中间车辆24.8 t。

图2-31 神户海岸线车辆

2. 宽体直线电机轮轨车辆

宽体直线电机轮轨车辆是在MKⅡ型车辆的基础上开发的,主要用于机场联络线,以美国纽约肯尼迪国际机场AIRTRAIN车辆和我国北京首都机场线车辆为代表。

美国纽约肯尼迪国际机场AIRTRAIN轻轨交通系统是连接肯尼迪国际机场与纽约市中心的

重要交通线，在规划时提出了非常苛刻的运行要求，包括无人驾驶、小半径曲线通过与爬坡能力（AIRTRAIN 线路最小曲线半径为 70 m，坡度为 5.3%）、与站台屏蔽门相适应的停靠准确性、低噪声水平、低成本、高效率等。加拿大庞巴迪公司为运营商提供了满足上述目标的先进快速交通（ART）技术。庞巴迪公司为 AIRTRAIN 系统提供的直线电机轮轨车辆是 1998 年投入使用的吉隆坡 ART MK Ⅱ 型车辆的改进版，车辆长度增加到 17 602 mm，宽度增加到 3 200 mm，如图 2-32 所示。为方便航空旅客携带行李上下车，车门加宽到 1 830 mm，同时增加了车载行李架并把车内的座位数量减少到 26 个，以提高放置行李的空间，因此一辆车的设计容量根据乘客是否携带行李分别为 97 人和 123 人。

图 2-32　AIRTRAIN 列车外观

北京地铁首都机场线是连接北京市区与北京首都国际机场的轨道交通线路，于 2008 年 7 月 19 日开通。线路呈 Y 形回路走向，全长 29.8 km，共设 5 座车站，其中地下站 4 座、高架站 1 座。北京首都机场线的宽体车型如图 2-33 所示。车辆自重：Mc 车 ≤25 t，M 车 ≤25 t，设计、制造按 DIN5510 或 NFPA 130 标准。

带司机室的 Mc 车长度为 16 130 mm，不带司机室的 M 车长度为 15 280 mm；车辆高度为 3 775 mm，宽度为 3 200 mm（最大处），客室内净高度大于 ≥2 020 mm。车体之间采用大通道，宽度为 1 400 mm，高度为 1 955 mm。

图 2-33　北京首都机场线车辆

3. 中大运量直线电机轮轨车辆

中大运量直线电机轮轨车辆以广州轨道交通 4、5、6 号线车辆为代表，属于标准 L_b 型车，目前是世界上单节载客能力最大的直线电机轮轨车辆，如图 2-34 所示。与国外成熟车辆相比该车辆的牵引系统、制动系统和转向架等重要部件都有新的设计开发，并取得技术上的突破，具有适应小曲线、大坡度的特点，很好地解决了广州城市轨道交通建设中的一些特殊要求。车辆自重约 30 t，轴重 ≤13 t。按照是否带司机室，车辆分为 A 车和 B 车，额定载客量分别为 217 人/A 车，242 人/B 车。车辆能够通过的最小平面曲线半径为正线 150 m，辅助线 100 m，车场线 60 m，能够通过的最大坡度为正线 60‰，配线、车辆段 70‰。

图2-34　广州轨道交通4号线车辆

2.5　直线电机轮轨车辆主要设备布置

设备布置是指在直线电机轮轨车辆的内部合理地安排各种设备，以确保列车的正常运行、乘客的舒适度和安全性。与车辆运行性能相关的设备包括牵引控制装置、运行控制装置、逆变器、制动控制装置、通信系统信号设备等，与乘客服务相关的设备包括空调、通风、辅助供电等设备。设备布置要充分利用车辆内部空间，合理布置设备，避免浪费；确保列车运行安全，避免因设备布置不当导致的事故；考虑维修人员的工作便利性，方便日常维护和检修；考虑乘客的舒适度，提供良好的乘车环境。

MKⅠ型车辆采用无人驾驶方式运营，列车需要全面实时监控和通信来接收控制中心的指令，并向公众提供信息。监控和通信是通过安全监控系统（HMS）提供的，它与所有适当的车辆子系统相连，然后通过无线电系统和ATC系统相连。无线电系统提供车辆完全的运行状态细节并通过ATC收集数据。车载通信系统包括一个用来自动报站的公共演讲系统（PA）。PA来自控制中心，末端在司机控制板上。乘客协助控制板（PAP）安装在门边，为公众和控制中心提供完全的双向服务。乘客协助控制板上的讲话按钮能迅速呼叫总机，并显示车辆身份。PAP也可以用来收听车辆上的活动。总的来讲，MKⅠ型直线电机轮轨车辆总体结构设计简洁、明快，结构布局合理，如图2-35所示。

图2-36所示为MKⅡ型车辆的主要设备布置示意图。其主要电气设备放在两端的电气橱柜中，在车体中部下面安装了四个电气盒分别放置了镍-镉电池、主逆变器、辅助逆变器和用于制动系统的压缩机、储液器和液压盘制动的调节装置。空调安装在车体顶部，为了维持车内的空气质量，安装了湿度和温度控制器，并与车载计算机系统通过区域网连接进行控制。车辆前端有一个控制台，覆盖有可锁的顶盖，里面容纳有启动、制动杆，速度计和各种控制器及指示器，包括可以显示部件状态的安全监控转换器等。为保证旅客在紧急状态下的安全性，MKⅡ型车辆与MKⅠ相同，安装了三个乘客用对讲机，八条黄色无声报警带和车门紧急开启装置。

北京地铁首都机场线直线电机轮轨车辆的主要电气设备均布置于车下，如图2-37所示。电气牵引系统为VVVF控制的交流传动系统。牵引电机采用适用于VVVF逆变器供电方式的直线电机。直线牵引电机冷却方式为强制通风冷却，并具有良好的空气滤尘功能。列车控制采用总线控制方式。实现所有指令、报警或设备状态均使用基于双CANbus的列车网络系统。VVVF逆变器的功率元件采用大功率电力电子器件 IGBT(绝缘栅双极晶体管)。列车制动方式采用电力再生制动与摩擦制动混合运算的控制方式,不设电阻制动,但安装过压保护装置。优先充分发挥电力再生制动的作用以减少闸片的磨耗和节省电能,当电力再生制动力不足或失效时,由摩擦制动补足或替代。电力再生制动与摩擦制动随时自动配合、平滑转换,列车无冲动。制动系统采用高速微机控制并具有自诊断功能,采用先进成熟的控制技术,并具有完备的监控和系统保护功能。列车制动采用电力再生制动与应用电信号控制的快速反应模式的液压制动实时协调配合。基础制动采用单元盘形制动装置,部分盘形制动带有停放制动功能。制动系统具有优异的滑行控制(抑

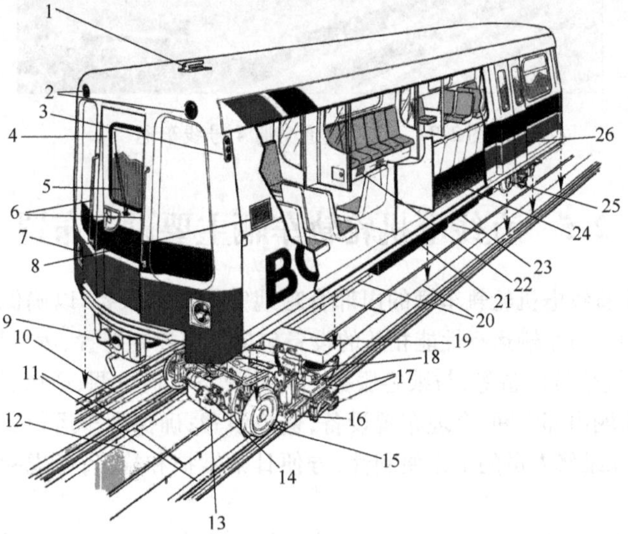

1—无线电天线;2—红色标志灯;3—车辆状态灯;4—端门;5—风挡和刮水器;6—扶手;7—前灯;8—护栅和通风装置;9—自动车钩;10—供电轨(第三轨);11—钢轨;12—直线电机反应板;13—直线感应电机;14—制动盘;15—轮对;16—磁轨制动器;17—受流器;18—空气弹簧;19—摇枕;20—地面列车控制电线;21 电机功率转换单元(PCUs);22—电加热器;23—直流变流器;24—座椅下的电机控制单元和蓄电池;25—轴端转速计;26—滑门。

图 2-35 MK Ⅰ 型直线电机轮轨车辆设备布置

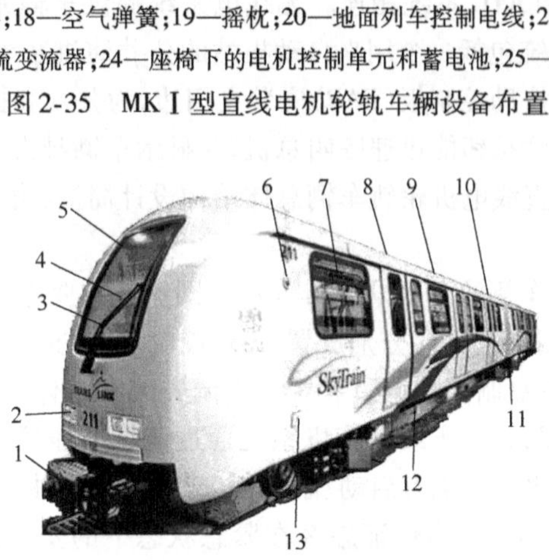

1—车钩;2—前灯;3—控制台;4—刮水器;5—红色尾灯;6—指示灯;7—内部装饰;8—安装在车顶的加热通风和空调器;9—无线电通信天线;10—铰接通道;11—转向架;12—四个电器盒;13—乘务员门开关。

图 2-36 MK Ⅱ 型车辆的主要设备布置示意图

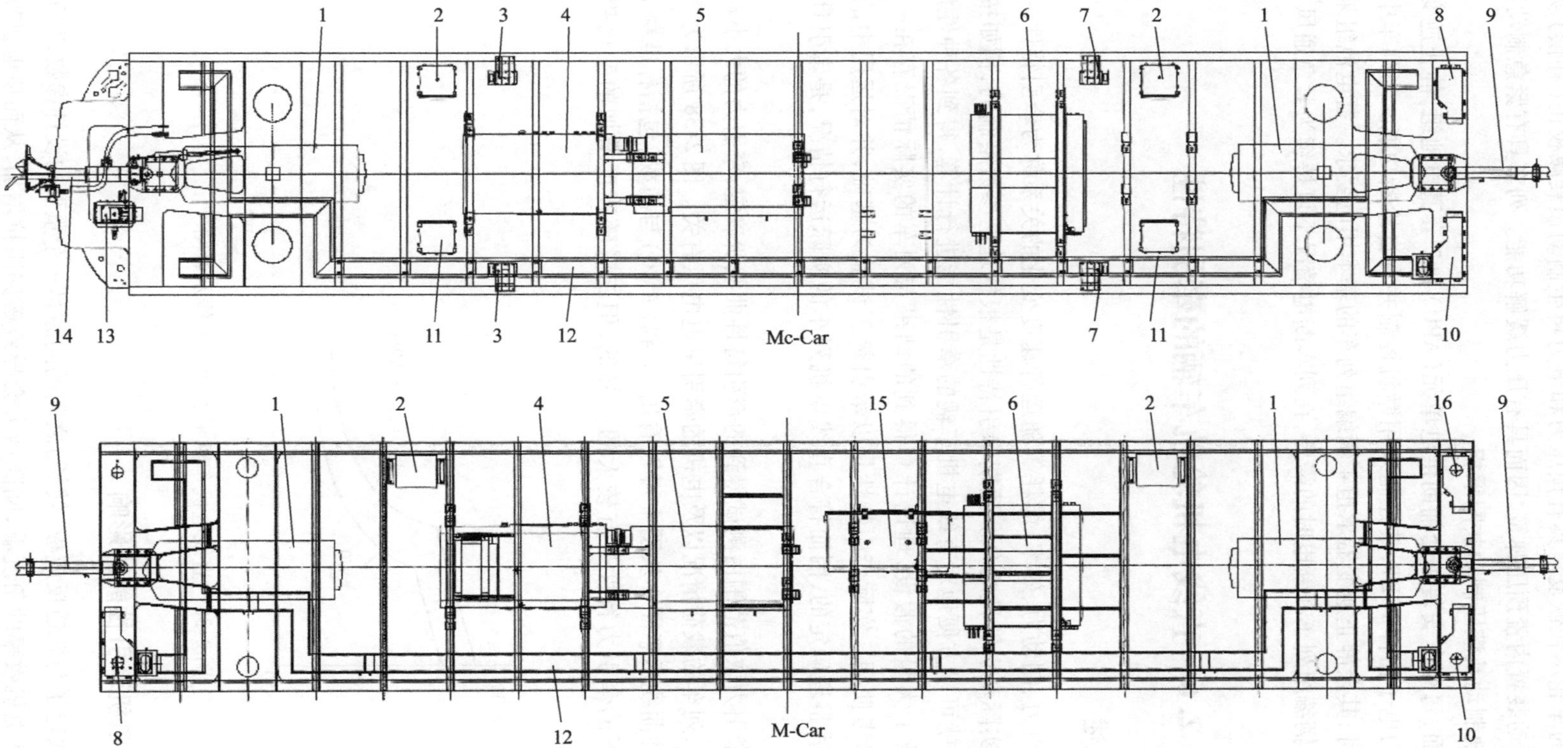

1—直线电机；2—高压接线箱；3—DCS天线；4—PCU-高压箱；5—PCU（逆变单元）；6—APU（辅助供电单元）；7—CCTV / PIS天线；8—车端接线箱Ⅰ；9—半永久车钩；10—车端接线箱Ⅱ；11—低压接线箱；12—线槽；13—STF天线；14—自动车钩；15—蓄电池箱；16—车端接线箱Ⅲ。

图2-37　北京地铁首都机场线车辆的主要电气设备布置

制)功能,使发生滑行的车轮尽快恢复。具有预压力和电力再生制动预衰减校正(补偿)功能。常规制动时,由于液压制动装置内置预压弹簧,因而具有压力缓解功能。列车具有紧急制动系统,紧急制动由电制动和磁轨制动及液压制动共同承担。

辅助电源系统方面,每列车安装 4 套辅助供电单元(APU)和 2 套蓄电池组,静止逆变器的功率元件采用大功率电力电子器件 IGBT,其控制采用微机控制并有自诊断功能。当列车中某一台静止逆变器出现故障时,其余静止逆变器承担 4 辆编组列车的基本用电要求。蓄电池组采用免维护蓄电池,容量满足 4 辆编组列车在断电时的需要,在列车断电情况下可持续为紧急通风、照明等供电 30 min 以上。

2.6 直线电机轮轨车辆的牵引特性

2.6.1 牵引特性概述

直线电机车辆牵引力、制动力、效率、能耗等随运行速度变化的关系称为牵引特性。牵引特性有预期牵引特性和实际牵引特性之分。预期牵引特性是根据理论参数绘制的,例如按照参考文献[9]所述的方法,就可以方便地对直线电机车辆的牵引性能进行计算,得到各种性能曲线。但是,由于在计算时做了大量的假设,理论计算得到的结果与列车的实际情况存在一定的差异,因此仅供设计时参考使用。实际牵引特性是以牵引热工试验为基础,并对运用中的直线电机车辆进行调查分析后整理确定的,因而符合直线电机列车的实际运行情况,是牵引计算的原始依据之一。

直线电机车辆的牵引力取值范围由测试得到的牵引特性曲线所确定,牵引力的大小通常与列车运行速度、控制级位、列车的载荷情况以及电机的牵引供电电压有关。图 2-38 所示为直线电机列车典型的牵引力特性曲线示意图。从图中可以看出,空载(AW0)与满载(包括标准载荷 AW2,超员载荷 AW3)情况下的牵引力特性是有较大的差异的,但二者随速度增加的变化趋势是一致的。

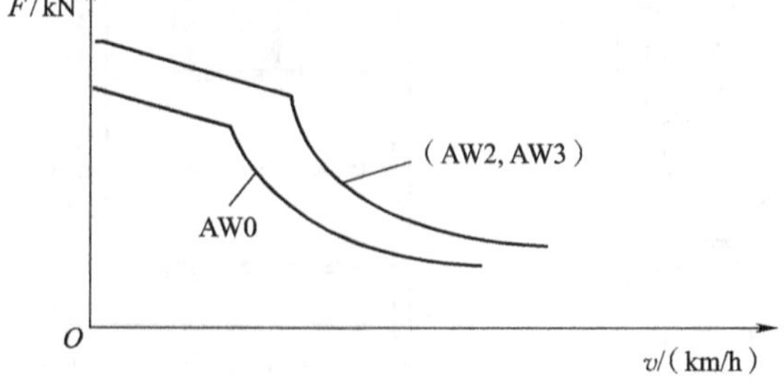

图 2-38 直线电机车辆牵引特性曲线示意图

2.6.2 间隙对直线电机牵引性能的影响

直线电机车辆车载定子与轨道反应板(转子)之间的间隙是一个重要的设计参数,对于电机性能具有重要的影响。从电机效率的角度看,间隙增大会导致磁路阻抗增加,从而使电机输入电流上升,最终降低电机的效率;从电机功率发挥的角度看,间隙增大会导致电机的纵向行波磁场减弱,从而导致电机输出的推力减小,进而降低电机的输出功率,使电机效率下降;从电机工作温度的角度来看,间隙增大使得车载定子和轨道反应板之间的磁场损失增大,从而使电机内部的温度升高,导致电机的寿命缩短;从电机噪声的角度看,间隙增大会使车载定子和轨道反应板之间的空气动力噪声和机械振动噪声增加,从而使整个车辆系统的噪声水平增加。另外,旋转电机是无限循环的,而直线电机是有端头的。这种结构上的特点使得边缘效应突出,造成较大的漏磁现象,导致机电能量转化率降低,所以直线电机的效率较低,一般在0.7~0.8之间(旋转电机可以达到0.9),功率因数也较低,一般在0.5~0.6之间。图2-39所示为间隙对直线电机效率、功率因数等参数的影响趋势。

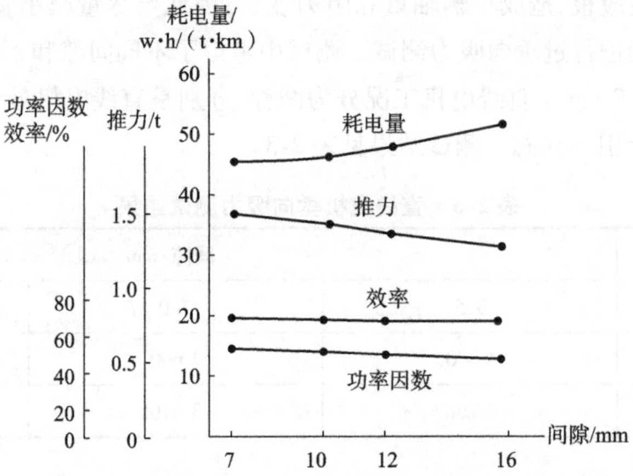

图2-39 间隙对直线电机车辆参数的影响趋势

总的来说,减小间隙对于提高直线电机的性能有利,增大间隙则会带来一系列的性能问题。然而,直线电机车辆车载定子与轨道反应板(转子)是处在一个相对运动的弹性(轴箱垂向弹性定位)系统间,列车运行过程中,在各种激扰(包括轨道不平顺、车轮缺陷等)作用下不可避免地会发生相对运动,造成间隙变化,因此定子与转子之间的气隙不能做成像旋转电机那样的小尺寸(一般为2 mm左右),否则会引起碰撞。间隙尺寸的选择需要在保证列车正常运行的前提下,平衡效率、功率、电机寿命和噪声等多方面的需求。

2.6.3 反应板和垂向力

轨道上的反应板是直线电机牵引系统的重要组成部分,其作用主要是产生感应电流。该电流同初级的行波磁场相互作用产生推力,以牵引车辆前进,或产生电制动力。因此,反应板的材料和结构对直线电机的性能有一定的影响。在轨道交通中,为了改善直线电机的牵引性能,通常在不同的区域采用不同的反应板材料或结构,以达到提高车辆性能并降低线路建造成本的目的。图2-40所示为一种典型的反应板材料和结构。

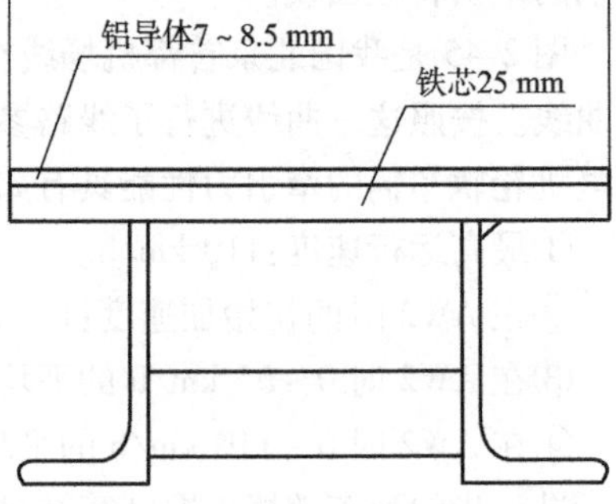

图2-40 一种典型的反应板材料和结构

直线电机的安装必须保证其在任一负荷情况下不接触反应板、钢轨和安装在地上的其他附件。直线电机的牵引力(与运行方向一致的作用力)与旋转电机的转矩对应,磁场的移动速度与列车运行速度同步。滑差为同步速度与电机运行速度之差。滑差频率对直线感应电机是一个非常重要的参数,因为电磁感应产生于直线感应电机与反应板表面。如果将直线感应电机作为电机运行,电源频率(逆变器频率)高于同步频率(电机频率),这种工况对应于逆变器的牵引运行控制。当感应电机作为发电机运行时,逆变器频率低于电机频率。这种工况对应于逆变器的再生制动控制。

垂向吸力大于直线推力(牵引力)是采用直线电机牵引的一个特点。垂向力是由直线电机的初级和次级之间的电磁作用而形成吸合力,是直线电机的固有特性。垂向力自身不消耗功率,但垂向力将转向架吸向反应板,造成车辆轴重和阻力变大,因此要尽量减小垂向力。日本曾经对运营状态的直线电机车辆进行过垂向吸力测试。测试中考虑了不同间隙和不同工况,间隙分别设置为3.5 mm、7.0 mm、12.0 mm。直线电机工况分为两种:分别是直线电机处于再生制动状态(速度62 km/h)和处于最大牵引力状态。测试结果见表2-3。

表2-3 直线电机垂向吸力测试结果

直线电机工况	间隙/mm		
	3.5	7.0	12.0
再生制动状态/kg	4 350	3 600	3 050
最大牵引力状态/kg	4 200	3 410	2 900

2.6.4 牵引特性曲线实例

由于车载定子与轨道反应板之间间隙的大小对直线电机的性能有着重要的影响,因此在为了绘制牵引特性曲线图而进行的牵引热工试验中,必须记录定子与轨道反应板之间间隙的尺寸。另外,车载定子与轨道反应板之间的垂向力通常大于推力,为推力的1.5～2倍。对车辆结构的影响不能忽视,标准的直线电机车辆牵引特性曲线图应同时给出牵引力、垂向力与间隙和运行速度之间的关系曲线。图2-41～图2-43是日本有关方面根据实测结果绘制的某直线电机列车的牵引力特性曲线、启动特性曲线和制动特性曲线。图2-44所示为马来西亚吉隆坡格兰那再也线MKⅡ型车辆的牵引特性曲线。

图2-45是我国北京首都机场线在规划建设时,车辆制造商给出的推力(牵引力)和制动力特性曲线。按照这一曲线进行了线路参数和列车运行性能设计计算,结果表明,北京首都机场线直线电机轮轨车辆的牵引力性能具有如下特点:

①最高运行速度:110 km/h。

②在AW2时的初始加速度:1.1 m/s^2。

③在AW2时0～55 km/h的平均加速度:(0.9±0.1)m/s^2。

④在AW2时0～110 km/h的平均加速度:0.43 m/s^2。

进一步的列车救援工况计算结果表明,在4%等级坡道上,在650 A供电模式下,AW3负载工况下的列车牵引另一列无动力的AW3负载的列车所需要的牵引力见表2-4。

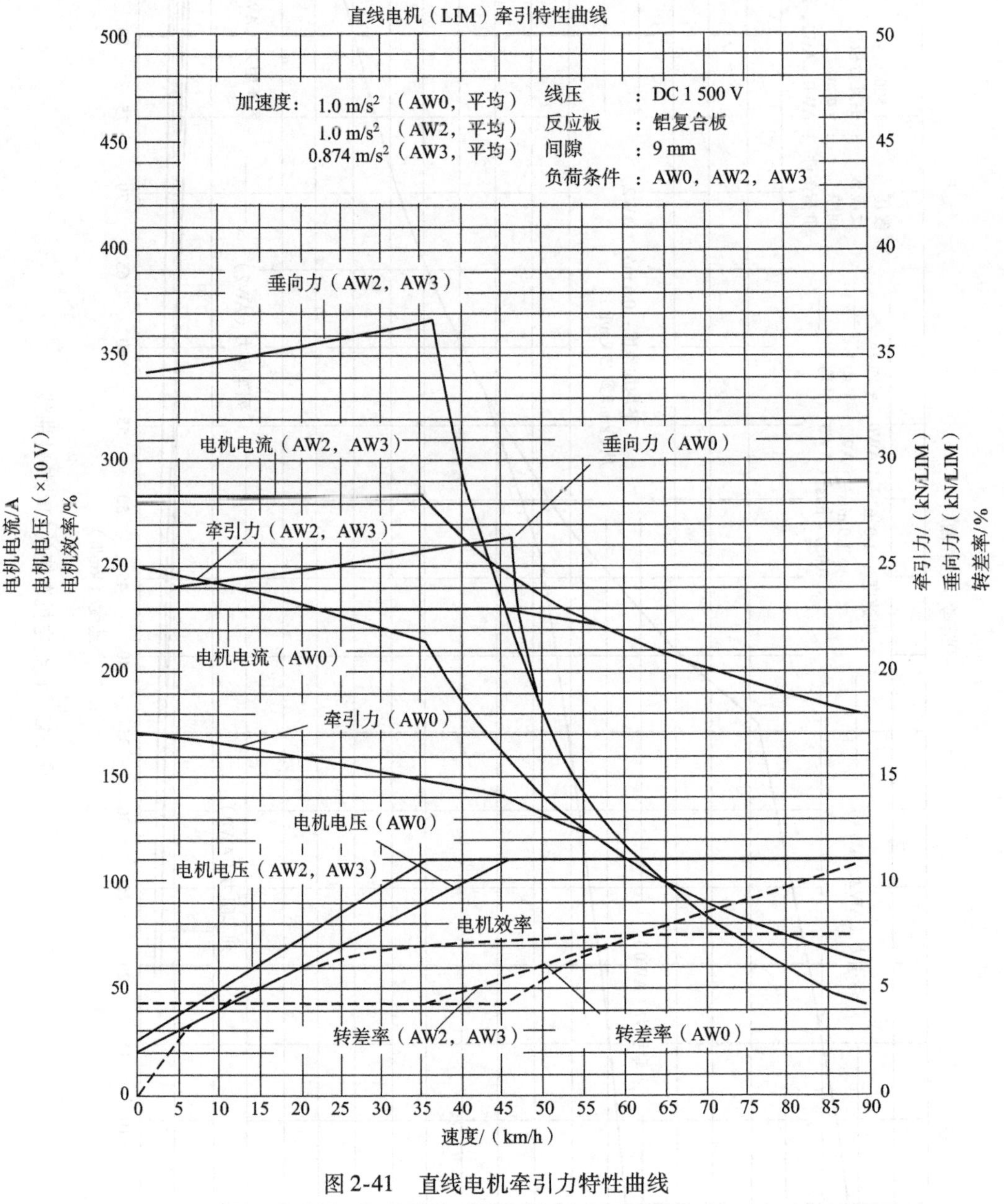

图 2-41 直线电机牵引力特性曲线

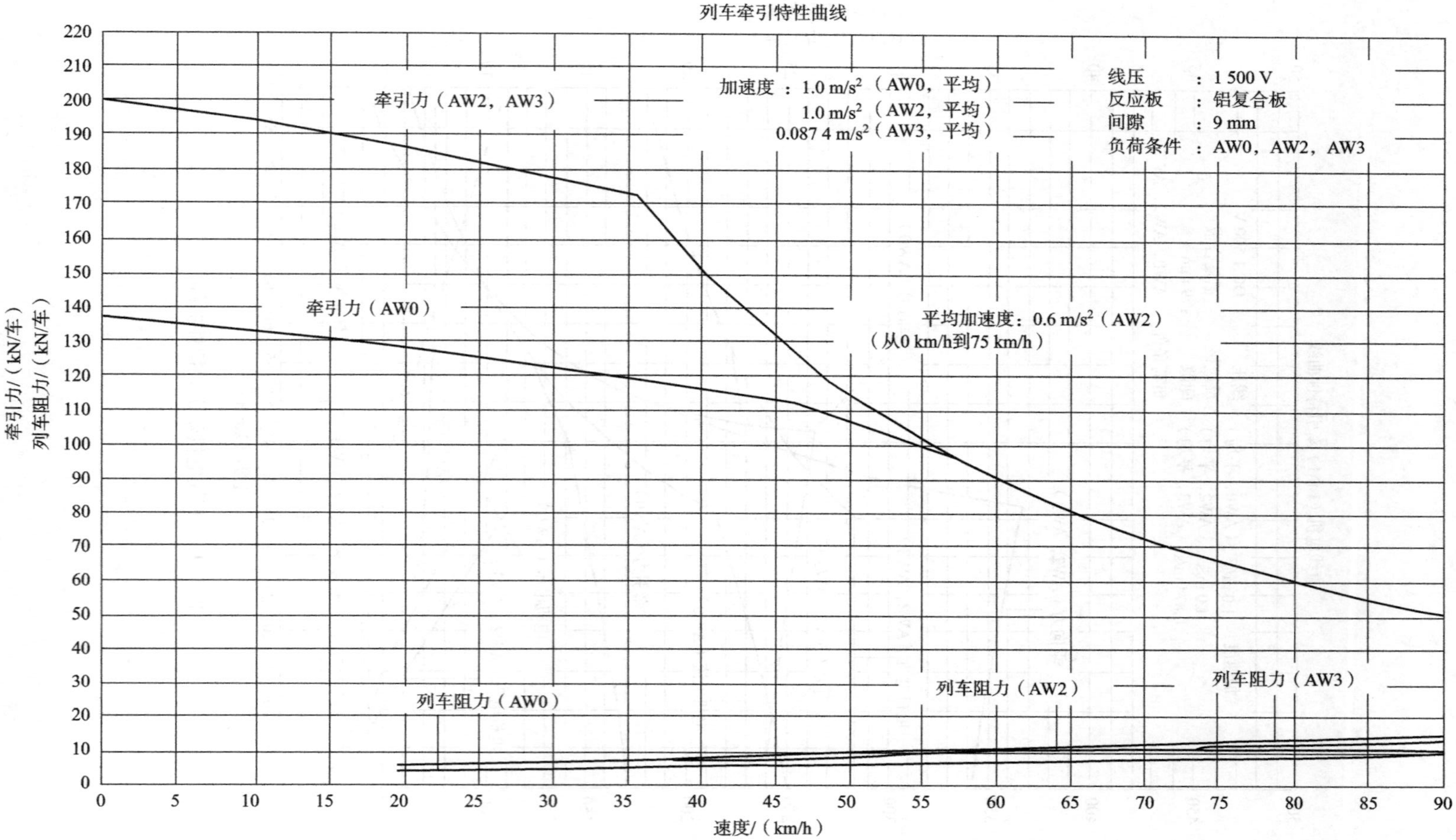

图2-42 直线电机车辆的启动特性曲线

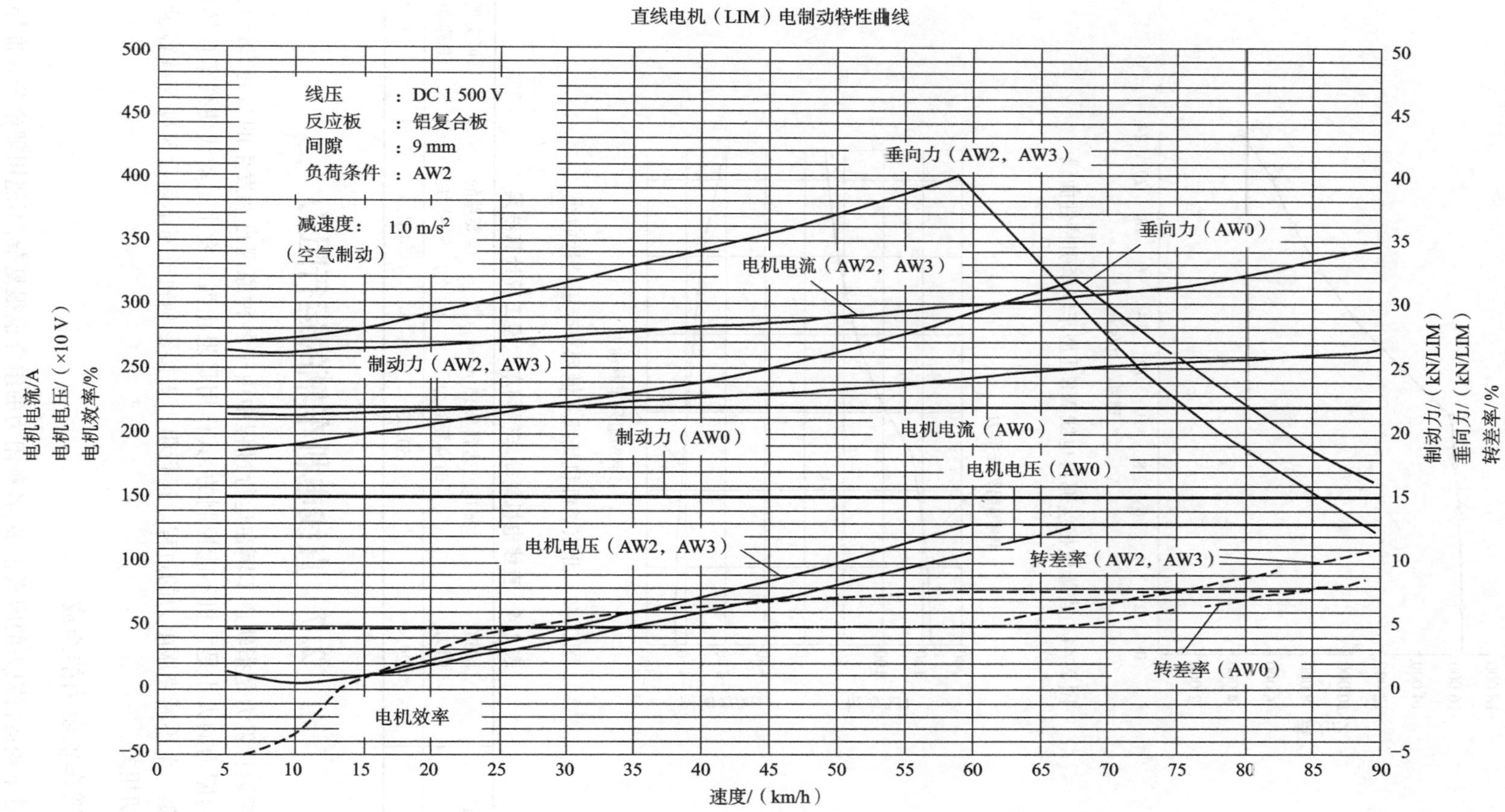

图2-43 直线电机车辆的电制动特性曲线

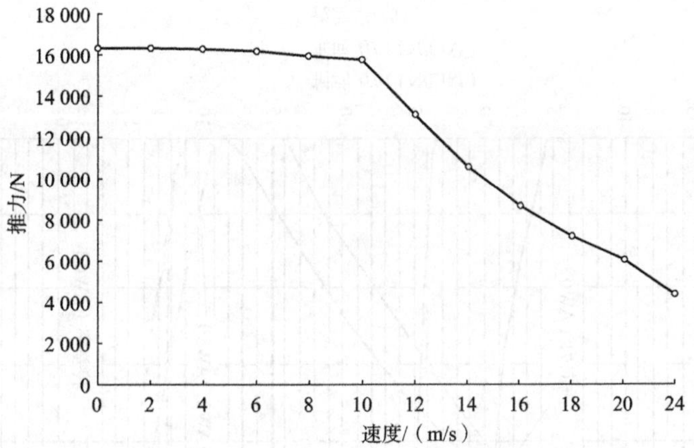

图 2-44　吉隆坡格兰那再也线 MKⅡ型车辆牵引特性曲线

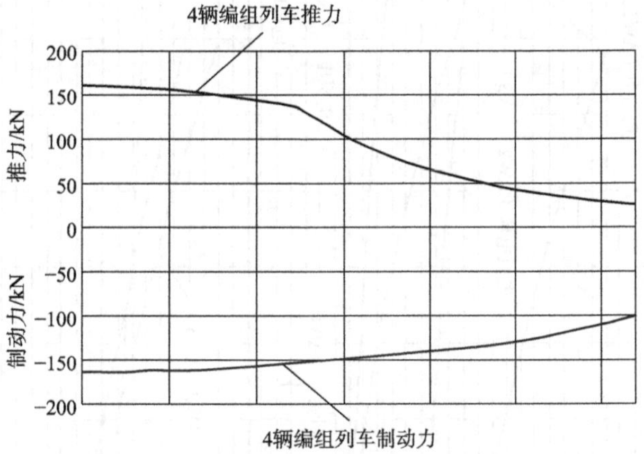

图 2-45　北京首都机场线 4 辆列车牵引特性曲线

表 2-4　直线电机轮轨车辆列车救援工况计算结果　　单位：kN

列车运行阻力	坡道阻力	加速度达到 0.15 m/s^2 时需要的力	需要总的牵引力	可实现的总牵引力
1.6	129.4	50.03	181.3	186.8

2.7　直线电机车辆的运行阻力

轨道车辆运行阻力是指轨道车辆在运行过程中由于各种原因自然发生的与列车运行方向相反的力。运行阻力的大小是司机不能控制的，其作用是阻止列车发生运动或使列车自然减速，列车的运行就是一个不断克服阻力的过程。运行阻力直接影响轨道列车运行速度与载客量，并与列车的能耗密切相关。

2.7.1　轨道车辆阻力的组成

影响轨道车辆运行阻力的因素很多，各种阻力的组合也很复杂，不能用理论公式推导出来，只能采用经验公式。为了计算方便，通常会根据阻力产生的原因将阻力归纳为两类：基本阻力和附加阻力。根据轨道列车在线路上的运行条件，将两类阻力叠加后，作为列车受到的总阻力。

大量的工程实践证明基本阻力与附加阻力都与车辆的质量近似成正比关系。为了便于计算，通常采用单位质量的阻力来表达阻力的大小，称为单位阻力。

1. 基本阻力

基本阻力是指直线电机列车在空旷地段沿平直轨道运行时所遇到的阻力，在列车运行中总是存在的。列车在平直道上运行时，只有运行基本阻力。在平直道上启动时，只有启动基本阻力。基本阻力是牵引计算中常用的重要参数之一。引起基本阻力的原因很多，其中最主要的是轨道车辆各零部件之间、轨道车辆表面与空气，以及车轮与钢轨之间的摩擦和冲击。归纳起来，传统的依靠轮轨黏着来牵引的列车，产生基本阻力的原因主要有：轴承和轴颈间的摩擦、轮轨间的滚动摩擦、轮轨间的滑动摩擦、车辆间及车辆与线路间的冲击和振动、空气阻力。上述五种因素随着列车速度的高低所占的比例有变化。基本阻力的大小与列车运行速度密切相关，低速时，轴承摩擦的影响大，空气阻力的影响小；高速时，空气阻力占主导地位，而轴承摩擦的影响就不大。基本阻力也与结构有关，例如滚动轴承的基本阻力明显小于滑动轴承，而车体尤其头车的外形流线化则可以很大程度上减少空气阻力。

由于影响基本阻力的因素极为复杂，存在大量不确定因素，很难给出适用于所有轨道车辆类型的通用算式。一般而言，各种轨道车辆的基本阻力都是根据各自的阻力试验求得，因此各有自己的经验公式或图表。理论分析和实际试验都表明，阻力与速度是二次函数的关系。单位基本阻力常用 w_0 表示，其经验公式一般采用下列形式：

$$w_0 = A + B \cdot v + C \cdot v^2 \tag{2-1}$$

式中，A、B、C 是根据大量试验获得的系数；v 是列车运行速度（单位 km/h）。单位基本阻力是指每千牛车辆重量的基本阻力（N）。一般定性地认为公式中的 $A + B \cdot v$ 项为机械阻力部分，$C \cdot v^2$ 项为空气阻力部分。

以下是国内几种典型的轮轨式轨道车辆的单位基本阻力计算公式：

DF_{11} 型内燃机车：

$$w_0 = 0.86 + 0.005\,4v + 0.000\,218v^2$$

SS_8 型电力机车：

$$w_0 = 1.02 + 0.003\,5v + 0.000\,426v^2$$

25B 和 25G 客车（$v_{max} = 140$ km/h）：

$$w_0 = 1.82 + 0.001\,0v + 0.000\,145v^2$$

CRH 系列动车组：

$$\text{CRH2}: w_0 = 0.88 + 0.007\,44v + 0.000\,114v^2$$

$$\text{CRH3}: w_0 = 0.66 + 0.002\,45v + 0.000\,132v^2$$

地铁 B 型车辆：

$$w_0 = 3.739 + 0.013v + 0.001\,833v^2$$

2. 附加阻力

附加阻力是指在列车运行时，除了基本阻力以外的其他阻力，它们通常是由于列车运行时与周围环境的相互作用而产生的，包括坡道阻力、曲线阻力、隧道空气附加阻力等。

(1)坡道阻力

坡道阻力是列车进入坡道后,由列车重力产生的沿坡道斜面下滑的分力。坡道坡度的大小通常用i(‰)表示。单位坡道阻力等于坡度的千分数。列车上坡时,重力平行于轨面的分力阻碍列车前进,其符号规定为正,反之,当列车下坡时,重力平行于轨面的分力则帮助列车前进,其符号规定为负,即有

$$w_i = \pm i \tag{2-2}$$

(2)曲线阻力

曲线阻力就是列车通过曲线时增加的阻力。

引起曲线阻力的原因有:车轮对于钢轨的横向及纵向滑动;轮缘与外轨轨头内侧的摩擦;轴承的轴端摩擦;车辆心盘及旁承因转向架的回转而发生的摩擦。通常,采用下列仅考虑曲线半径的试验公式来计算曲线阻力:

$$w_{\mathrm{r}} = A/R \tag{2-3}$$

式中,A为通过试验确定的常数;R为曲线半径,m。

我国《列车牵引计算规程》中规定,标准轨铁路采用$A=600$,即

$$w_{\mathrm{r}} = 600/R \tag{2-4}$$

(3)隧道空气附加阻力

列车进入隧道使空气流动的截面积减少,因而空气流动的速度提高,以及列车头部的空气被压缩和尾部的空气被稀释的情况比隧道外加剧,所以使得作用在列车上的空气阻力增大。这种增加的空气阻力称为隧道空气附加阻力,其单位阻力用w_{s}(N/kN)表示。一般采用风洞模拟试验或隧道内外对比试验获得。在牵引计算中常用1N/kN的单位曲线附加阻力等于1‰坡道上单位附加阻力,将曲线换算成一个假想的坡道,这种假想的坡道称为换算坡道。以i_{r}代表换算坡道的坡度,则

$$i_{\mathrm{r}} = w_{\mathrm{r}} = 600/R \tag{2-5}$$

当曲线、坡道和隧道同时出现时,为计算方便,将曲线阻力、坡道阻力和隧道阻力加在一起,总称为轨道车辆的单位加算附加阻力w_{j}。

$$w_{\mathrm{j}} = w_{\mathrm{i}} + w_{\mathrm{r}} + w_{\mathrm{s}} \tag{2-6}$$

2.7.2 直线电机列车的运行阻力

传统的铁路机车车辆、地铁车辆经过近两百年的发展,列车运行阻力方面的研究已经非常充分,总结出了比较精确的阻力计算公式。相比之下,直线电机地铁车辆的运行时间较短,运行阻力方面的研究还很不充分。在我国,目前仅在北京和广州开通了直线电机轨道交通系统,运行阻力方面的研究仍在继续。

从阻力产生的原因来看,直线电机列车所受到的附加阻力与传统地铁列车类似,因此可以按照已有的方法进行计算。对于基本阻力,由于车载定子与轨道反应板之间垂向吸力的原因,要区分牵引和惰行两种情况。在列车惰行状态,直线电机车辆编组而成的列车与传统地铁列车的运行条件类似,可参考传统地铁列车的算法;在牵引状态,车载定子与轨道反应板之间出现垂向吸力,其效果是增大了车辆的轴重,由此导致轴承和轴颈之间的摩擦力以及轮轨间的滚动和滑动摩擦力

增大,因而单位重量的基本阻力增加,在阻力算法中必须考虑。

作为直线电机轨道交通线路开通最多的国家,日本在直线电机列车的运行阻力方面有着比较深入的研究。日本铁道技术协会(JREA)在相关研究的基础上向运营公司推荐了如下的直线电机地铁车辆基本阻力计算公式:

$$T_r = 3.739 + 0.013v + 0.003\,268v^2 \tag{2-7}$$

式(2-7)与营团银座线的阻力计算公式很接近,银座线的阻力计算公式如下:

$$T_r = 3.739 + 0.013v + 0.003\,188\,3v^2 \tag{2-8}$$

银座线是日本东京都第一条建成运营的地铁线路,采用传统的旋转电机牵引的列车,多年运营所积累的基本阻力经验公式具有较高的参考价值。对比式(2-7)和式(2-8),可以发现二者的前两项系数相同,仅第三项不同。

东京都营12号线(即东京都营12号线)和大阪7号线(长堀鹤见绿地线)是日本开通时间较早的直线电机地铁线路,二者通过测试和分析,分别总结出适合各自线路的基本阻力计算公式。东京都营12号线的基本阻力计算公式是将营团银座线和JREA推荐的公式相结合,将第三项系数取为二者的中间值(二者的前两项系数均相同),然后加以修正而得到,见式(2-9):

$$T_r = 3.739 + 0.013v + 0.002\,575\,5v^2 \tag{2-9}$$

大阪7号线通过实测得到的基本阻力公式如下(列车惰行状态):

$$T_r = 2.07 + 0.039v + 0.000\,21v^2 \tag{2-10}$$

日本地铁协会标准化委员会根据东京都营12号线和大阪7号线的列车阻力实测和分析结果,分析总结出更加精细的阻力计算公式推荐给东京都营12号线和大阪7号线的运营部门。所推荐的基本阻力计算公式如下:

①当不考虑直线电机的垂向吸引力时(即列车处于惰行状态):

$$\begin{aligned} T_r &= 20.3 + 0.69v + 0.001\,96v^2 \\ &= 2.07 + 0.07v + 0.000\,25v^2 \end{aligned} \tag{2-11}$$

②当考虑直线电机的垂向吸引力时(即列车处于牵引或电制动状态):

$$\begin{aligned} T_r &= (20.3 + 0.69v + 0.001\,96v^2) \times 1.2 \\ &= (2.07 + 0.07v + 0.000\,25v^2) \times 1.2 \end{aligned} \tag{2-12}$$

式中,v 为列车运行速度,km/h。

也就是说,相同条件下,直线电机列车的运行阻力相当于传统地铁车辆的1.2倍。

根据日本地铁协会标准化委员会所提供的资料,按照式(2-11)(列车处于惰行状态)所进行的阻力计算值与实测值的比较,如图2-46所示。从图中(纵坐标单位有如下换算1 kgf/t = 1 N/kN)可以看出,二者还是相当接近的。

图2-47所示为日本各种基本阻力公式计算结果的比较。从图中可以看出,考虑直线电机垂向吸引力的基本阻力公式 $T_r = (2.07 + 0.07v + 0.000\,25v^2) \times 1.2$ 更接近于各基本阻力的平均值,可作为直线电机车辆的通用基本阻力计算公式。

我国广州地铁4号线建设初期,日本川崎公司提供了如下的基本阻力计算公式:

$$R = 20.286 + 0.382\,2v + 0.002\,058v^2 \quad (\text{N/kN}) \tag{2-13}$$

式中,v 为列车运行速度,km/h。

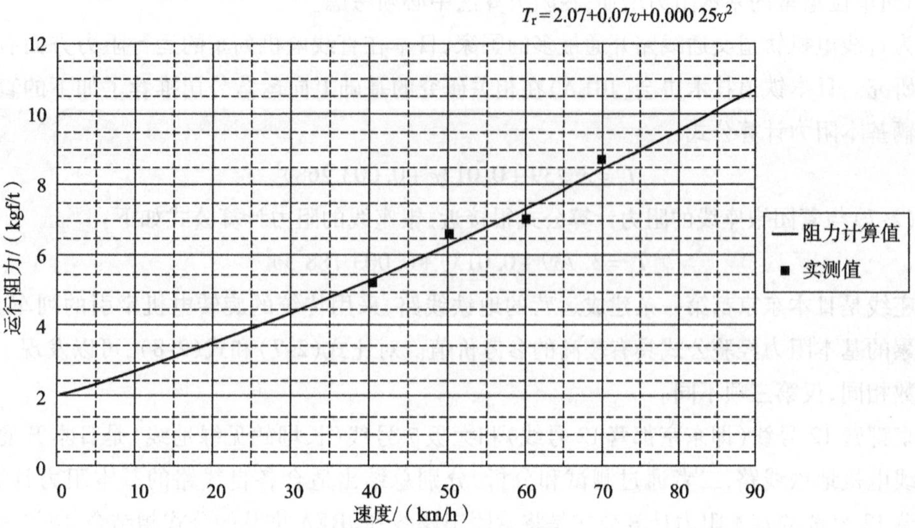

图 2-46　东京都营 12 号线阻力计算值与实测值的比较

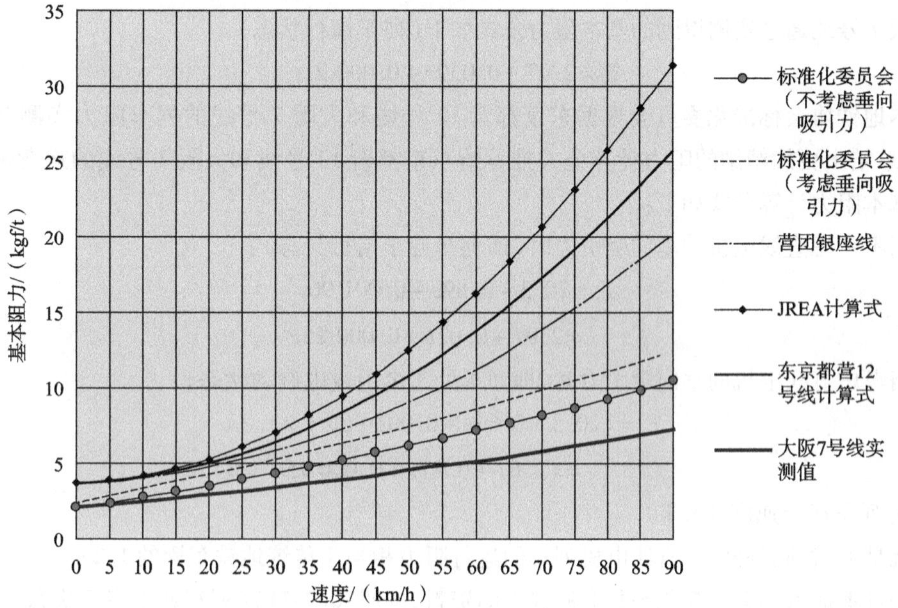

图 2-47　日本各种阻力公式的比较

笔者认为这一公式并不正确，其原因在于日本铁路车辆的阻力公式通常采用 N/t 作为单位基本阻力的单位，同时考虑到不同厂家生产的直线电机车辆的单位基本阻力不应出现数量级的差异（不大可能相差接近 10 倍），故很可能是日方技术人员的失误，误将阻力公式(2-13)的单位 N/t 写成了 N/kN。因此公式(2-13)应做如下修改：

$$R = 20.286 + 0.3822v + 0.002058v^2 \quad (\text{N/t})$$
$$= 2.068 + 0.039v + 0.002098v^2 \quad (\text{N/kN}) \qquad (2\text{-}14)$$

经过修正的式(2-14)与式(2-10)基本一致,也就是说日方实际上是把大阪7号线基本阻力的实测值推荐给了广州地铁4号线。

2.8　直线电机车辆的特征速度

MK系列直线电机车辆包括MKⅠ型车辆和MKⅡ型车辆,可以2、4、6辆编组。车辆为ATC(列车自动控制系统)全自动控制,可大幅减小行车追踪距离,最小时间间隔为75 s。目前的车辆类型包括加拿大温哥华Expo线MKⅠ型、马来西亚吉隆坡PutraⅡ线MKⅡ型、加拿大温哥华Millennium线MKⅡ型,美国纽约JFK线MKⅡ型。这些车辆都采用自然风冷的直线电机,但功率有所不同。表2-5所示为MK系列直线电机车辆特征速度。

表2-5　MK系列直线电机车辆特征速度

车辆类型	加拿大温哥华 Expo线MKⅠ型	马来西亚吉隆坡 PutraⅡ线MKⅡ型	加拿大温哥华 Millennium线MKⅡ型	美国纽约JFK线 MKⅡ型
牵引力/kN	650	650	650	890
平均旅行速度/(km/h)	41	38	41	41
最大设计速度/(km/h)	100	90	90	110
最大运营速度/(km/h)	90	80	80	100
加速度/(m/s²)	1.21	1.0	1.0	1.34
制动减速度/(m/s²)	1.0	1.0	1.0	1.0
紧急制动减速度/(m/s²)	2.85	2.4	2.4	1.43
高峰小时单向最大客流/万人	2.25	3	2.6	—

根据试验结果和运行经验,对于系列化的车辆,推荐采用E型转向架。由于电机功率不同,特征速度也不尽相同,见表2-6。

表2-6　日本直线电机车辆的特征速度

车辆类型	12 m车辆	16 m车辆	20 m车辆
牵引供电	DC 600 V ~ DC 1 500 V,接触网或第三轨受电		
直线电机功率/kW	65 W×2	120 W×2	150 W×2
最高运行速度/(km/h)		70	90
加速度/(m/s²)	1.03 ~ 1.25	1.03 ~ 1.25	1.03 ~ 1.25
常用制动减速度/(m/s²)	1.03 ~ 1.11	1.03 ~ 1.11	1.03 ~ 1.11
紧急制动减速度/(m/s²)	1.25	1.25	1.25
列车编组车辆数/辆	2、4、6	4、6、8、10	6、8、10

我国国内目前已经投入运营的直线电机车辆主要包括广州地铁4号线车辆以及北京首都机场线车辆,两种车辆的技术规格相差较大,特征速度也有很大的不同,见表2-7。

表 2-7　中国直线电机车辆特征速度

车辆类型	广州地铁 4 号线车辆	北京首都机场线车辆
牵引供电	DC 600 V ~ DC 1 500 V，接触网或第三轨受电	
直线电机功率/kW	155 W×2	155 W×2
最高运行速度/(km/h)	90	90
加速度/(m/s^2)	1.03 ~ 1.25	1.03 ~ 1.25
常用制动减速度/(m/s^2)	1.03 ~ 1.11	1.03 ~ 1.11
紧急制动减速度/(m/s^2)	1.25	1.25
列车编组车辆数/辆	2、4、6	4、6、8、10

2.9　直线电机轮轨车辆的编组

作为一种轨道车辆，直线电机轮轨车辆通常是编组成列车运行的。通过合理的编组，可以满足不同时间段和区段的客流需求，提高列车的运输效率。编组数量一般为 2 ~ 8 节不等，根据不同线路高峰小时的客流状况及牵引力特性而确定。

2.9.1　中小运量直线电机轮轨车辆的编组

适用于中小运量的 MKⅠ型和 MKⅡ型车辆一般采用 2 ~ 4 辆编组，可双向行驶。早期 2 辆编组是最常见的形式。图 2-48 所示为 2 辆编组的 MKⅠ型车辆，列车总长度为 24.5 m，定员为 212 人(假定站立乘客 6 人/每平方米)。从图中还可以看出，编组中的 MKⅠ型车辆相互之间是隔绝的，即车辆之间没有设计贯通道，因此乘客不可以在车厢之间穿行，不利于乘客在整列车均衡分布。由于是全自动驾驶，因此编组中的车辆都没有驾驶室。为了方便列车之间救援时的连接，列车编组的两端安装了自动车钩，中间则由半永久车钩连接。

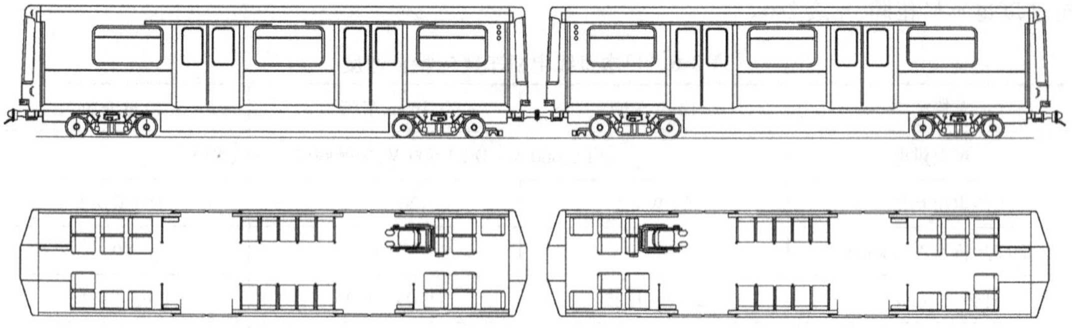

图 2-48　MKⅠ型车辆的 2 辆编组列车

近年来，随着运输需求的增加，MKⅠ型车辆越来越多地采用 4 辆编组，以增加载客量。图 2-49 所示为运行于悬索桥上的 4 辆编组列车。

MKⅡ型车辆基本采用 2 辆编组，如图 2-50 所示。列车总长度为 34.7 m，定员为 342 人(假定站立乘客 6 人/平方米)。与 MKⅠ型列车类似，列车的两端安装了自动车钩，中间则由半永久车钩连接。与 MKⅠ型列车不同的是，编组内两车辆之间设计了贯通道，贯通道宽度为 1.4 m，乘客可

图 2-49　MK Ⅰ型车辆的 4 辆编组列车

以安全地在车厢之间穿行，有利于乘客在整列车均衡分布。

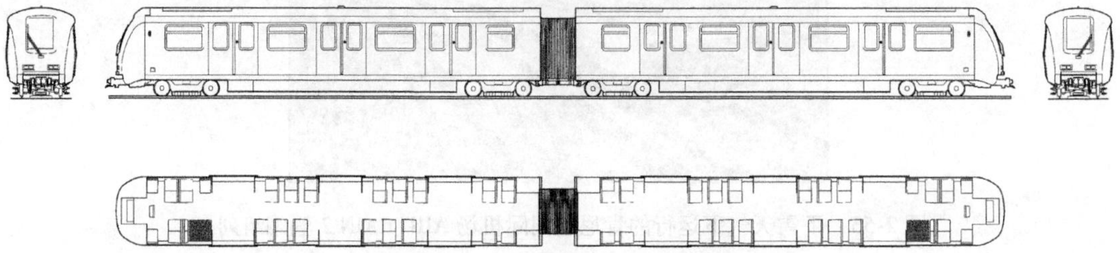

图 2-50　MK Ⅱ型车辆的 2 辆编组列车

日本的直线电机列车通常采用 4 辆编组。以福冈市七限线列车编组为例，4 辆车分别命名为 M1c 、M1、M3、M3c，如图 2-51 所示。列车全长 67 m，总定员 378 人。编组内两车辆车端的距离为 0.5 m，之间安装了贯通道。列车的两端安装了自动车钩，中间车辆之间则由以半永久或半自动车钩链接。M1c 和 M3c 顶部安装了受电弓。

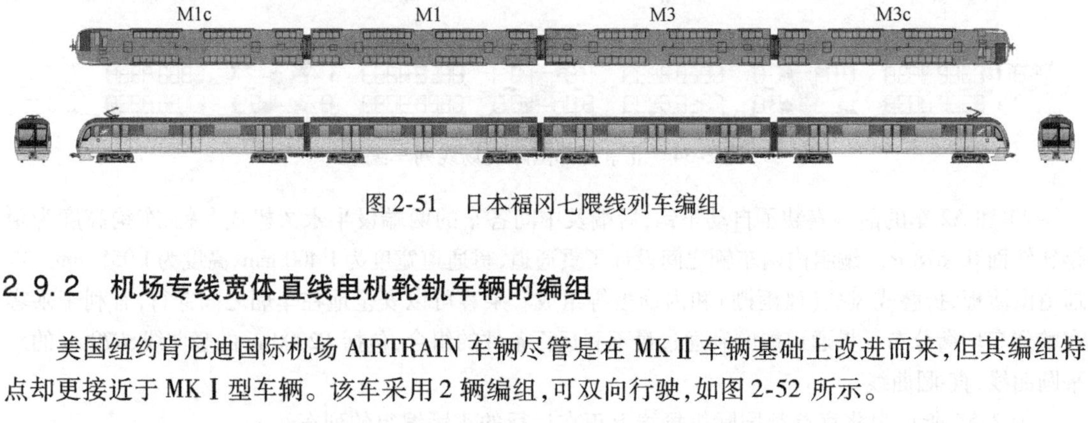

图 2-51　日本福冈七限线列车编组

2.9.2　机场专线宽体直线电机轮轨车辆的编组

美国纽约肯尼迪国际机场 AIRTRAIN 车辆尽管是在 MK Ⅱ车辆基础上改进而来，但其编组特点却更接近于 MK Ⅰ型车辆。该车采用 2 辆编组，可双向行驶，如图 2-52 所示。

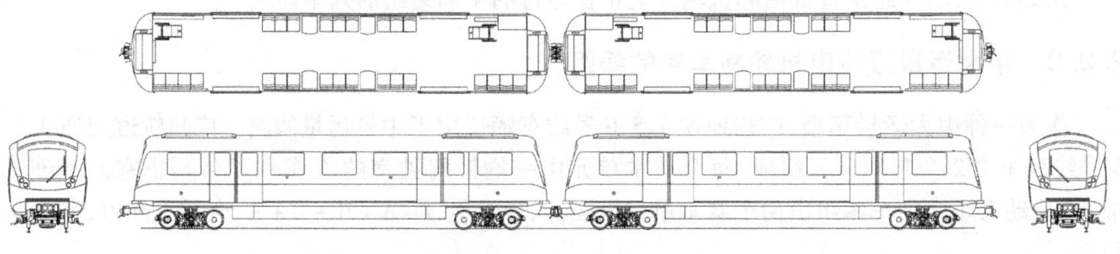

图 2-52　美国纽约肯尼迪国际机场 AIRTRAIN 车辆编组

列车总长度为25. 204 m,定员为194 人(假定站立乘客2. 2 人/平方米)。编组中的车辆之间设计贯通道,因此两辆车的车内乘客之间是相互隔绝的,不可以在车厢之间穿行。采用无人驾驶全自动运营模式,因此编组中的车辆都没有驾驶室。列车编组的两端安装了自动车钩,中间则由半永久车钩连接。图2-53 所示为在下雪天气下正常运行的肯尼迪国际机场 AIRTRAIN 2 辆编组列车。

图2-53　下雪天气下运行的肯尼迪国际机场 AIRTRAIN 2 辆编组列车

北京首都国际机场线的基本列车编组包括4 辆永久相连的车辆。在列车中有两种类型的车辆:“A 车”是在列车端部的车辆,分别命名为 A1、和 A2;“B 车”是在列车中间的两个车辆,分别命名为 B1 和 B2。A1 和 A2 是相同的,B1 和 B2 也是相同的。图2-54 所示为列车编组示意图。

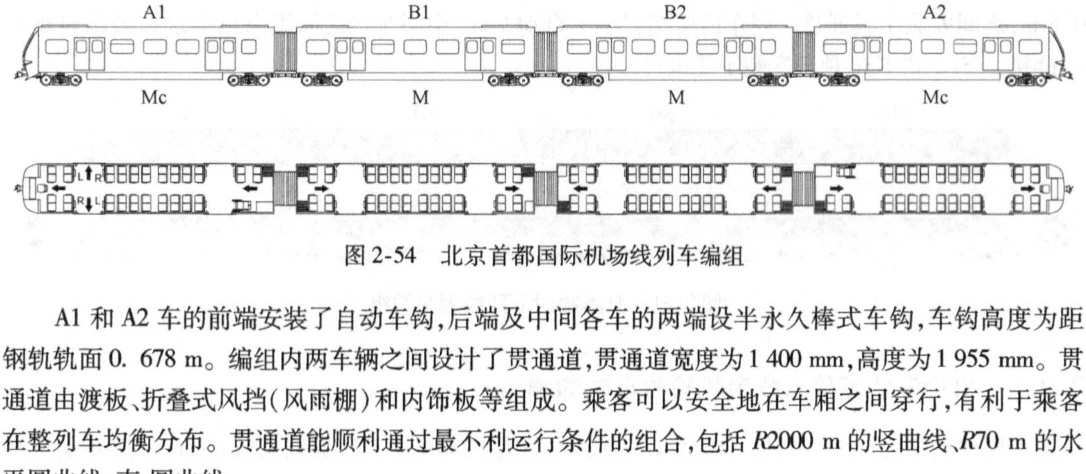

图2-54　北京首都国际机场线列车编组

A1 和 A2 车的前端安装了自动车钩,后端及中间各车的两端设半永久棒式车钩,车钩高度为距钢轨轨面0. 678 m。编组内两车辆之间设计了贯通道,贯通道宽度为1 400 mm,高度为1 955 mm。贯通道由渡板、折叠式风挡(风雨棚)和内饰板等组成。乘客可以安全地在车厢之间穿行,有利于乘客在整列车均衡分布。贯通道能顺利通过最不利运行条件的组合,包括 R2000 m 的竖曲线、R70 m 的水平圆曲线、直-圆曲线。

图2-55 所示为北京首都国际机场线上正在运行的4 辆编组的列车。

2. 9. 3　中大运量直线电机轮轨车辆的编组

作为一种中大运量车型,广州地铁4、5、6 号线车辆适用于中等运量线路。广州轨道交通4、5、6 号线列车由2 个基本单元组成,每个基本单元由一辆带驾驶室的 A 车和不带司机室的 B 车组成,均是动力车。列车编组由两个基本单元组成,四辆编组,即 A + B + B + A,全动力配置,如2-56 所示。

图 2-55 北京地铁首都机场线上正在运行的列车

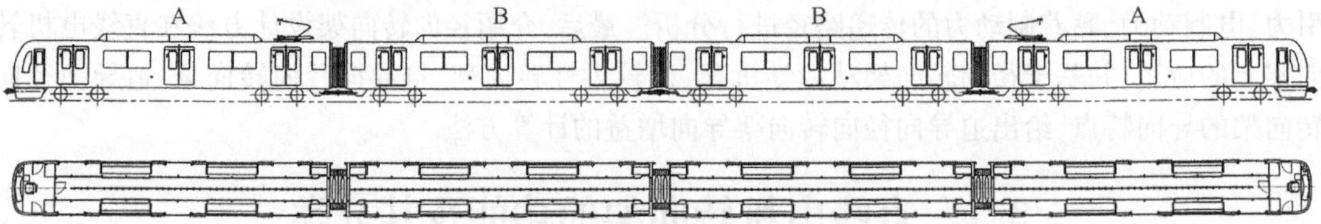

图 2-56 广州地铁 4 号线车辆编组

每组列车设有 2 台受电弓,两侧各有 4 个集电靴,共计 8 个。车头驾驶端为自动车钩,A 车与 B 车之间为半永久牵引杆连挂,两个基本单元之间为半自动车钩连接。两车端中间距离为 920 mm,车钩中心线距轨面高度为 500 mm。编组内两车辆之间设计了贯通道,贯通道宽度为 1 300 mm,高度为 1 900 mm。图 2-57 所示为运营中的广州地铁 4 号线列车。

图 2-57 运营中的广州地铁 4 号线列车

第3章　走　行　部

直线电机轮轨车辆的走行部，也称转向架，犹如人的双腿，是最核心的部件之一，其结构和各种参数决定了车辆的安全性、稳定性和乘坐舒适性。本章将论述直线电机转向架结构组成、基本特点和分类；阐述BM3000系列直线电机转向架、SDB-LIM型直线电机转向架、MK系列直线电机转向架，以及日本架悬式直线电机转向架的基本结构；对各种直线电机转向架的垂向力及纵向牵引力、电制动力、黏着制动力的传递路径进行分析。最后，介绍径向转向架设计方法在直线电机转向架上的应用，并基于径向转向架动力学机理，比较柔性转向架、自导向径向转向架、迫导向径向转向架的导向特点，给出迫导向径向转向架导向增益的计算方法。

3.1　直线电机转向架的功能及其分类

转向架是把两个或几个轮对用专门的构架(侧架)组成的一个小车，其主要作用是支承车体重量、传递车体与轨道之间的各种载荷并缓和其他动力作用，以及引导车辆沿轨道方向运行。转向架的结构、性能直接影响车辆的运行可靠性、动力性能和行车安全，所以它是车辆重要的组成部件之一。

绝大多数直线电机走行部采用二轴结构，即利用构架或侧架把两个轮对连接在一起组成一个转向架，车体坐落在这样的两个转向架上。转向架可以相对于车体转动，以便车辆通过曲线；在转向架上设有缓冲减振装置、制动装置，以及用于驱动的直线电机，以满足车辆的运行要求及改善车辆的运行品质。

一般而言，直线电机车辆的走行部具有如下功能：

①增加直线电机车辆的载重、长度和容积，提高列车运行速度。

②保证在正常运行条件下，车体都能可靠地坐落在转向架上，并通过轴承装置使车轮沿着钢轨的滚动转化为车体沿线路的平动。

③支撑车体，承受并传递来自车体与轮对之间或钢轨与车体之间的各种载荷及作用力，并使轴重均匀分配。

④产生并传递驱动车辆所需的牵引力，并适应轮轨接触状态的变化，充分利用轮轨之间的黏着，生成并传递制动力。

⑤保证车辆安全运行，能灵活地沿线路运行及顺利地通过曲线。

⑥悬挂装置可以根据客流的变化调整其刚度，以保证车辆客室地板面与站台面的高度相协调，方便旅客乘降。

⑦走行部的结构便于弹簧减振装置的安装，使其具有良好的减振特性，缓和车辆和线路之间的相互作用，减小振动相冲击，提高车辆运行的平稳性和安全性。

⑧便于安装直线电机定子及其悬挂装置，以提供驱动车辆的动力。

⑨走行部是直线电机轮轨车辆的一个独立部件。在走行部与车体之间的连接件尽可能要少,结构简单,装拆方便,便于走行部独立制造和维修。

3.1.1 直线电机转向架结构组成及基本特点

直线电机驱动转向架与旋转电机驱动转向架的设计原理基本一致,主要由构架、轮对(含车轮和车轴、制动盘等)轴箱装置、弹性悬挂装置、直线电机定子及其悬挂装置、牵引装置、基础制动装置、磁轨制动装置、附属装置等组成。

1. 构架

构架(或侧架)是转向架的基础,用来安装各种零、部件并承受和传递各种载荷。其结构、形状和尺寸都应满足零、部件组装的要求(如制动装置、弹簧减振装置、轴箱定位装置等的安装)。

2. 轮对轴箱装置

直线电机车辆的轮对结构与传统铁路车辆轮对结构一致,由左右两个车轮和将它们连接在一起的贯穿车轴组成。轮对沿钢轨滚动的同时,除承受车辆的重量外,还传递轮轨之间的其他作用力,包括牵引力和制动力。轴箱与轴承装置是连接构架和轮对的活动关节,使轮对的滚动转化为车体沿着轨道的直线运动。轴箱与构架(或侧架)之间安装有约束轮对相对运动的机构,称为轴箱定位装置。

3. 弹性悬挂装置

弹性悬挂装置位于轮对与构架(或侧架)、转向架与车体之间,包括弹簧、减振器等元件。轮对与构架之间的弹性悬挂装置称为轴箱悬挂装置,转向架与车体之间的弹性悬挂装置称为中央悬挂装置,也可称为一系悬挂装置和二系悬挂装置。一系悬挂装置缓和由钢轨不平顺引起的振动冲击载荷,保证直线电机车辆的平稳性及稳定性,使得作用在各车轮上的载荷保持一致。二系悬挂装置传递车体与转向架之间的垂向力及部分水平力,并允许车体与转向架之间产生小幅度的回转位移以顺利通过曲线。弹性悬挂装置还可以使直线电机车辆的质量及载荷比较均匀地传递给各轮轴,均衡轮重,并使车辆两端连接装置高度满足相关的技术条件,从而实现可靠的联挂。

4. 直线电机定子及其悬挂装置

直线电机定子与轨道上的感应板可以通过电磁相互作用而产生纵向力,是直线电机轮轨车辆牵引力的来源。直线电机定子通过悬挂装置安装于轮对、轴箱或构架上。悬挂装置上设计有特殊的高度调节装置,可以微调直线电机定子与轨道感应轨之间的距离,补偿因车轮磨耗,直径变小而导致的直线电机定子高度下降,防止二者发生碰撞。

5. 牵引装置

牵引装置连接于直线电机定子与构架、构架与车体之间,用以传递纵向牵引力和制动力。相对于旋转电机驱动的轨道车辆来说,直线电机车辆的牵引装置具有结构简单、性能更加可靠的特点。

6. 基础制动装置

为了对运行中的列车进行调速或使其在规定的距离内停车,必须在转向架上安装基础制动装置。基础制动装置是直线电机车辆制动指令发出后的最后执行机构,以摩擦热能扩散形式消耗车辆动能。基础制动装置有踏面制动、盘形制动两种基本形式,直线电机车辆多采用盘形制动。

7. 磁轨制动装置

部分直线电机转向架安装了磁轨制动，其原理是利用磁铁与钢轨之间的吸引力产生摩擦力，从而使车辆减速，属于非黏着制动，制动力不受轮轨黏着系数的影响。磁轨制动装置一般安装于转向架两侧，多用于紧急制动。

8. 附属装置

为满足各种运行工况的需求，直线电机转向架还会设置一些附属装置，包括用于降低车辆通过小半径曲线时轮轨磨耗及噪声而设置的轮缘润滑装置；用于牵引供电而设置的接地回流装置；用于制动力调控的制动速度传感器、载荷传感器；用于排除轨道上小型障碍物的排石器；用于降低噪声、防止轨面污物飞溅污染车辆的挡泥板；用于整体起吊和防止脱落的安全绳等。

传统的旋转电机转向架上由于联轴节和齿轮箱传动机构的存在，使得轮轴在水平面上相对于构架的转动位移受到限制（该位移影响主动齿轮和被动齿轮之间的啮合），因此不宜采用径向转向架。直线电机转向架省去了联轴节和齿轮箱传动机构，不仅使得转向架在高度上大幅降低，也有利于安装导向机构以构成径向转向架。同时，扁平的牵引电机为安装导向机构提供了更大的空间。总的来讲，直线电机转向架具有以下优点：

①取消旋转电机及齿轮箱，减少了噪声，转向架内部空间可以用来安置自导向或迫导向的机构，因此与旋转电机驱动的转向架相比，转向架更趋简化，曲线通过能力更强。

②推动车辆运动的水平驱动力直接来自地面反应板与初级线圈之间的耦合电磁力，不再依靠轮轨接触的黏着力（蠕滑力），这就使车辆加速、减速能力不再依赖轮轨黏着接触状态，从而具备较大的牵引或制动力，运行线路的坡度可以增大，牵引加速度可以提高。

③圆形电机取消后，轮径可以减小，从而提高轮对的蠕滑导向能力，并且降低车辆地板面高度，实现车辆小型化。

④与传统电机依赖轮轨黏着驱动方式相比，采用直线电机的自导向径向转向架将比传统的旋转电机径向转向架性能更加优良。

⑤采用直线电机方便实现内置构架，明显减轻转向架重量。

3.1.2 直线电机转向架的分类

国内外直线电机转向架从研制到成熟均经历了十年甚至二十年的时间，形成了各种不同的结构形式及技术方案，可以按照传统机车车辆转向架的分类方法对其进行分类，也可以按照直线电机转向架所独具的一些技术特征进行分类。本书重点阐述依据直线电机定子悬挂方式、直线电机定子冷却方式、车轮直径、轮对导向方式、构架制造工艺、轴箱内置和外置方式等技术特征所进行的分类。

1. 按照直线电机定子悬挂方式分类

按照直线电机定子悬挂方式可分为轴箱轴承悬挂方式和构架悬挂方式。

轴箱轴承悬挂方式是指直线电机定子通过橡胶弹性吊座悬挂于轴箱轴承上，通常采用内置构架，以加拿大 Skytrain 系统 MK 系列三大件式结构形式的迫导向径向转向架，以及我国广州地铁 4 号线所采用的 BM3000 型直线电机转向架为代表。轴箱轴承悬挂方式的特点是直线电机的重量和垂向电磁力直接通过轴箱和轴承由轮对承受，纵向牵引力及制动力通过电机和转向架横梁间的牵引杆直接传递到转向架，一系悬挂装置不承受额外的产生于电机的纵向载荷，因此可以尽量减小一系悬挂纵向刚度以改善稳定性和通过曲线的性能。

构架悬挂方式是指直线电机定子悬挂于转向架构架的横梁上,属于一系簧上的质量,二者之间安装有水平牵引杆,转向架构架通过一系悬挂弹性定位于轴箱上,以日本12-000型、70型等直线电机车辆等采用的自导向径向转向架为代表。构架悬挂方式的特点是转向架构架承受了额外的由直线电机带来的垂向载荷。

2. 按照直线电机定子冷却方式分类

按照直线电机定子冷却方式划分直线电机转向架类型,可分为自然风冷和强迫风冷两种类型。

MK 型直线电机转向架在电机定子上方装有冷却风扇从上方抽取空气并从电机绕组的末端排出,把绕组与周围的环境相隔离,并在叠片结构之中嵌入散热片,属于强迫风冷。而我国广州地铁4号线所采用的BM3000型直线电机转向架,以及日本多种型号的直线电机转向架则采用自然风冷的方式。

3. 按照车轮直径分类

由于直线电机定子的高度远比圆形电机的直径小很多,同时定子可以安装在轮轴下方,因此可以根据需要选取较小的车轮直径,当然前提是车轮必须具有足够的承载强度。在已经投入运用的直线电机转向架中,除广州地铁4号线因轴重较大而采用730 m轮径外,其他几类的直线电机转向架,包括北京地铁首都机场线转向架,MKⅡ系列转向架以及日本大阪、神户线等都采用了660 mm的车轮直径来降低地板面高度,以最大限度地实现车辆小型化。

4. 按照轮对导向方式分类

如前所述,由于取消了旋转电机及齿轮箱,直线电机转向架内部空间可以用来安装导向机构。导向机构有两种类型:一种是MKⅡ系列直线电机转向架所采用的迫导向机构;另一种是日本直线电机转向架采用的自导向机构。

5. 按照构架制造工艺分类

到目前为止,已经投入运用的直线电机转向架的构架主要有铸钢构架和焊接构架两种形式。

6. 按照轴箱内外置方式分类

按照轴箱内外置方式的不同,直线电机转向架又可分为内置轴箱转向架和外置轴箱转向架。内置轴箱有利于安装迫导向机构,但对列车横向稳定性有一定的影响。外置轴箱尽管对车辆横向稳定性有利,但直线电机定子只能采取构架悬挂方式。

目前,国内外主流的直线电机转向架制式大体上有三类:一是由中国中车联合日本川崎和加拿大庞巴迪公司研制的主要应用于我国广州地铁4号线的BM3000型系列直线电机转向架。该系列转向架的核心特点是直线电机定子悬挂于轴箱上,并采用内置式构架。二是由加拿大Bombardier公司开发的MK系列直线电机转向架,包括MKⅠ型和MKⅡ型,主要用于多伦多Sarborough线、温哥华Skytrain高架线、吉隆坡ART轻轨系统以及纽约肯尼迪国际机场AIRTRAIN轻轨系统。该系列转向架的核心特点是采用三大件式的构架,直线电机定子借助于副构架悬挂于轴箱,并安装迫导向机构。三是在日本铁道技术协会主导下,由日立等8家公司协同研制的小型地铁直线电机转向架,主要用于大阪7号线、东京12号线、神户市营地铁海岸线、福冈地铁3号线。其特点是采用外置构架,直线电机定子悬挂于构架之上,同时为使转向架承受的载荷均衡并有利于通过曲线,该转向架的构架沿对角断开,形成以对角为中心线的铰接结构。

3.2 BM3000 系列直线电机转向架

2005 年,在我国广州地铁 4、5 号线地铁车辆的竞标采购过程中,日本川崎和加拿大庞巴迪公司联合提供了在 BM3000 型转向架(见图 3-1)基础上改进的直线电机转向架技术方案,即 BM3000 系列直线电机转向架。BM3000 型转向架自 1998 年就已经在鹿特丹轻轨运用,技术成熟,安全可靠。

图 3-1 BM3000 型转向架

第一批进口的 BM3000 直线电机转向架投入广州地铁 4、5 号线之后,在运营过程中陆续出现了直线电机定子吊杆和高度调整装置惯性失效,能耗偏大,车轮异常磨耗(车轮不圆),轴端接地装置断裂、制动盘磨耗过快等较为严重的故障。在广州地铁 6 号线直线电机车辆的竞标采购过程中,对 BM3000 转向架进行了局部的改进,包括车轴加粗、接地装置改为内置式、直线电机定子高度调整装置增加锁定装置等,改进后的转向架命名为 FLEXX Metro 2000 型转向架。之后,中国中车四方股份有限公司又在进口 BM3000 转向架的基础上自主研制了国产新型直线电机车辆转向架,并命名为 SDB-LIM 型直线电机转向架,用于广州地铁 5 号线增购项目。本书以 BM3000 直线电机转向架为主介绍 BM3000 系列直线电机转向架的结构原理,并简要阐述 SDB-LIM 型直线电机转向架的基本架构。

3.2.1 BM3000 型直线电机转向架

1. BM3000 型直线电机转向架概述

BM3000 型直线电机转向架采用了柔性转向架设计,基本满足广州 4、5 号线小曲线半径的要求。其特点是采用内置方式构架,轮对采用整体碾钢轮,轴箱体采用铝合金制造。每个轴箱采用两个圆锥螺旋形橡胶弹簧,二系悬挂位于转向架构架和摇枕之间。包括以下部件:两个空气弹簧组件,每个空气弹簧组件包括一个紧急橡胶弹簧,保证空气弹簧漏气的情况下,列车能够安全运行;构架每侧各设置两个垂向液压减振器;构架中梁设置两个横向液压减振器;两个水平橡胶缓冲挡,限制车辆的过大横向位移。该转向架是一种紧凑型设计,适用于带站台的线路,能保证地板面高度 930 mm。图 3-2 所示为广州地铁 4 号线 BM3000 直线电机转向架的结构示意图,其中图 3-2(a)是转向架俯视图,图 3-2(b)是转向架侧视图,图 3-2(c)是转向架端部视图。

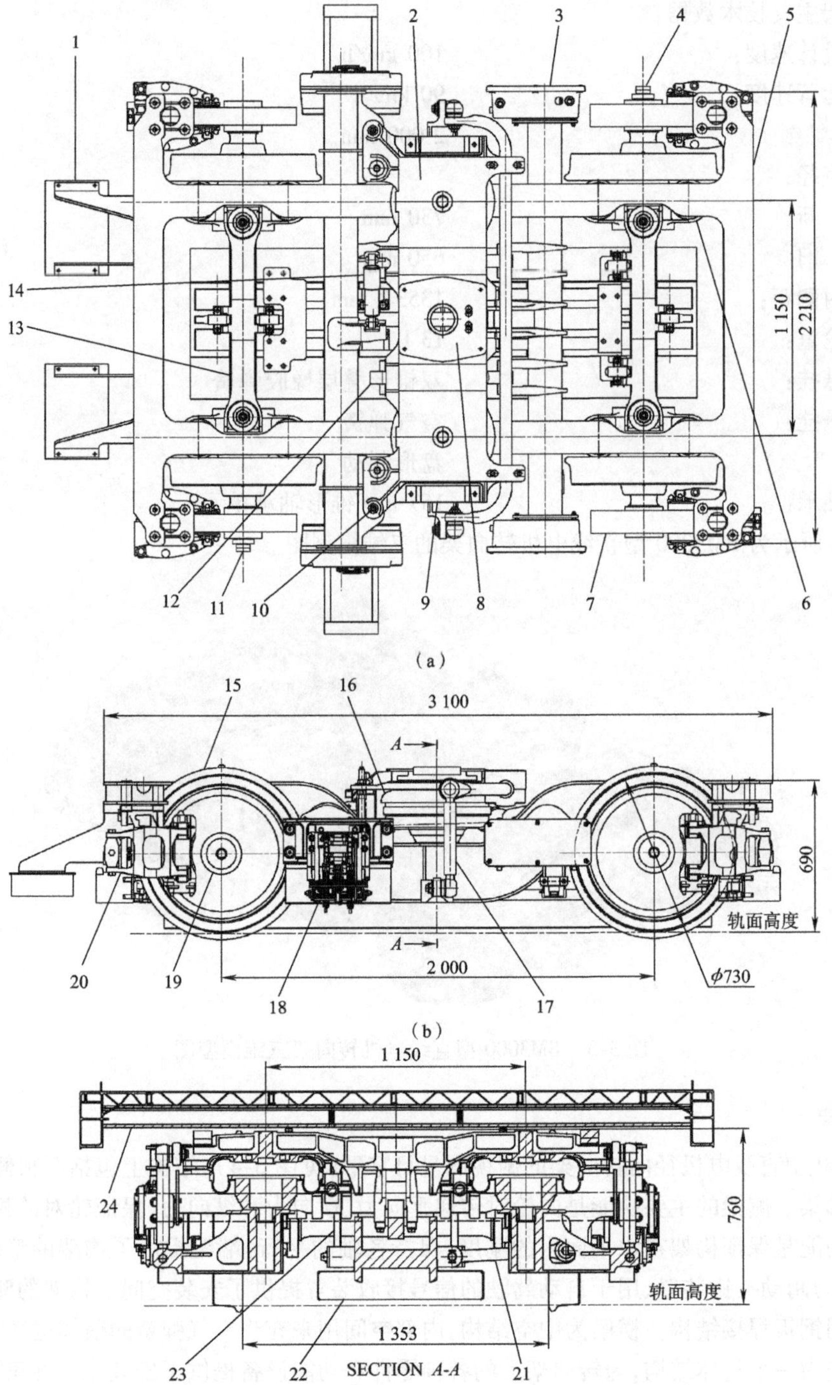

1—用于自动驾驶的信号接收装置;2—摇枕;3—集电靴熔断器箱;4—接地装置;5—构架; 6—一系悬挂;7—制动盘;
8—中心销;9—旁承;10—起抬保护杆;11—速度传感器;12—摇枕牵引杆;13—用于悬挂直线电机的横梁;
14—横向减振器;15—车轮;16—空气弹簧;17—抗侧滚扭杆;18—集电靴;19—车轴;20—制动夹钳;
21—直线电机横向拉杆;22—直线电机;23—直线电机垂向吊杆;24—车体。

图 3-2 广州地铁 4 号线 BM3000 直线电机转向架的结构示意图

转向架主要技术数据：

最大设计速度：	100 km/h
最大运营速度：	90 km/h
轴距：	2 000 mm
车轮直径：	
新	730 mm
旧	650 mm
车轮内侧距：	1353^{+2}_{0} mm
最大轮重：	13 t
一系悬挂：	双锥形叠层橡胶弹簧
二系悬挂：	空气弹簧
制动：	盘形制动
轴箱轴承：	157 mm 锥形轴承单元

图 3-3 所示为 BM3000 型直线电机转向架的三维模型图。

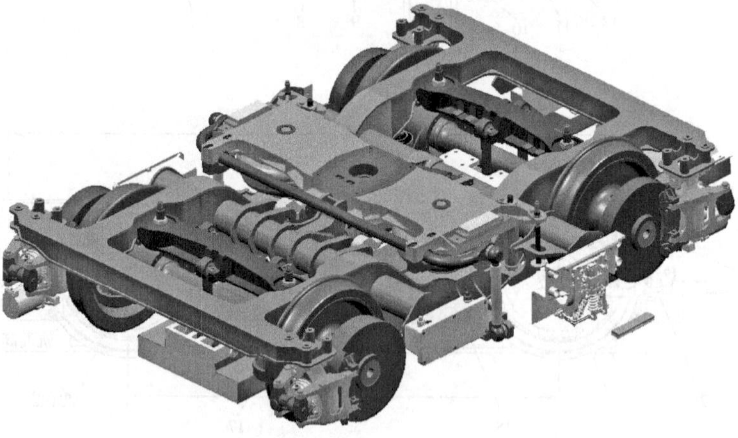

图 3-3　BM3000 型直线电机转向架三维模型图

2. 构架

BM3000 型直线电机径向转向架的俯视图呈目字形（见图 3-4），结构上包括两根侧梁，两根横梁和两根端梁。侧梁的主要功能是向轮对传递垂向力、横向力和纵向力，保证轮对的相对位置；横梁的主要功能是保证构架在水平面内的刚度，保持各轴的平行；端梁提高了构架的整体刚度和承载能力，并为制动夹钳装置、用于自动驾驶的信号接收装置提供了安装空间。构架的侧梁、横梁和端梁都采用钢板焊接结构。横梁为中空结构，内部空间用来充当空气弹簧的附加空气室。

构架作为一个整体结构，为转向架上的各种零件和功能设备提供了安装座。在正面有集电靴熔断器箱安装座、空气弹簧安装座、集电靴安装座、构架端梁、横向减振器安装座、垂向减振器安装座、抗侧滚扭杆安装座、制动夹钳安装座等，如图 3-5 所示。在背面有横向缓冲器安装座、直线电机定子纵向拉杆安装座、构架摇枕间牵引杆安装座、空气弹簧附加空气室、一系弹簧安装座、中心起抬保护杆安装座、两侧起抬保护杆安装座、直线电机定子横向拉杆安装座等，如图 3-6 所示。

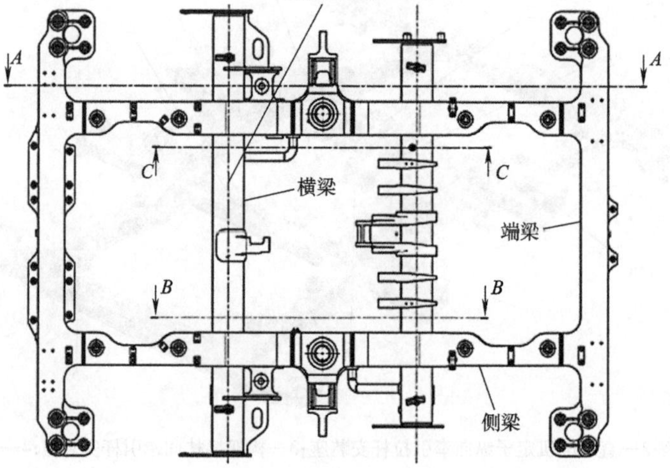

图 3-4 BM3000 型直线电机转向架构架平面图

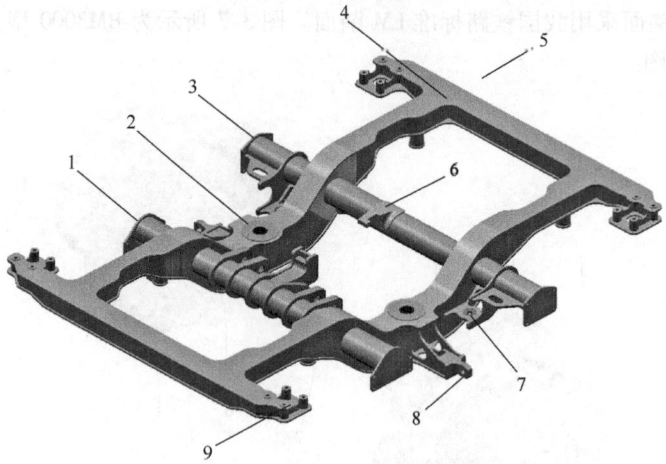

1—集电靴熔断器箱安装座;2—空气弹簧安装座;3—集电靴安装座;4—构架端梁;5—自动驾驶信号接收装置安装位置;
6—横向减振器安装座;7—垂向减振器安装座;8—抗侧滚扭杆安装座;9—制动夹钳安装座。

图 3-5 构架(正面)上的各种安装座

3. 轮对轴箱

轮对是直线电机车辆上与钢轨相接触的部分,其作用是保证直线电机车辆在钢轨上的行驶和转向,承受来自车辆的全部机械动、静载荷,并把它传递给钢轨,同时将因线路不平顺产生的载荷传递给车辆各零部件。直线电机车辆的驱动力和磁轨制动力与轮对无关,但常规制动力是借助于轮对与钢轨之间的黏着而产生的。BM3000 型直线电机转向架的轮对由车轮、车轴和制动盘组成。车轮为整体车轮,新轮直径 730 mm。由于采用内置构架,同时构架内侧空间用来安装直线电机定子,因此车轮与制动盘都布置在转向架的外侧。车轴的材质为 A4T 级钢。轴箱包括轴箱体和轴箱盖,由球墨铸铁制作。轴箱两侧为弹簧托盘,上部有横梁(吊挂直线电机定子用)安装座,内部的径向轴承承载来自车体的复合载荷和直线电机定子的垂向载荷。轴承经过设计计算,使用寿命超过

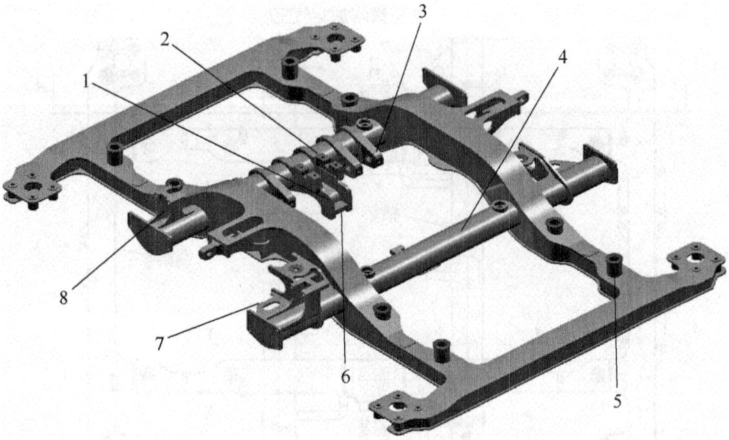

1—横向缓冲器安装座;2—直线电机定子纵向牵引拉杆安装座;3—构架摇枕间牵引杆安装座;4—空气弹簧附加空气室;5——系弹簧安装座;6—中心起抬保护杆安装座;7—两侧起抬保护杆安装座;8—直线电机定子横向拉杆安装座。

图 3-6 构架(背面)上的各种安装座

3 百万千米。车轮踏面采用我国铁路标准 LM 踏面。图 3-7 所示为 BM3000 型直线电机转向架轮对轴箱的三维模型图。

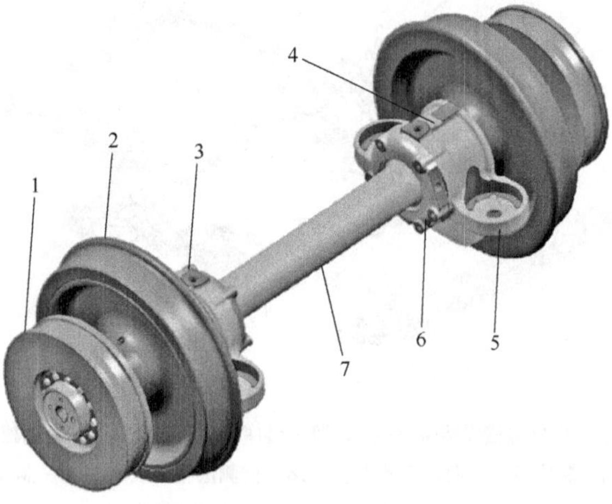

1—制动盘;2—车轮;3—横梁安装座;4—轴箱体;5—弹簧托盘;6—轴箱盖;7—车轴。

图 3-7 BM3000 型直线电机转向架轮对轴箱

4. 一系悬挂

BM3000 型直线电机径向转向架一系悬挂系统由 2 个圆锥叠层橡胶弹簧装置和轴箱组成,如图 3-8 所示。

弹簧固定在轴箱的弹簧托盘上,上端连接车体。一系簧的水平和纵向刚度保证了车辆在直线轨道上的稳定性,并且与一系簧的横向跨度尺寸相配合提供了最佳的转向特性,允许轮对在曲线上顺利地获得径向调整。

在每一个车轮位置采用一个固体金属缓冲块用以保持运动包络线所要求的间隙。该装置位

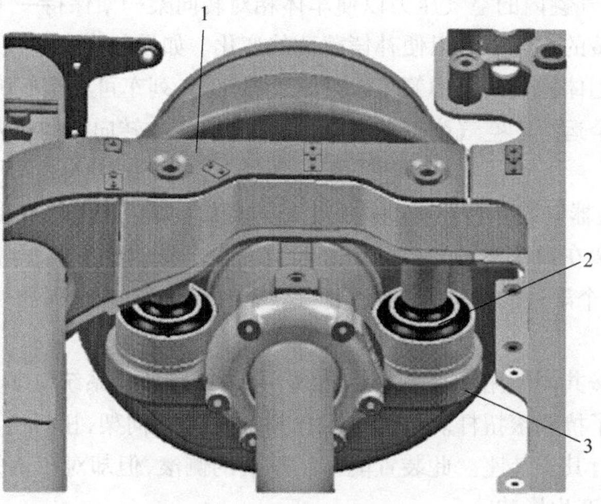

1—构架侧梁;2——系弹簧;3—轴箱弹簧托盘。

图 3-8 一系悬挂系统

于转向架侧框架的底部,并且设计成仅在弹簧塌陷或其他事故发生时才能够接触到轴箱的顶部。拉伸止挡安装在每个一系弹簧中。这些止挡装置提供了向上移动限制并且还在进行维护和大修时提升整个转向架和直线电机定子时支撑轮对的重量。

由于直线电机悬挂装置是直接支撑于轴箱上的,所以一系悬挂的垂向刚性不会影响到直线电机定子悬挂系统。

5. 二系悬挂

BM3000 型直线电机转向架的二系悬挂主要包括摇枕、空气弹簧、抗侧滚扭杆、垂向油压减振器等,如图 3-9 所示。空气弹簧的作用是缓和振动冲击,并在乘客载重变化引起车辆地板水平面

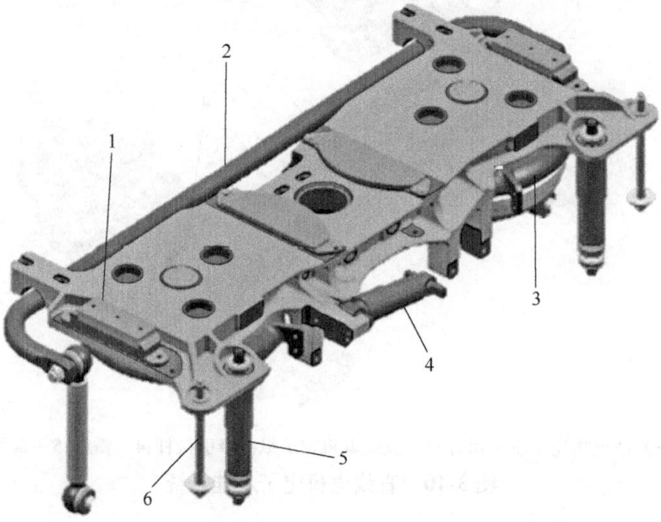

1—旁承;2—抗侧滚扭杆;3—空气弹簧;4—横向减振器;5—垂向减振器;6—起抬保护杆

图 3-9 二系悬挂装置

高度变化时,通过改变气囊内的空气压力以使车体相对转向架构架保持一个相对恒定的高度。高度控制阀控制空气弹簧的空气压力以便补偿载荷的变化。如果气囊内空气压力损失过大,则预先设置于空气弹簧内的固体橡胶辅助弹簧可以继续支撑车体,列车可在空气弹簧失气状态下以降低乘坐舒适度为代价安全运行。空气弹簧气囊配备有副风缸(与转向架构架内腔为一体),用于改善垂向刚度特性。

2 个垂向油压减振器安装在转向架的构架上,连接转向架至摇枕并且控制二系悬挂系统的移动比率。每一个转向架在摇枕和转向架横梁之间装有 1 个横向油压减振器以便控制车体的横向摆动。另外,还装有 2 个渐进的横向橡胶止挡。这些止挡装有整体金属挡块以防止车辆在限界内产生过度的移动。

由于两侧空气弹簧共同使用一个高度控制阀,导致二系悬挂系统抗侧滚能力的下降,因此在摇枕与构架之间安装了抗侧滚扭杆。抗侧滚扭杆横向贯穿转向架,扭杆上端与摇枕联结,在构架的下方靠近侧梁外侧有其安装座。此装置能抑制车辆的侧滚,但却对车辆的垂向、横摆、点头、摇头,以及沉浮等振动不产生影响。

6. 直线电机定子悬挂系统

BM3000 型直线电机转向架每个均装有 1 个线性感应电机定子,在轮对轴箱间安装横梁,横梁弹性安装在 2 个位于轴箱轴承的专用弹性支座上,这些支座可以保证横梁安装在车轴的中心处。直线电机定子位于构架之下,两端通过五点固定吊臂垂直悬吊于横梁,吊臂座焊接在横梁上,1 位轮对横梁设三个吊臂,2 位轮对横梁设两个吊臂,形成 5 点悬挂,如图 3-10 所示。尽管直线电机定子属于簧下质量,但是横梁两端配备的橡胶关节提供了一定的弹性减振。在直线电机定子和转向架横梁之间安装有牵引杆,牵引力和制动力通过牵引杆传递到构架,再通过中心牵引装置由摇枕传递到车体。直线电机定子侧面安装两个横向拉杆,拉杆另一端固定在转向架构架上。

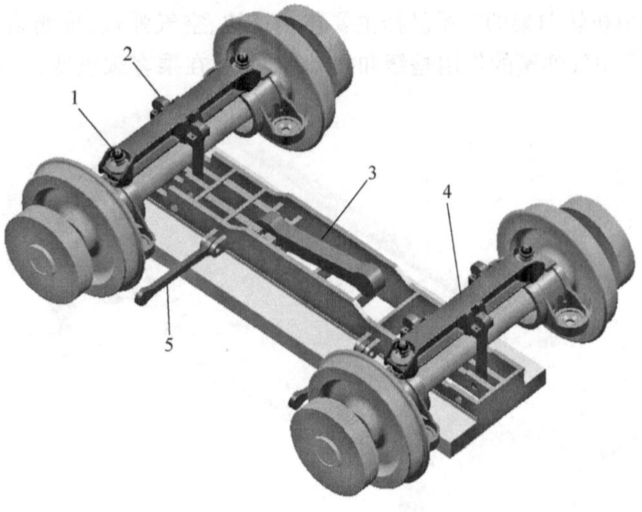

1—高度调节装置;2—直线电机定子垂向吊杆;3—直线电机定子纵向牵引拉杆;4—横梁;5—直线电机定子横向拉杆。

图 3-10 直线电机定子悬挂系统

BM3000 型直线电机转向架定子悬挂系统的这种设计使得牵引力和制动力的传递不经过一系悬挂,避免了一系悬挂上的额外载荷。直线电机定子位于一系悬挂之下,仅在垂向支撑,使轮对正常的横向和径向移动不会受到限制。轴箱轴承直接承受来自直线电机定子的垂向载荷,其高度不受一系悬挂偏移的影响,而构架与定子间产生垂向的静态和动态载荷也得到隔离。因此,这种转向架可以采用较低垂向刚度的一系悬挂,而较小的一系悬挂垂向刚度对于车辆的稳定性和曲线通过性能也是有利的。

除了具备保证直线电机定子与构架稳定连接,有效传递牵引力的功能之外,直线电机定子悬挂系统还必须具备在电机和感应板之间保持一个相对稳定的名义间隙(通常在 8 ~ 12 mm)的功能。因此,当因车轮踏面磨耗而导致车轮直径减小,直线电机定子高度降低时,必须进行补偿以维持要求的间隙。

BM3000 型直线电机转向架采用带螺纹的调整器的方式来调整定子的高度,以对车轮的径向磨损进行补偿。带螺纹的调整器安装在横梁底部轴箱处,结构如图 3-11 所示。直线电机定子高度调节装置的中心为一个双头螺柱。双头螺柱是机械制造中常见的螺纹连接件,螺柱两端都制有螺纹,两端螺纹可相同或不同。螺柱可带退刀槽或制成腰杆,也可制成全螺纹的螺柱。螺柱一端常旋入螺纹孔中,旋入后即不拆卸,另一端则用于安装螺母以固定其他零件。这里,双头螺柱两端螺纹相同,中间制成腰杆,下端旋入轴箱体,上端伸出嵌入车体地板上,便于调节。双头螺柱外侧以螺纹配合带有六角形头的螺纹调节器(M42,螺距 2 mm),螺纹调节器外侧再通过螺纹配合以轴衬托架,它的升高和降低由螺纹调节器控制。这里所说的螺纹调节器,是一个同时拥有内螺纹和外螺纹的旋动件,上端设计成六角形头,便于传动。它的外螺纹与外侧的轴衬托架组成一组螺旋传动,即螺纹调节器左右转动但不向上移动(相当于传动中的螺栓),而轴衬托架则随着螺纹调节器的转动而上下移动(相当于传动中的螺母),达到改变高度的目的。这一螺旋传动与机械加工中使用的车床中丝杠和刀架的运动很相似,同样是以丝杠的旋转运动带动刀架的直线运动。螺纹调节器的内螺纹与中心的双头螺柱又构成了一组这样的结构,双头螺柱的移动使螺纹调节器在旋转之后仍能保持原来的位置。其下端紧贴轴箱体连接,上端则需要安装一个 M20 的防松螺母,防止螺旋结构的松动。同样道理,轴衬托架上端也需要安装一个 M42 的防松螺母。轴衬托架支撑着直线电机悬挂轴衬,上下轴衬中间安装着悬挂横梁的一端,橡胶材料的轴衬减少了轮对上的惯性载荷,改善了直线电机的振动环境。

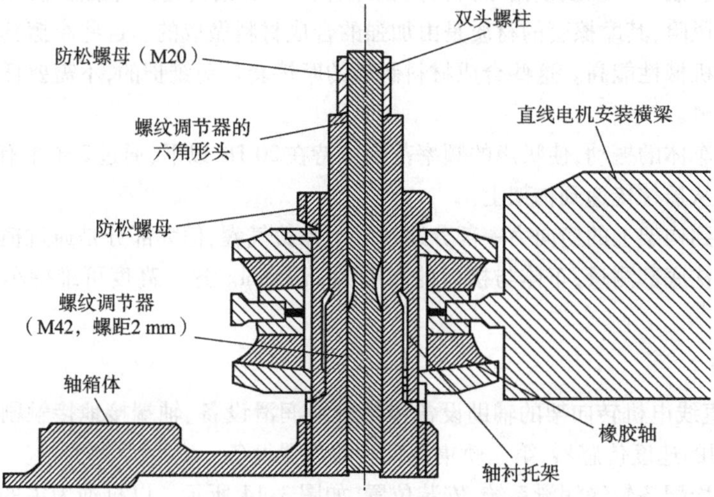

图 3-11 直线电机定子高度调节装置

当需要调整高度时，首先旋松 M20 和 M42 两个防松螺母，然后用六角形传动的原理旋转螺纹调节器，使轴衬托架上下移动，也就带动了横梁的上下移动，从而通过横梁上的吊臂改变了直线电机的高度，直到电机达到正确位置（360°的旋转约升高直线电机定子 2 mm），最后重新拧紧防松螺母，调节过程结束。

7. 基础制动装置

BM3000 型直线电机转向的基础制动装置采用了盘形制动，如图 3-12 所示。在两侧车轮的外侧装有制动盘，制动时用制动夹钳使两个闸片紧压制动盘侧面，通过摩擦产生制动力。

图 3-12　盘形制动装置

8. 车体接口

BM3000 型直线电机转向架的摇枕安装在二系悬挂上，同时还通过中心销与车体枕梁连接，中心销一端穿入摇枕，另一端通过螺栓连接在车体上。中心销左右各有一个中心摩擦板，用来支撑车体质量和附加载荷，如图 3-13 所示。

纵向牵引力和制动力以及横向导向力是由车体的中心销传递到摩擦套挤压进摇枕处。为了减少增加噪声的风险，其摩擦套的材质是由加强的合成材料做成的。这些摩擦套采用的材料比摩擦板采用材料的机械性能高。这些合成材料制成的摩擦套是免维护的，不需要任何保护性维护和定期的润滑脂润滑。

为了减少对车体的振动，使噪声的频率范围维持在 20 Hz 以下，通过 2 个带有弹性减振垫的纵向拉杆将纵向力从摇枕传递到构架上。

从摇枕传递到构架上的横向力一部分通过 2 个弹簧气囊，但大部分是通过横向橡胶止挡传递的。从车体的摇枕底部测量，车体与接口的高度为 770 mm。这一高度可维持车内正常步行地板高度为 930 mm。

9. 辅助设备

BM3000 型直线电机转向架的辅助设备包括轮缘润滑设备、轴端接地接触刷设备，用于牵引、制动和 ATC 控制的速度传感器，第三轨集电靴和熔断器设备。

所有转向架均配备轮缘润滑系统，安装位置，如图 3-14 所示。以机油为主的润滑系统由定时器或曲线检测系统开启。润滑系统能为车轮轮缘提供润滑油，并控制投放的润滑油量。通过润滑

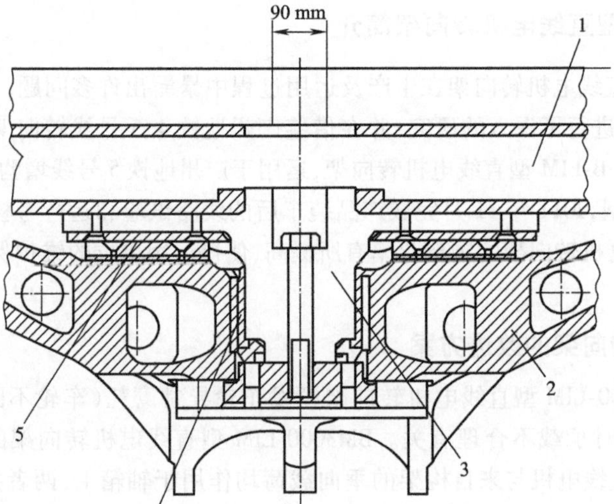

1—车体;2—摇枕;3—中心销;4—摩擦套;5—中心摩擦板

图 3-13 中心销

能够减少轮缘磨耗,增加车轮的使用寿命。喷嘴装置可自动调整用以补偿车轮磨耗。

为了能在维修车间用天车整体起吊转向架,转向架构架上有 4 个起吊点,每个轴箱底部有顶车点。这些起吊点和顶车点供车轮旋修、底架检修维护,以及列车脱轨后的复轨操作时使用。

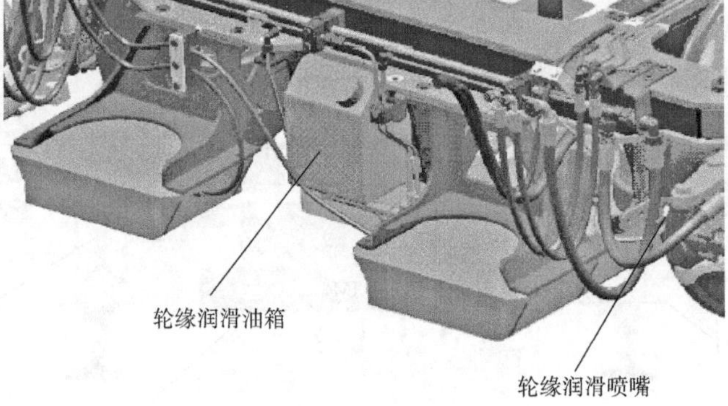

图 3-14 轮缘润滑系统

10. 转向架载荷传递路径

车体垂向载荷的传递过程:车体—摇枕旁承—摇枕—空气弹簧—构架侧梁—一系弹簧—轴箱—轴承—轮对;直线电机纵向牵引力和电制动力的传递路径有两条路线,一是直线电机定子—牵引杆—构架—构架摇枕连杆—摇枕—摇枕中心销孔—车体中心销—车体;二是直线电机定子—牵引杆—构架—构架侧梁—一系弹簧—轴箱—轴承—轮对;黏着制动力的传递过程是制动盘—轮对—轴箱—轴箱弹簧—构架侧梁—摇枕构架牵引杆—摇枕—中心销孔—中心销—车体。

3.2.2 SDB-LIM 型直线电机转向架简介

BM3000-LIM 型直线电机转向架在生产及运用过程中暴露出许多问题,中车青岛四方机车车辆股份有限公司对此进行了深入的研究,并在借鉴广州地铁 4、5 号线转向架运用经验的基础上,自主研制了全新的 SDB-LIM 型直线电机转向架,运用于广州地铁 5 号线增购项目。该型转向架于 2010 年 12 月设计定型,2011 年 11 月完成产品装车后的线路试验和运行考核,性能令人满意。另外,SDB-LIM 型直线电机转向架的国产化率有所提高,使得运用单位的维护保养周期容易保证,且费用更低。

1. SDB-LIM 转向架的改进方案

研究表明,BM3000-LIM 型直线电机转向架频发车轮异常磨耗(车轮不圆),轴端接地装置断裂等故障的原因与轮对承载不合理有关。BM3000-LIM 型直线电机转向架的轮对承载示意图如图 3-15 所示。来自直线电机与来自构架的垂向载荷均作用于轴箱上,两者共同作用下使得轮对在列车运行过程中极易发生周期性的大弯曲变形。这一效应与来自轨道的,因轨道不平顺而产生的对轮对的周期性冲击相叠加,是造成车轮轮周多边形磨耗的主要原因之一。除此之外,BM3000-LIM 型直线电机转向架的制动盘位于车轮外侧,造成车轴两端的集中质量、黏着制动力也集中在两侧轴端,使得轮对产生所谓的“扁担”效应,加剧了车轴、车轮的振动。轮轴的周期性大弯曲变形造成车轮外侧轴端的大振幅高频率振动,恶化了轴端设备(如接地装置、速度传感器等)的工作环境,缩短了设备的使用寿命。

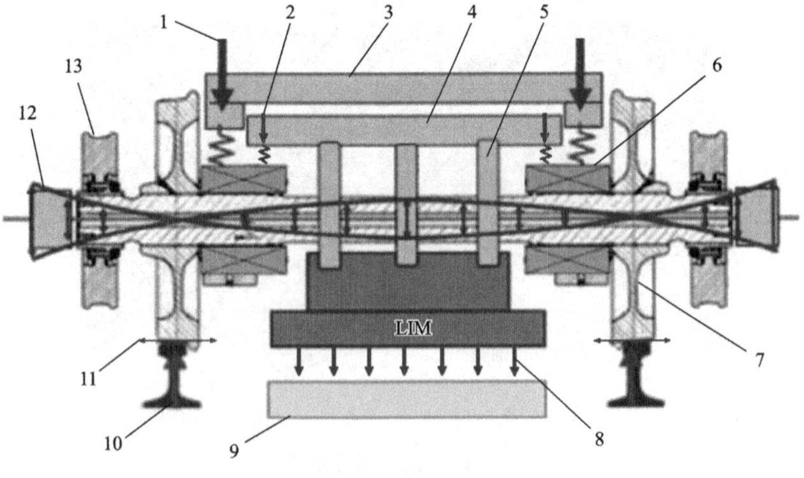

1—车体作用于构架的垂向力;2—悬挂梁作用于轴箱体的垂向力;3—构架;4—悬挂梁;
5—直线电机垂向吊杆;6—轴箱;7—车轮;8—直线电机垂向吸力;9—轨道感应轨;
10—轮轨垂向作用力;11—轮轨横向作用力;12—轴端设备;13—制动盘。

图 3-15　BM3000-LIM 型转向架轮对承载示意图

与 BM3000-LIM 型转向架相比,SDB-LIM 型直线电机转向架的改进主要集中在两方面:其一对轮轴轴箱的改进;其二是对二系悬挂的改进。对轮轴轴箱的改进主要是将内置式轴箱改为外置式,同时在车轮内侧原内置式轴箱的位置增设抱轴轴承以支撑直线电机悬挂横梁(该横梁用于吊挂直线电机定子,参看图 3-16)。来自一系弹簧和直线电机吊挂点的垂向载荷分别作用于车轮外侧和内测，两者对轮对弯曲变形具有相互抵消的效果，轮对受力得以平衡，可显著降低轮对的弯曲变形。由于车轮外端空间被外置式轴箱占据，车轮内侧空间又被抱轴轴承所占据，因此原先布置在车轮外端的制动盘改为轮装制动盘。这些改进对于缓和由于轮对周期性的大弯曲变形而引起的轮轨磨耗和轴端振动问题非常有利。轴箱外置可方便轴箱轴承的维护与检修，也增大了转向架内部检修作业空间，提高了转向架的接近性和可维护性。但是，轮装制动盘的温升问题可能导致车轮的工作条件恶化。

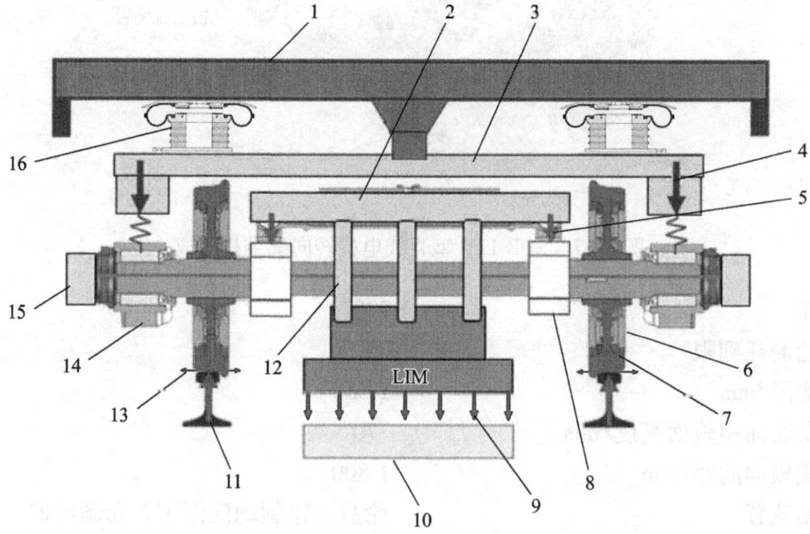

1—车体；2—悬挂梁；3—构架；4—构架作用于轴箱的垂向力；5—悬挂梁作用于支撑箱的垂向力；
6—制动盘；7—车轮；8—支撑箱；9—直线电机垂向吸力；10—轨道感应轨；11—轮轨垂向作用力；
12—直线电机垂向吊杆；13—轮轨横向作用力；14—轴箱；15—轴端设备；16—空气弹簧。

图 3-16 SDB-LIM 型直线电机转向架轮对承载示意图

对二系悬挂的改进主要是采用无摇枕方案，增加中央牵引装置，从而简化转向架结构，降低转向架质量。

2. SDB-LIM 转向架组成和主要参数

SDB-LIM 型直线电机转向架均为安装直线电机的带动力转向架，主要结构包括构架、一系悬挂装置、二系悬挂装置、轮对轴箱装置、直线电机悬挂装置、中央牵引装置、三轨受流装置、基础制动装置、附件等。因安装于列车中不同位置，集电靴、传感器、接地装置、轮缘润滑、直线电机间隙传感器等附件布置位置不同，因此转向架分为 7 种，但其主体结构完全相同，如图 3-17 所示。

转向架参数如下：

设计速度/（km/h）	100
最大运行速度/（km/h）	90
轴距/mm	2 000
转向架最大长度/mm	3 390（不包括 ATC）
转向架最大宽度/mm	3 079（集电靴展开状态）
车轮直径/mm	

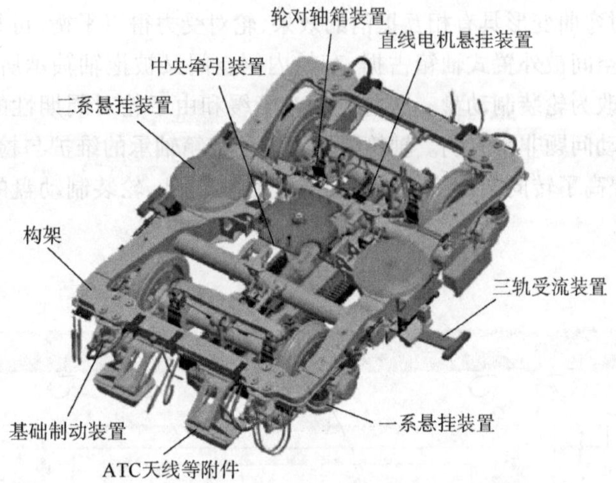

图 3-17　SDB-LIM 型直线电机转向架结构组成

新轮	730
车轮磨耗到限	650
轮对内侧距/mm	1 353
中心销安装面距轨面高度/mm	770
空气弹簧横向间距/mm	1 800
基础制动装置	轮盘夹钳制动配停车单元制动器
一系悬挂	双圆锥叠层橡胶弹簧
二系悬挂	空气弹簧 + 横向减振器
最大轴重/t	13
通过最小曲线半径/m	
正线：	150
车场线：	60

3. SDB-LIM 转向架的构架

构架的俯视图呈目字形，采用钢板、钢管焊接而成，主要包括侧梁、横梁、端梁，以及各种功能部件的安装座等，如图 3-18 所示。构架内腔还作为空气弹簧的附加气室，端部设有手动排气装置，必要时可以方便地手动排除空气弹簧和附加气室的空气。构架强度计算按 UIC 515 及 UIC 615 标准执行，使用寿命不小于 300 万千米或 30 年。

4. SDB-LIM 转向架的轮对轴箱装置

轮对轴箱装置主要由电机悬挂支撑箱、车轮、轮装制动盘、车轴和轴箱构成。轮对组装技术要求执行欧洲标准 EN 13260。车轴和车轮采用符合欧洲标准的合金钢材质。为了最大限度地降低簧下质量，车轴为空心结构，设计和制造执行 EN 13261 标准。车轮采用与 BM3000-LIM 型转向架类似的小型化、轻量化直辐板整体辗钢车轮，材质为 ER9，设计和制造执行 EN 13262 标准。车轮在新轮/全磨耗状态的直径分别为 730/650 mm，可用磨耗量达到 80 mm。通过调整车轮硬度对轮轨硬度比进行了优化，使其更适于国内线路和轨道条件。车轮踏面形状采用符合 TB/T 449—2016《机车车辆车轮轮缘踏面外形》标准中的 LM 型磨耗形踏面。

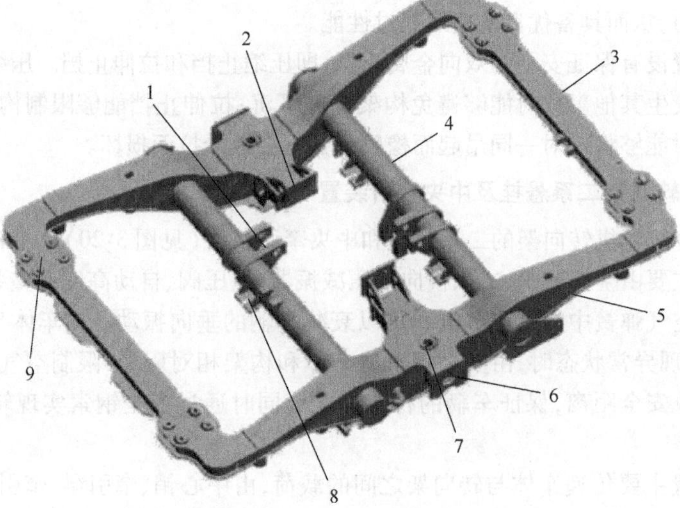

1—车体牵引杆座;2—横向止挡;3—端梁;4—横梁;5—侧梁;6—三轨受流器安装座;
7—空气弹簧座;8—电机牵引杆座;9—制动装置安装座。

图 3-18 SDB LIM 转向架构架

轴箱组成(见图3-19)主要包括轴箱体、自密封圆柱滚子轴承、防尘挡圈、前后压盖等。轴箱体采用迷宫式防尘结构,各类速度传感器、接地装置等在轴箱前盖上固定安装。轴箱顶部设有垂向限位台,在保证车辆正常运行时对垂向位移要求的同时,具有安全限位功能,可保证一系弹簧故障模式下的车辆安全。

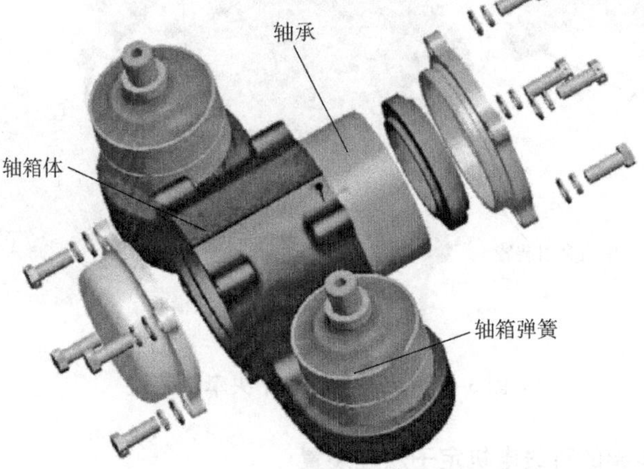

图 3-19 轴箱组成和一系悬挂

5. SDB-LIM 转向架一系悬挂

SDB-LIM 型直线电机转向架的一系悬挂由橡胶弹簧装置组成。每个轴箱采用 2 个圆锥叠层橡胶弹簧,起定位和支撑作用。由于直线电机定子直接支撑悬挂于轮对上,其高度不受一系悬挂刚度和挠度的影响,橡胶弹簧的垂向刚度可以按照需要自由选择。橡胶弹簧纵、横向刚度根据车辆总体参数及线路条件进行动力学计算和优化得出，能够保证直线轨道上的运行稳定性，并使轮对具有自导向能力，从而具备优良的曲线通过性能。

一系悬挂装置设有保证安全的双向金属止挡，即压缩止挡和拉伸止挡。压缩止挡的作用是保证在弹簧塌陷或发生其他事故时能够避免构架过度下沉；拉伸止挡能够限制构架向上过度运动，并在起吊转向架时能够将轮对一同吊起而橡胶弹簧不会因受拉而损坏。

6. SDB-LIM 转向架二系悬挂及中央牵引装置

SDB-LIM 型直线电机转向架的二系悬挂和中央牵引装置（见图 3-20）位于转向架构架和车体之间。二系悬挂主要由空气弹簧、二系横向油压减振器、差压阀、自动高度调整装置、横向止挡、安全钢索等组成。空气弹簧中的阻尼节流孔可以衰减车辆的垂向振动。在车体与构架之间设置安全钢索，当车辆出现异常状态时，由安全钢索将车体和构架相对限位，限制空气弹簧高度，保证车辆与限界间的有效安全距离，保证车辆的行车安全。同时通过安全钢索实现转向架的整体起吊功能。

中央牵引装置主要传递车体与转向架之间的载荷，由中心销、牵引梁、牵引拉杆等组成，采用中心销配合弹性无磨耗 Z 字形拉杆式牵引装置，即牵引梁和构架间通过呈 Z 字形布置的牵引拉杆连接，中心销、中心销套、牵引梁之间无配合间隙，达到了弹性无间隙牵引。中央牵引装置与构架之间安装有横向油压减振器，能够在横向吸收振动。

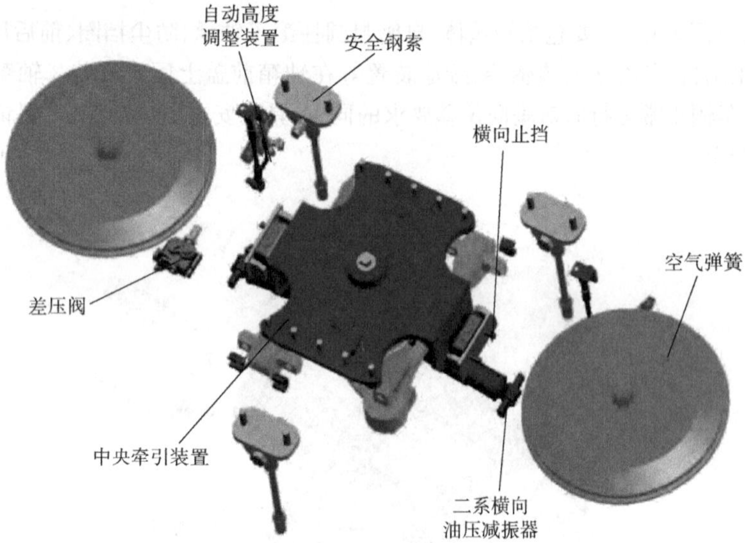

图 3-20　二系悬挂和中央牵引装置

7. SDB-LIM 转向架的直线电机定子悬挂装置

SDB-LIM 转向架的直线电机定子悬挂系统采用了与 BM3000-LIM 型转向架类似的悬挂梁结构：在车轴两端轮对内侧靠近轮对的位置设计有悬挂梁支撑箱，支撑箱利用圆锥滚子轴承安装于车轴上（圆锥滚子轴承更适于承担轮对和直线电机的综合载荷）。悬挂梁垂向支撑在轮对的左右支撑箱上，直线电机通过垂向吊杆悬挂在悬挂梁上。为了约束悬挂梁的纵向运动，在悬挂梁与构架端梁之间设有纵向拉杆，如图 3-21 所示。

悬挂梁两端与支撑箱连接处配备橡胶关节，为直线电机悬挂提供一定弹性，在保持直线电机

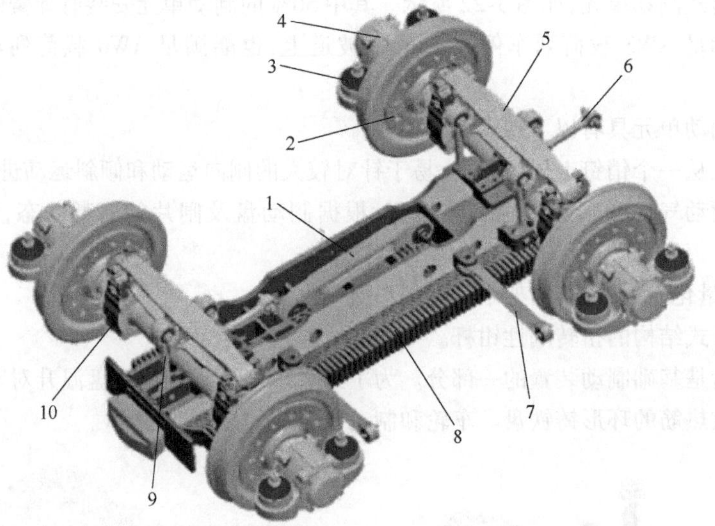

1—直线电机牵引杆;2—制动盘;3—橡胶弹簧;4—轴箱;5—悬挂梁;6—悬挂梁纵向拉杆;
7—直线电机横向拉杆;8—直线电机;9—直线电机垂向拉杆;10—支撑箱。

图 3-21 SDB LIM 转向架的直线电机悬挂装置

高度和气隙稳定的同时,降低运行时的振动。悬挂梁的弹性安装还能满足电机悬挂系统在允许范围内的点头、侧滚、摆动要求。与支撑箱的连接处设置有垫片式直线电机高度调整装置,在车轮磨耗时可通过调整高度和垫片的厚度来调整直线电机定子与感应板间的气隙。在车轮磨耗范围内,操作人员在车辆客室内即可通过专用工具将气隙调整到需要高度。采用垫片式直线电机高度调整装置,结构简单且更加可靠耐用。

这种设计实现了直线电机定子的轮对内侧独立悬挂,使得直线电机定子悬挂与转向架一系悬挂得到隔离,直线电机定子的高度不受一系悬挂垂向弹性变形的影响,可以最大限度地保证运行时直线电机定子与轨道反应板之间气隙的稳定(保证气隙≥9 mm,一般标准间隙为 8 ~ 12 mm)。同时采用已经过运营验证的直线电机定子无间隙弹性吊挂结构,在保证气隙稳定的基础上,有效降低直线电机定子的振动。在此基础上,车辆主悬挂系统可独立优化参数,保证车辆的动力学性能。

直线电机横向由横向拉杆连接到转向架构架上。纵向牵引力和制动力则通过直线电机与构架间的电机牵引杆直接传递到构架上。因此,直线电机横向和纵向实际为构架安装,从而与轮对的振动冲击隔离,减少横向轮轨力并改善直线电机运用环境。

电机悬挂支撑梁是直线电机悬挂系统的基础,主要承担直线电机的悬挂支撑及高度调整。直线电机通过垂向吊杆悬挂在电机悬挂梁上,而电机悬挂梁通过两端的橡胶节点弹性安装于电机悬挂支撑箱上部,两者通过特殊设计的紧固和高度调整机构连接在一起。

8. 基础制动装置

车辆运行中,正常情况下通过变换直线电机极性提供与运行方向相反的力,即电制动力。而基础制动装置可在电制动力不足时予以补充,并在特殊情况下提供紧急制动。

如前所述,SDB-LIM 转向架基础制动采用轮盘制动,每个制动盘配备一套采用空气压力控制制动动作的紧凑式制动单元,如图 3-22 所示。其中 50% 的制动单元安装有弹簧停车制动装置,列车停放制动能满足 AW3 载荷列车停放在 60‰坡道上,也能满足 AW0 载荷列车停放在 70‰坡道上。

该紧凑式制动单元具有以下特点:

①制动单元从一个销钉上居中悬挂,易于针对较大的侧向运动和倾斜运动进行调整。

②独立的制动气缸和闸瓦间隙调整装置,根据制动盘及闸片的磨耗状态,闸片间隙能自动调整。

③紧凑、轻量化设计,在转向架中占用较小空间。

④具有剖分式结构的扭转刚性钳杆。

轮装制动盘是基础制动装置的一部分。为了最大限度地减轻制动盘温升对车轮的破坏,采用具有径向排布散热筋的环形铸铁盘。车轮和制动盘组成如图 3-23 所示。

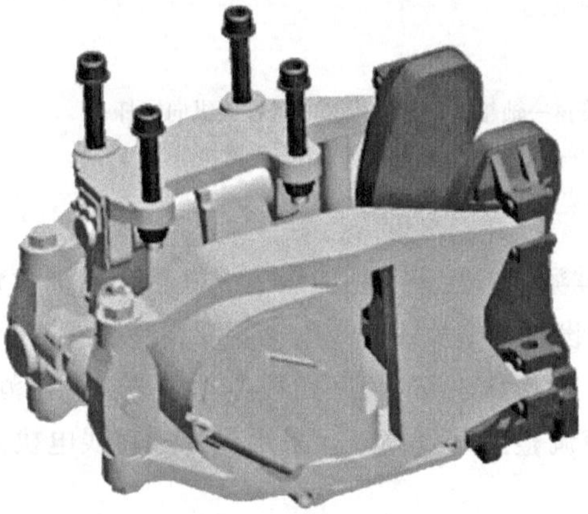

图 3-22 紧凑式制动单元

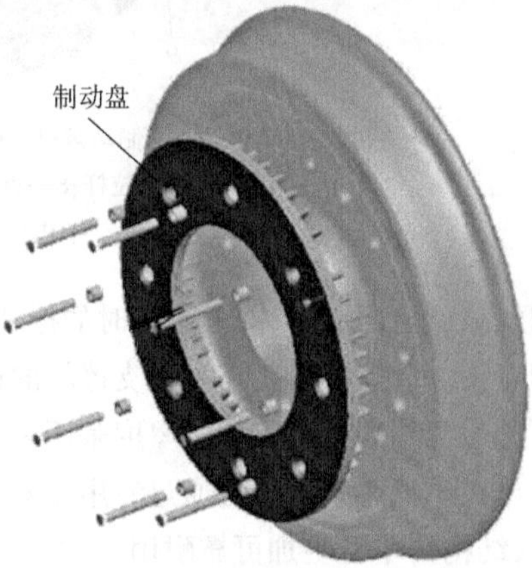

图 3-23 车轮和制动盘组成

9. 辅助设备

SDB-LIM 转向架完整的辅助设备包括轮缘润滑装置、三轨受流装置、管路系统及安装其上的电气设备(包括接地装置、制动传感器、速度传感器、ATC 天线等)。

SDB-LIM 转向架采用油脂型湿式轮缘润滑装置(见图 3-24),包括控制器(安装在转向架上,图中未显示)、油箱和喷油嘴等。该装置通过润滑轮缘部位,可减少轮缘和轨道的磨损,延长车轮和钢轨的使用寿命(尤其是弯道处的钢轨),并且降低牵引阻力和轮轨噪声。轮缘润滑装置采用时间和弯道组合的喷油控制方式。

接地装置改为轴箱体安装,取消原接地装置的内部轴承,减小其振动和冲击,从而避免损坏。

10. 直线电机牵引力的传递路径

车体垂向载荷的传递过程:车体—空气弹簧—构架侧梁—一系弹簧—轴箱—轴承—轮对;直线电机纵向牵引力和电制动力的传递路径有两条路线,一是直线电机定子—牵引杆—构架—中央牵引杆—中心销—车体;二是直线电机定子—牵引杆—构架—构架侧梁—一系弹簧—轴箱—轴承—轮对;黏着制动力的传递过程是制动盘—轮对—轴箱—轴箱弹簧—构架—中央牵引杆—中心销—车体。

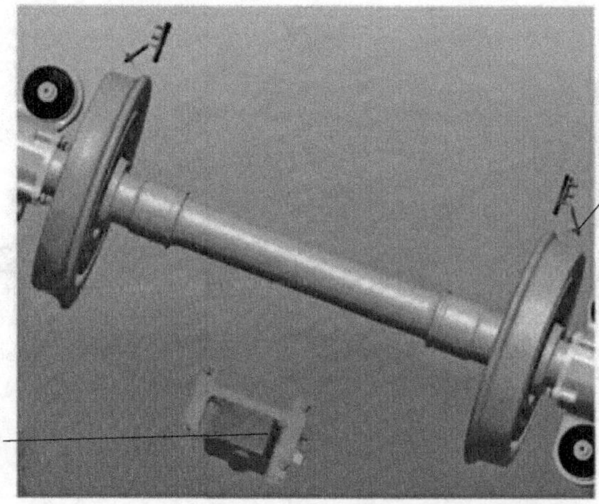

图 3-24 油脂型湿式轮缘润滑装置

3.3 MK 系列直线电机转向架

3.3.1 概述

MK 系列直线电机转向架包括 MK Ⅰ型和 MK Ⅱ型,两者结构基本相同,均采用三大件的形式,具体结构为:前后轮对通过两副构架连接起来,副构架呈 V 字形,一端与轮对固结,另一端与另一副构架铰接,铰接点用垂向吊杆将两副构架的一端悬挂于摇枕上;两侧架通过橡胶弹性垫置于轴箱上,一侧铰接,另一侧可以在橡胶弹性垫上沿轴箱滑动。两种转向架都采用了迫导向装置,不同的是 MK Ⅰ型转向架只在一侧安装迫导向连杆装置,MK Ⅱ型转向架在两侧都安装。迫导向连杆装置安装于前后轮对、侧架和摇枕之间,由连接的轴箱连杆、导向杠杆、杠杆转轴和摇枕连杆组成,实现轴箱与构架间的纵向定位。牵引驱动方面,转向架配备了强迫风冷的线性感应电机。为了降低转向架的自重,MK 系列转向架采用全焊接结构,由侧梁、端梁和中间横梁等部件组焊而成,各梁主要立板、上下盖板都采用钢板,并在适当部位设置隔板,以作为组装梁体时的定位基准并增加各梁的抗弯性能。

图 3-25 所示为用于温哥华空中列车线的 MK Ⅱ型转向架的实物图,图 3-26 所示为用于北京地铁首都机场线的 MK Ⅱ型转向架的结构示意图。

MK Ⅱ型转向架主要技术参数如下:

最高运行速度:	110 km/h
能通过的最小曲线半径:	60 m
转向架轴距:	1 900 mm
轴重:	10 t
轮对内侧距:	(1 356 ± 1)mm
车轮直径:	660 mm/632 mm(磨耗到限)
空气簧上平面距轨面:	892 mm

图 3-25　MK Ⅱ 型直线电机转向架

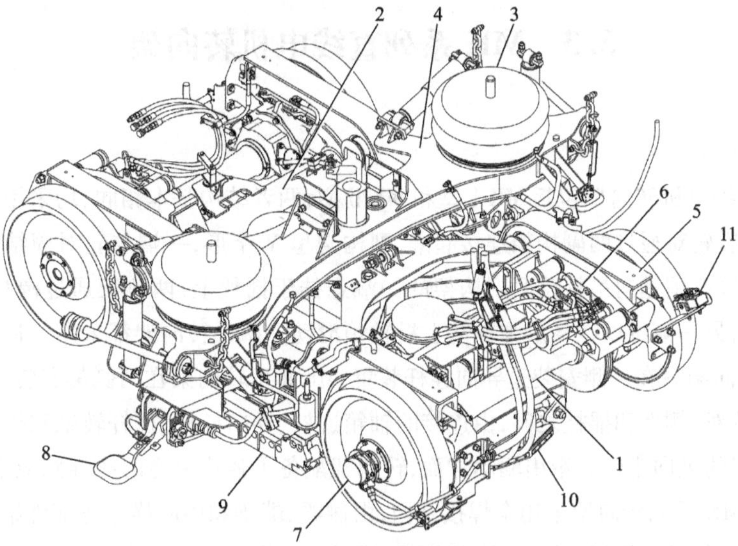

1—车轴;2—二系悬挂;3——系悬挂;4—转向架摇枕;5—构架;6—盘式制动器;7—转速计;8—集电器;9—磁轨制动器;10—线性感应电机定子;11—轮缘润滑设备。

图 3-26　MK Ⅱ 型转向架结构示意图

空气弹簧跨距：	1 677 mm
垂向减振器横向跨距：	2 388 mm
一系悬挂橡胶垫横向跨距：	1 180 mm
旁承横向跨距：	1 180 mm
空气弹簧上面距轨面：	892 mm
一系橡胶垫上面距轨面：	500 mm
转向架质量：	4 096 kg(平均值)
转向架中心距：	12 000 m

3.3.2 转向架构架

MK系列直线电机转向架的构架由两个焊接侧梁和一个焊接横梁组成,横梁连接两个侧梁,如图3-27所示。

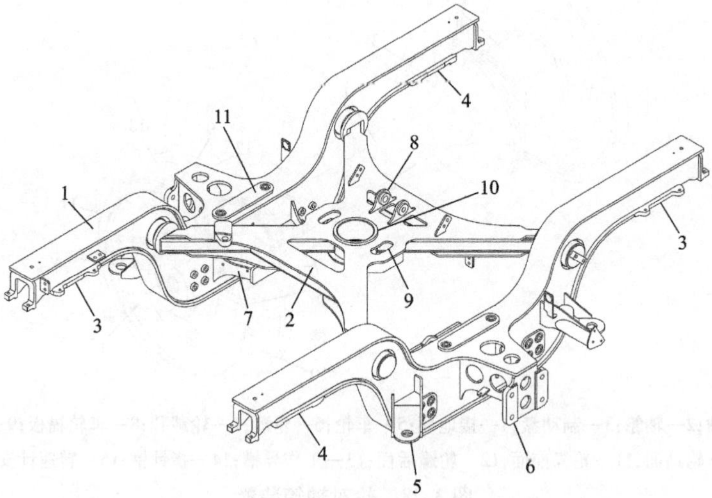

1—旁承;2—横梁;3—滑动垫位置;4—固定垫的位置;5—磁轨制动器安装座;6—集电器安装座;
7—径向装置安装座;8—叉臂(Yoke)连接安装座;9—径向槽;10—尼拉特隆磨损衬套位置;11—旁承位置。

图3-27 转向架构架

侧梁支撑在一系悬挂对角的反向滑动和固定弹性垫上,这些滑动和固定弹性垫安装在叉臂(Yoke)的悬挂臂上。侧梁承担摇枕的垂向载荷并焊接有以下安装座:集电装置、磁轨制动装置、径向机构和旁承。

横梁是两个侧梁之间的刚性连接装置,同时也通过叉臂连接杆支撑叉臂之间的弹性铰接,传递水平载荷并支撑叉臂的铰接部位。横梁上的中心凹槽内,装有可更换的尼拉特隆耐磨衬套,能让转向架摇枕以转向架中心销为中心,在水平面上旋转。

当车辆吊装时,安装在摇枕和构架横梁两个径向插槽内的两个吊环可以防止摇枕从转向架上分离。

载荷传递方面,车体垂向载荷通过二系悬挂装置传递到摇枕,由于摇枕支撑在构架侧梁旁承上,因此载荷通过旁承传递到侧梁,再传递到一系悬挂弹性垫片,进而传递到轮对。横梁传递摇枕与构架侧梁之间的水平载荷(纵向和横向)。

三大件式的构架结构增加了MK系列直线电机转向架的扭转挠性,可减缓列车通过小半径曲线时的轮重减载效应。

3.3.3 轮对轴箱装置

MK系列直线电机转向架的轮对由两个车轮、一根车轴,以及压装在轮轴上的制动盘组成,新轮直径为660 mm,磨耗到限车轮直径632 mm(磨耗)。制动盘直径440 mm,压装在车轮内侧,采用自然风冷方式。轴箱装置包括轴箱与轴承,是连接构架和轮对的活动关节,使轮对的滚动转化为车体沿着轨道的直线运动。MK系列直线电机转向架的轴箱采用了一种较少见的环形结构,安装于车轮内侧(即内置轴箱),由铸钢制造,轴承则采用D级双列圆锥滚子轴承。轮对轴箱装置的结构如图3-28所示。

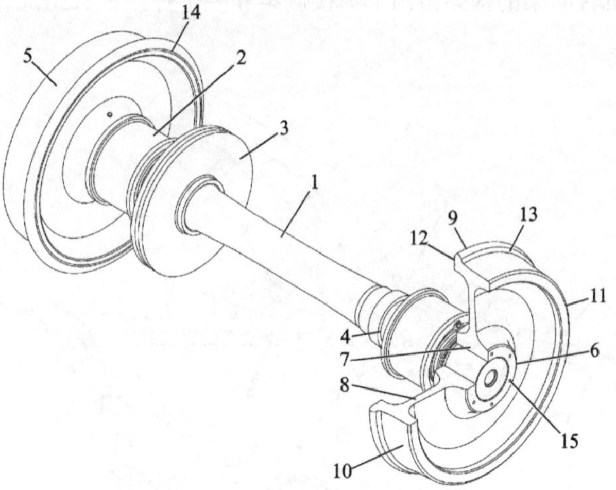

1—车轴;2—轴箱;3—制动盘;4—接地环;5—车轮;6—轮毂;7—轮毂孔;8—车轮辐板;9—轮缘;
10—车轮踏面;11—轮缘前面;12—轮缘后面;13—工作导槽;14—指针槽;15—转速计安装孔。

图3-28 轮对轴箱装置

3.3.4 一系悬挂装置

一系悬挂装置连接在轮对轴箱与构架之间,主要包括内侧/外侧叉臂,由弹性橡胶圈、滑动弹性垫和轴箱体构成的内置轴箱等,约束轮对轴箱相对于构架的运动,如图3-29所示。一系悬挂装置在纵向和横向具有适当的弹性定位刚度,包含两部分弹性系统,一是位于轴箱与叉臂悬挂臂之

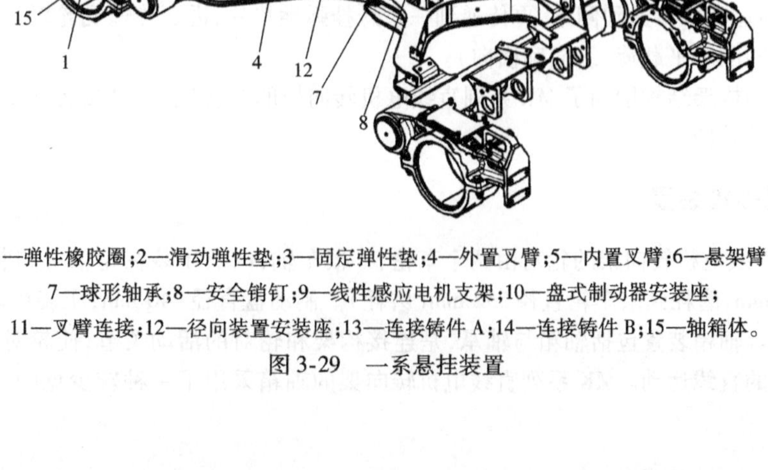

1—弹性橡胶圈;2—滑动弹性垫;3—固定弹性垫;4—外置叉臂;5—内置叉臂;6—悬架臂;
7—球形轴承;8—安全销钉;9—线性感应电机支架;10—盘式制动器安装座;
11—叉臂连接;12—径向装置安装座;13—连接铸件A;14—连接铸件B;15—轴箱体。

图3-29 一系悬挂装置

间的弹性橡胶圈,二是两个滑动弹性垫和两个固定弹性垫,这些弹性垫位于悬挂臂上边和构架侧梁下边,呈对角分布。这种半刚性配置能够保持直线电机定子和反应板之间稳定的工作气隙。内侧/外侧叉臂都为焊接结构,连接件 A、连接件 B 以及悬挂臂则为铸造。叉臂上安装有直线电机吊座和制动卡钳安装座。

3.3.5 二系悬挂装置

MK 系列直线电机转向架的二系悬挂设计为有摇枕形式,并采用了空气弹簧,能够保证具有良好的减振、降噪以及乘坐舒适性等性能。二系悬挂装置(见图 3-30)包括摇枕、牵引杆、减振器以及旁承等。

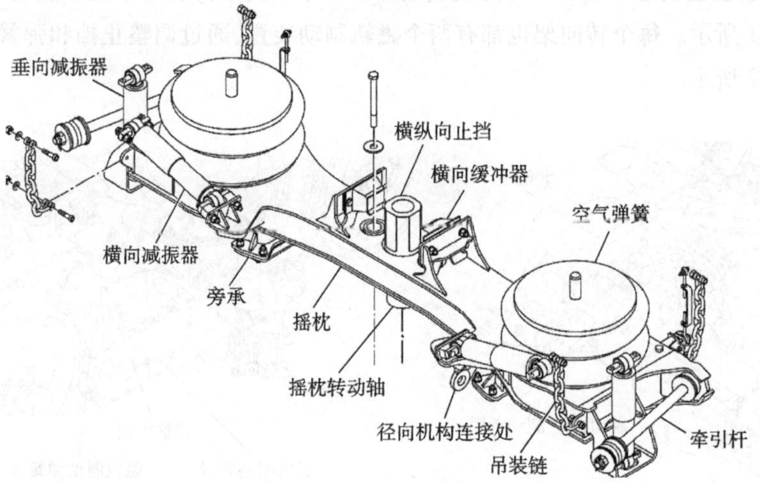

图 3-30 二系悬挂装置

摇枕是一个焊接钢组件,是二系悬挂的关键部件,连接构架和车体枕梁。摇枕相对构架可以绕着位于摇枕下部的中心销转动,中心销上安装有尼拉特隆耐磨衬套,能使中心销始终处于构架中心位置。摇枕内部包含两个空气弹簧附加气室,能够通过高度阀系统为空气弹簧提供压缩空气。

摇枕上以焊接的方式安装了多个附属装置的支座,包括旁承摩擦片支座、横向减振器支座、牵引杆支座、减振器支座、径向杆连接座、横向止挡等。

摇枕与构架之间的垂向载荷通过两侧旁承垫来传递,空气弹簧用于传递转向架摇枕与车体之间的垂向力,同时也能提供二者之间的垂向、横向和纵向约束。两个垂向和横向减振器(液压伸缩式)安装在车体枕梁和转向架摇枕之间,用来提供阻尼力。当车体横向位移过大时,焊接在车体枕梁上的中心销座会触碰摇枕上的横向止挡,限制车体横向位移的进一步增大。

摇枕四角安装有 4 个连接车体的垂向吊索,可以防止因空气弹簧过充而导致的车体异常升高。在整车运输而需要吊装时,吊索也保证转向架一同吊起。摇枕与车体枕梁之间安装有牵引杆,既用于传递纵向力也用来防止转向架过大的纵向位移和转动位移。牵引杆上有较厚的橡胶垫,能减小振动和冲击。

空气弹簧采用双曲气囊,设有缓冲止挡,即使空气弹簧瘪气仍能够保持一定的乘坐舒适性。每个气囊及其附加气室都与高度阀系统相连接,以保证在站台上的车内地板高度;两个空气弹簧之间设有压差阀,在一个空气弹簧失效时,能够防止车辆倾斜。

旁承布置于摇枕下侧和构架侧梁上部之间,每个旁承(由四层摩擦材料、橡胶化合物以及钢板组成)与转向架摇枕下侧的摩擦板相接触,以保证车辆在通过曲线时,构架与摇枕之间既能相对转动,又能保证从摇枕到构架之间的载荷传递。

3.3.6 基础制动装置

基础制动装置包括盘形制动器和磁轨制动器。每个转向架都有两个盘形制动器组件,呈对角布置,如图 3-31 所示。每个转向架也都有两个磁轨制动装置,通过调整止挡和弹簧安装在构架侧梁上,如图 3-32 所示。

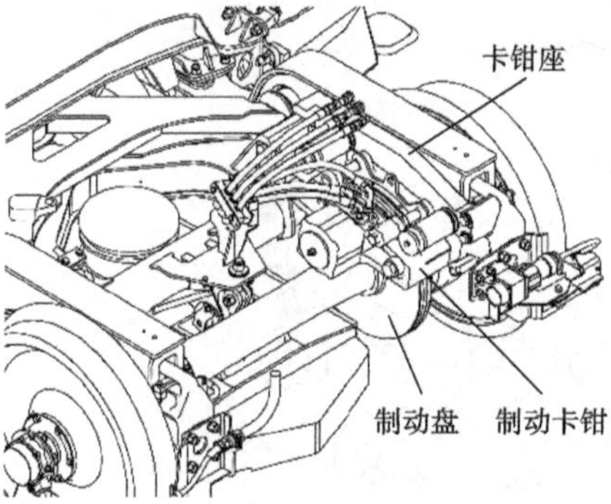

图 3-31　盘形制动器的布置示意图

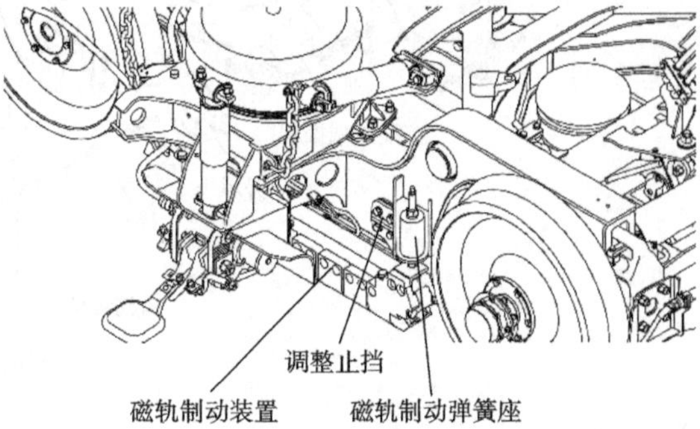

图 3-32　磁轨制动器的布置示意图

盘形制动器的制动卡钳组件安装在叉臂上,并且位于车轴上方。盘形制动器结构如图 3-33 所示,包括止动销、弹簧松开螺母、制动器片、弹簧夹等。列车正常运行时主要由弹簧机构提供制动所需的夹紧力,以产生紧急和停车制动。液压机构主要是在列车维修时提供制动所需的夹紧力。液压和弹簧作用机构除了可以由司机自动操作外,也可由维修人员手工操作。

磁轨制动器结构如图 3-34 所示,通过可调止挡和压缩弹簧安装于转向架侧架下方的两个专用安装座上,如图 3-34 所示。当断电时,磁轨制动器悬浮于钢轨上方,磁极尖端距离钢轨顶部的距离为 6 mm。可调止挡用于调节因车轮磨耗而导致的磁轨制动器高度下降,维持磁极尖端距离钢轨顶部的正常距离。

通电时,在磁轨制动器磁极尖端和钢轨端部产生的磁场使磁轨制动器以大约 78 kN 的垂向力吸附钢轨顶部,引起电极条和钢轨之间的摩擦阻力,从而实现车辆减速。磁轨制动器产生的阻力是非黏着阻力,有利于减轻车轮的磨耗,但对钢轨有一定的破坏作用,因此通常只用于紧急制动。图 3-35 所示为 MK 系列直线电机转向架安装的磁轨制动器实物。

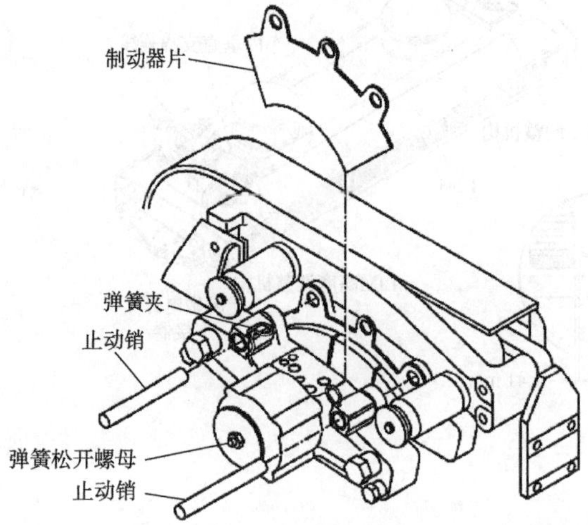

图 3-33 盘式制动器结构

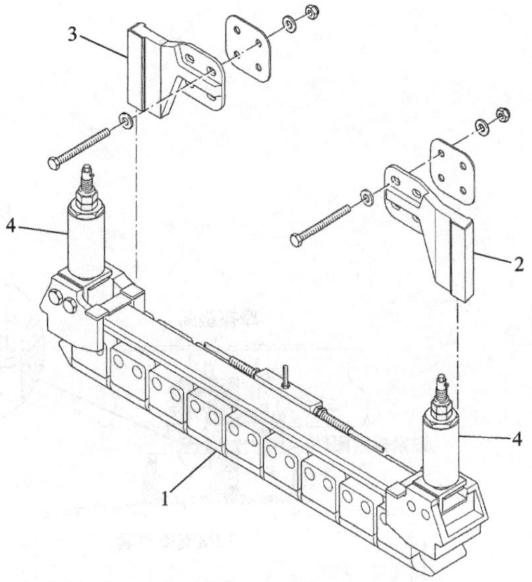

1—磁轨制动器;2—可调止挡(1 型);
3—可调止挡(2 型);4—压缩弹簧。

图 3-34 磁轨制动器结构

图 3-35 磁轨制动器的实物

3.3.7 定子高度调整机构

直线电机定子两端通过三点铰接机构悬挂在副构架之下,如图 3-36 所示。由于一系悬挂采用刚度很大的橡胶弹簧环定位,因此正常情况下可以保证定子与轨道感应轨之间的间隙,标准间隙为(12.5 ± 0.5) mm。但是随着列车的运行,车轮会因踏面磨耗而需要旋轮,导致车轮直径下降,引起间隙减小,为此在 3 个吊挂点处专门设置了高度调整机构。高度调整机构的主要部件是一个带有六角螺母的偏心凸轮,转动六角螺母即可带动凸轮旋转,利用凸轮在垂直方向的直径变化就可以调整定子悬挂点的高度,最大可对车轮 40 mm 磨耗量进行补偿。同时,为了防止悬挂点的连接失效导致定子脱落,增加了安全螺栓。

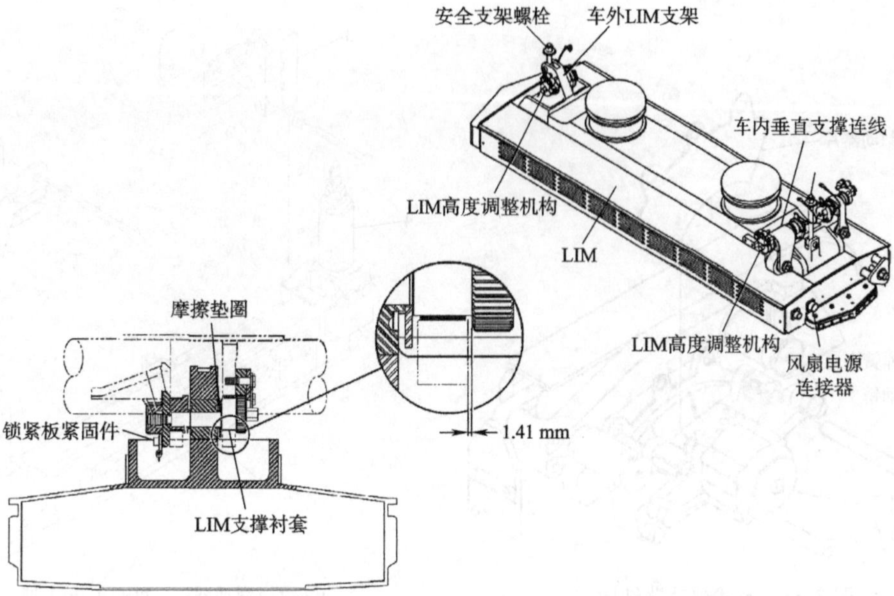

图 3-36 直线电机定子调整机构

3.3.8 径向导向机构

为适应小半径、大坡度的运行要求，MKⅡ转向架结合了迫导向和自导向转向架的设计概念，具体结构是：前后轮对通过两副构架连接起来，副构架呈 V 字形，一端与轮对固结，另一端与另一副构架铰接，铰接点用垂向吊杆连接于摇枕上，同时两侧通过水平拉杆将副构架与摇枕相连，以传递转向架与车体之间的纵向力。两侧架通过橡胶弹性垫置于轴箱上，一侧铰接，另一侧可以在橡胶弹性垫上沿轴箱滑动，这样在通过曲线时，轮对可以在径向自由移动，具体原理可参看图 3-29(一系悬挂装置)。

为了进一步提高曲线通过性能，副构架两侧设置了迫导向拉杆(见图 3-37)，拉杆一端与轮对轴箱连接，另一端连接到摇枕上，摇枕通过连杆与车体相连。

图 3-38 所示为以侧架为参照的迫导向拉杆安装示意图。

当车体转动时，摇枕也随之转动，这样通过摇枕和导向拉杆，将车体相对转向架的转动传递到两轮对上，推动轮对趋于径向，因此径向力来源于转向架摇枕与构架之间的相对转动，如图 3-39 所示。

导向机构的工作原理如图 3-40 所示。当车辆运行于曲线时，在水平方向上车体相对于转向架会产生一个转角，由于车体与摇枕之间有水平方向的牵引杆

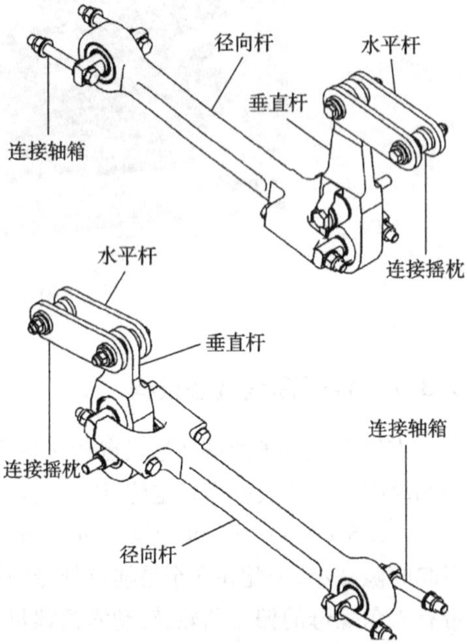

图 3-37 迫导向拉杆示意图

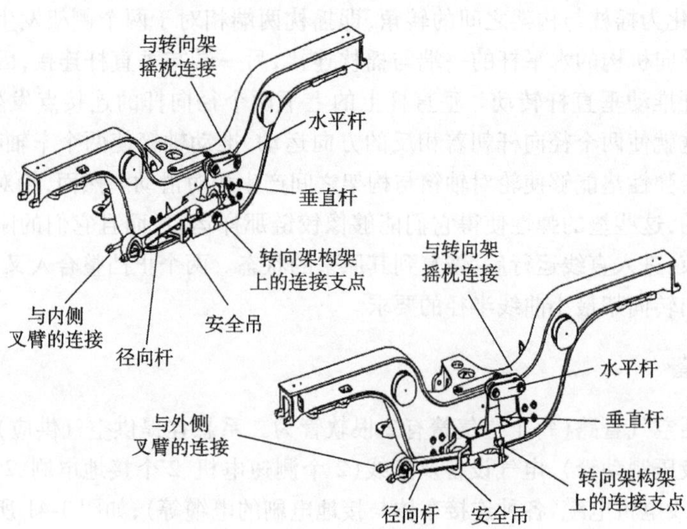

图 3-38 以侧架为参照的迫导向拉杆示意图

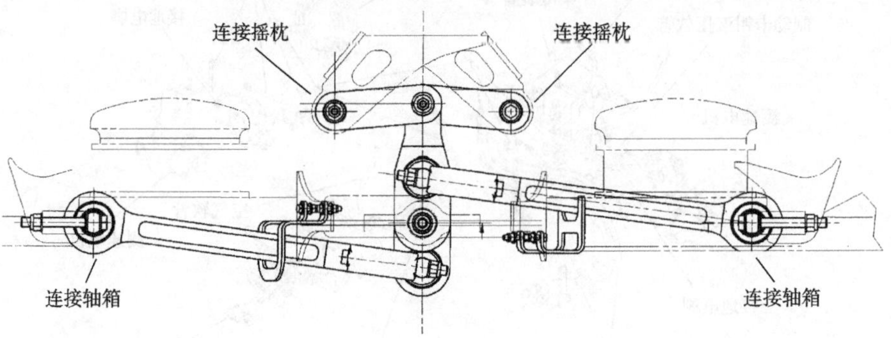

图 3-39 径向机构运动关系

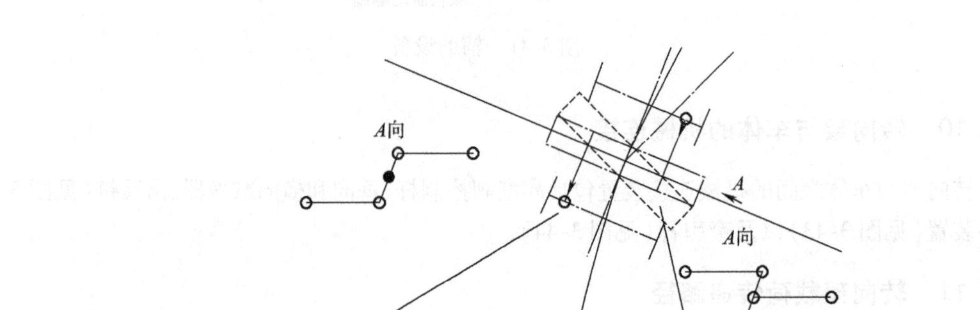

图 3-40 导向机构的工作原理

连接,这一转角转化为摇枕与构架之间的转角,即摇枕两端相对于两个侧架发生方向相反的相对运动。由于径向导向机构的水平杆的一端与摇枕连接,另一端与垂直杆连接,因此摇枕两端分别通过两侧的水平杆推动垂直杆转动。垂直杆上的上下两个径向杆的连接点发生转动,一个顺时针、一个逆时针,这就使两个径向杆朝着相反的方向运动,推动轴箱使两个车轴都处于径向位置。滑动弹性垫和固定弹性垫能够使轮对轴箱与构架之间产生相对滑动。然而,轮对的旋转是通过固定弹性垫来限制的,这些垫的弹性使得它们能够像铰链那样运行,而且它们的刚度能够保证轮对在曲线上运行结束,进入直线运行后,恢复到其原来的状态。两个止挡整合入叉臂滑动点,用于防止叉臂的连接超出转向架最小曲线半径的要求。

3.3.9 辅助设备

辅助设备包括空气管路(每个空气簧有 2 根软管为二系悬挂提供空气供应)、液压管路(每套制动卡钳有 3 根液压制动管)、电气设备及配线(2 个测速电机、2 个接地电刷、2 个集电装置、2 个磁轨制动装置、直线电机电缆、各种连接车体与接地电刷的电缆等),如图 3-41 所示。

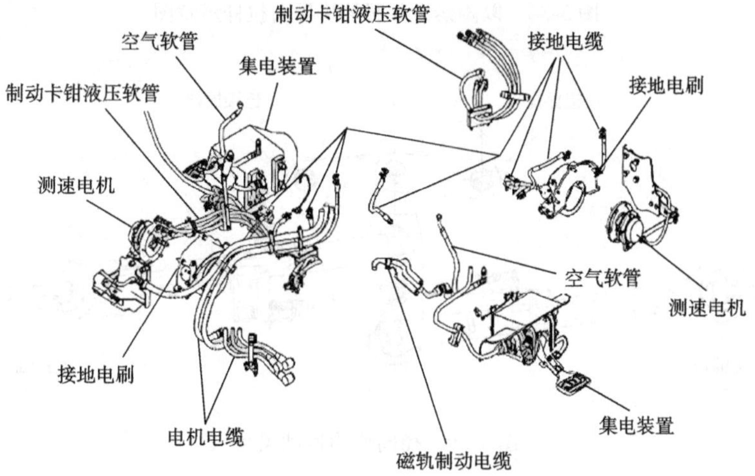

图 3-41 辅助设备

3.3.10 转向架与车体的机械连接

转向架与车体之间的机械连接装置包括高度阀控制杆、垂向和横向减振器、吊装链(见图 3-42),中心装置(见图 3-43)以及牵引杆(见图 3-44)。

3.3.11 转向架载荷传递路径

车体垂向载荷的传递过程:车体—空气弹簧—摇枕—构架—固定弹性垫和滑动弹性垫—叉臂——系弹簧(弹性橡胶圈)—轴箱—轴承—轮对。直线电机纵向牵引力和电制动力的传递路径有两条路线:

1)直线电机定子—叉臂—固定弹性垫—转向架侧梁—转向架横梁—中心销—摇枕—牵引拉杆—车体。

2)直线电机定子—叉臂——系弹簧(弹性橡胶圈)—轴箱—轴承—轮对。

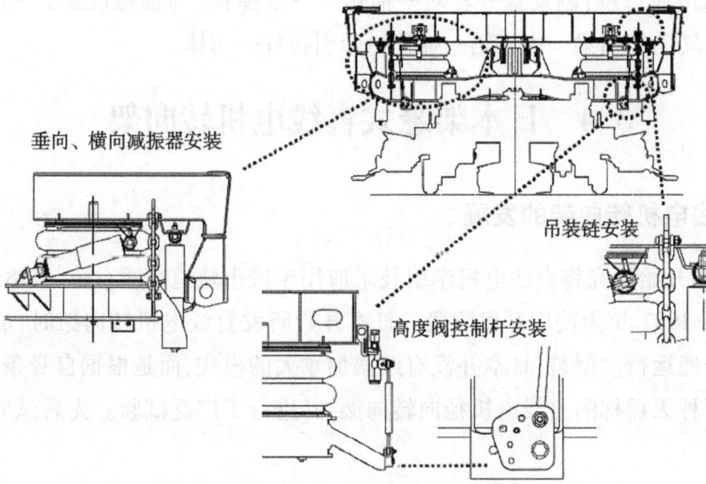

图3-42 减振器、高度阀和吊装链

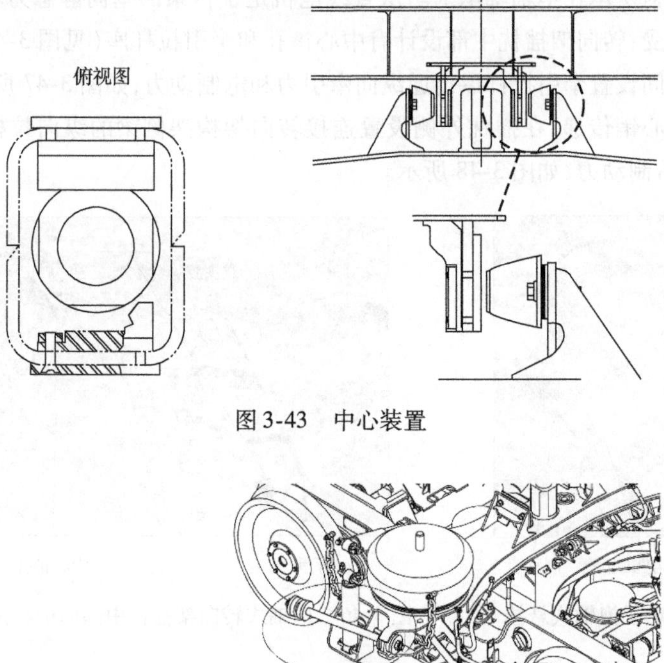

图3-43 中心装置

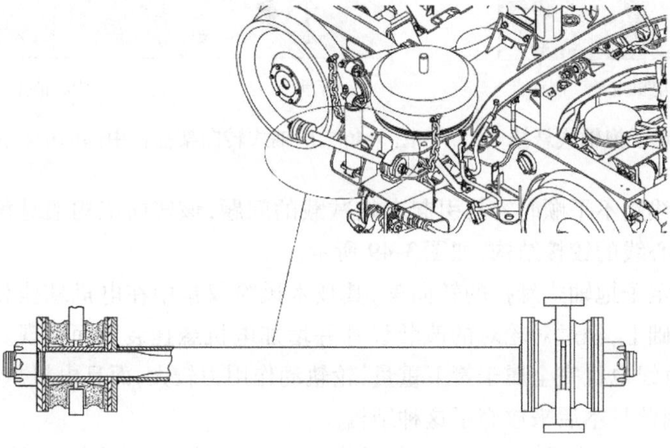

图3-44 牵引杆

黏着制动力的传递过程：制动盘—轮对—轴箱——系弹簧（弹性橡胶圈）—叉臂—固定弹性垫—转向架侧梁—转向架横梁—中心销—摇枕—牵引拉杆—车体。

3.4 日本架悬式直线电机转向架

3.4.1 日本直线电机转向架的发展

日本从1978年开始研究将直线电机牵引技术应用于城市轨道交通系统。1981—1984年为基础研究阶段；1985—1987年为使用开发阶段。日本开始研发直线电机转向架时，加拿大的直线电机轮轨交通已经开通运行。但是，日本并没有照搬加拿大的模式，而是根据自身条件，开发了内置构架与外置构架两种无摇枕的直线电机径向转向架，并进行了广泛试验。先后试验和使用过5种形式的转向架。

在直线电机悬挂方面，日本曾研发过3种直线电机悬挂方式：抱轴式、架悬式和主轴承悬挂。图3-45所示为日本早期研制的电机直接悬挂于轮对上的一种转向架，轮轴上安装有抱轴轴承，电机定子通过橡胶轴衬支承在抱轴轴承上。从直线电机定子传来的垂向静态力和动态力直接通过轴箱轴承由轮对承受；转向架摇枕中部设计有中心销孔和牵引拉杆座（见图3-46），在直线电机定子与转向架摇枕之间设置牵引拉杆以传递纵向牵引力和电制动力，如图3-47所示；摇枕与车体之间的牵引力则由中心销传递；在摇枕外侧设置连接转向架构架侧梁的纵向拉杆以传递纵向牵引力、电制动力和黏着制动力，如图3-48所示。

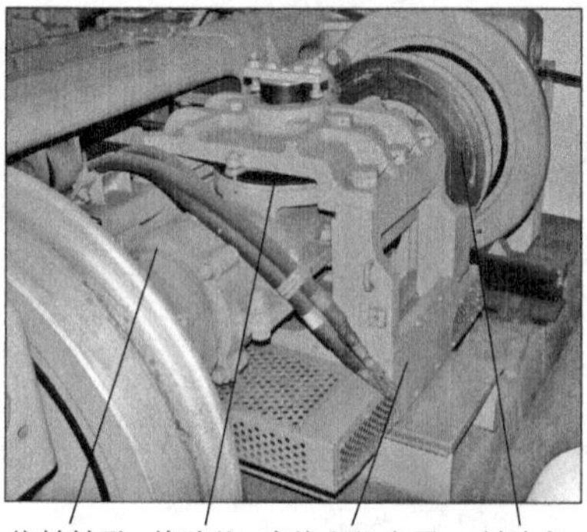

图3-45　直线电机定子抱轴式悬挂

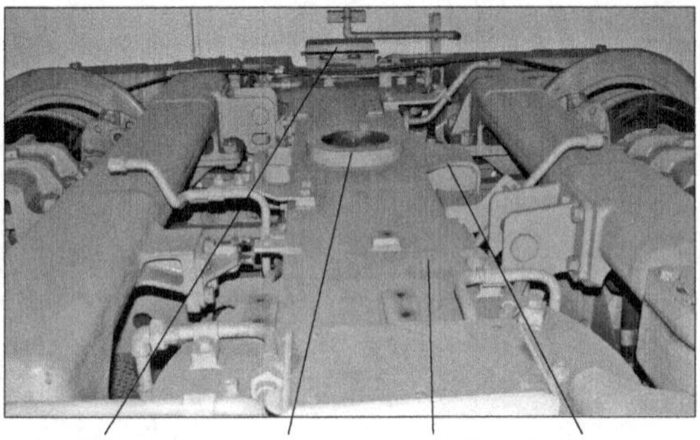

图3-46　抱轴式转向架摇枕中部的中心销空和牵引拉杆座

为了解决通过线路不平顺时容易引起车轮减载的问题，该转向架构架对角断开，使转向架构架变为以对角为中心线的铰接结构，如图3-49所示。

采用直线电机定子抱轴式悬挂的转向架，其技术风险仅集中在电机悬挂和轮轴设计上，可以在传统转向架的基础上，经过对轮对的改装设计并增加电机悬挂装置而实现。然而，试验结果表明，这种结构由于直线电机完全属于簧下重量，轮轨动作用力较大，而且电机悬挂机构对轮对的径向摇头影响很大，因此日本后来放弃了这种结构。

作为早期研究成果的直线电机定子抱轴式悬挂转向架尽管没有投入运用，但其部分技术，如直线电机定子-摇枕牵引拉杆技术、摇枕-构架牵引拉杆技术、构架对角铰接式技术等是成功的，因此被应用于后续开发的转向架。

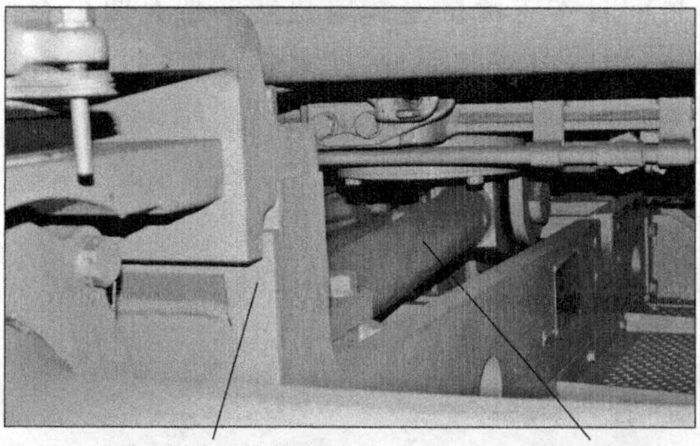

图 3-47 抱轴式转向架直线电机定子-摇枕牵引拉杆

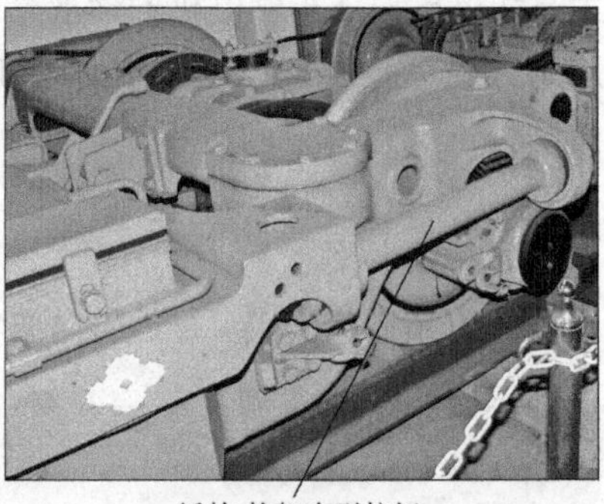

图 3-48 抱轴式转向架摇枕-构架牵引拉杆

在日本大阪南港试验线还进行过半迫导径向和左右车轮独立旋转直线电机转向架的装车试验。然而，大阪7号线的运营经验表明，直线电机定子构架悬挂方式成本较低、结构简单实用，再配合柔性自导向径向转向架设计，完全可以满足运用要求。因此，从第一条营业线路大阪7号线开始，后来开通的东京12号线、福冈3号线以及神户海岸线等都采用了这种电机悬挂方式。直线电机定子构架悬挂方式的优点是从电机传来的垂向静态力和动态力通过构架和一系悬挂装置传递到轮对，因此改善了电机的振动环境；缺点是转向架构架承受了额外的由直线电机带来的垂向载荷，同时一系悬挂的垂向刚度必须设计得很大才能减缓因车内载荷的剧烈变化而引起的直线电机与反应板之间间隙的大幅改变，因此影响了车辆乘坐舒适度。另外，来自直线电机的振动无法与转向架车体隔离，对转向架主要部件和和车体的结构强度有一定的影响。

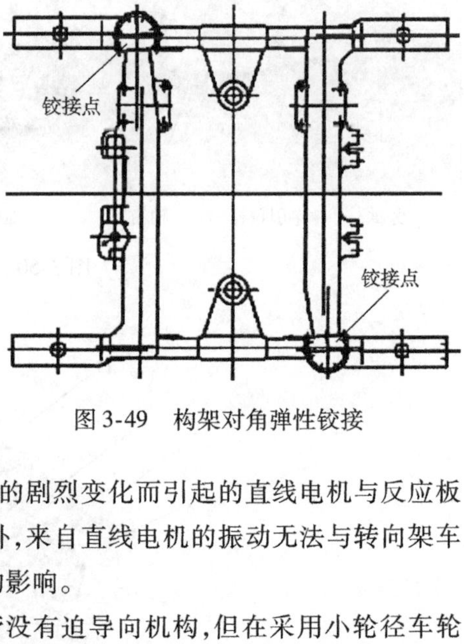

图 3-49 构架对角弹性铰接

日本直线电机转向架所采用的柔性自导向设计尽管没有迫导向机构，但在采用小轮径车轮（轮径 660 mm 以下）以及经过优化的磨耗形踏面的情况下，小半径曲线能力仍然比常规转向架有了较大的提高。以福冈3号线的转向架为例，可使车辆以 40 km/h 的速度顺利地通过半径 100 m 的曲线区段，且车轮磨耗正常。

为了降低制造成本，日本很多直线电机转向架采用了铸造结构，并在关键承载点增加铸造厚度及局部补强，导致自身重量较大，尤其是构架的刚度很大，对车辆的运行性能有一定的影响。这也是其广泛采用构架对角铰接式技术的原因（构架对角铰接技术可以有效降低由于左右钢轨高差或轨道扭曲而导致的脱轨风险）。为了降低运行时的轮轨噪声，日本的直线电机转向架大量采用防噪声的弹性车轮。

直线电机具有结构简单、簧下质量轻、容易维护、能缓和直线电机定子的振动等优点。但缺点也很明显，构架承受了额外的由直线电机定子带来的垂向载荷，同时一系悬挂的垂向刚度必须设计得很大,导致车辆乘坐舒适度下降。在综合考虑优缺点的情况下,日本企业选用架悬式作为直线电机地铁车辆电机的标准悬挂方式。目前日本主流的直线电机转向架有两个类型,分别是大阪7号线直线电机转向架和神户海岸线直线电机转向架,两者结构原理相近,但在具体结构上又有一定的区别。

3.4.2 大阪7号线转向架

图3-50所示为大阪7号线转向架实物图;图3-51所示为大阪7号线转向架结构示意图。

图3-50 大阪7号线转向架实物图

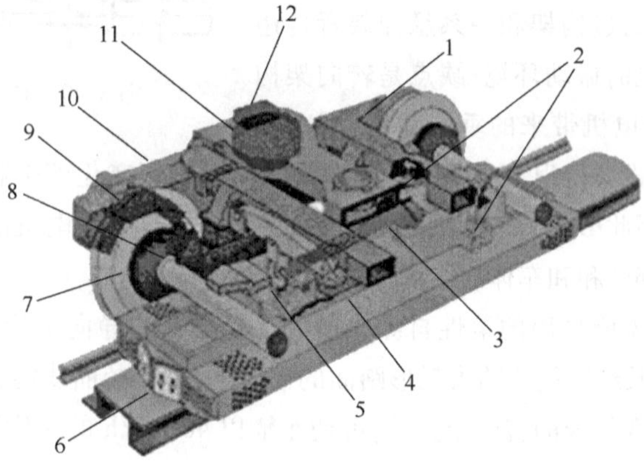

1—构架;2—后端直线电机悬挂装置;3—直线电机—摇枕牵引拉杆;4—直线电机;5—前端直线电机悬挂装置;6—感应板;7—弹性车轮;8—制动盘;9—橡胶弹簧;10—摇枕-构架牵引拉杆;11—空气弹簧;12—旁承。

图3-51 大阪7号线转向架结构示意图

从图3-50和图3-51可以看出,该转向架的主要结构包括构架、含有弹性车轮的轮对、使用橡胶弹簧的一系悬挂、使用空气弹簧和旁承的二系悬挂(含摇枕)、使用盘形制动的基础制动装置、直线电机定子及其悬挂装置、直线电机定子-摇枕和摇枕-构架牵引连杆等。构架为H型并采用对角弹性绞接技术以提高转向架的均载能力。轮对由两个弹性车轮、车轴和制动盘所组成。轴箱是简洁的无弹簧托盘的筒形结构,由轴箱体和轴箱盖组成。轴箱体上方呈品字形分布着3个平台,分别支撑2个呈八字分布和1个垂向分布的橡胶层叠弹簧(见图3-52),构成一系悬挂系统。3个橡胶层叠弹簧都可以传递构架与轴箱之间的横向力和垂向力,但只有2个八字分布的橡胶层叠弹簧可以传递纵向力。二系悬挂包括摇枕、空气弹簧、旁承,摇枕-构架连杆等,如图3-53所示。

摇枕结构如图3-54所示,中部是中心销孔和牵引拉杆座,空气弹簧位于摇枕下方两侧,上方两侧布置旁承。高度控制阀布置在构架与摇枕之间。

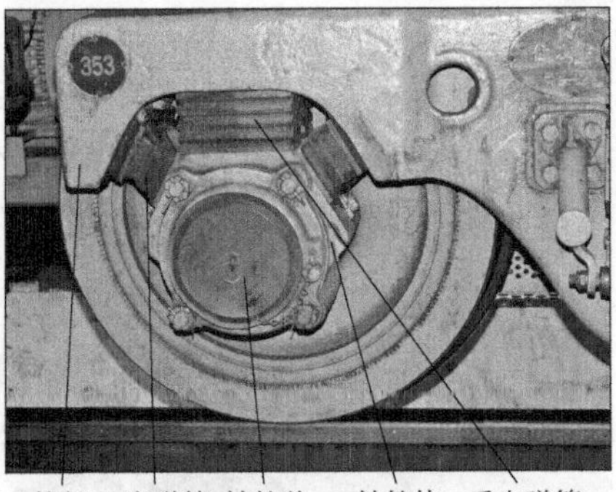

图3-52 一系悬挂

图3-53 二系悬挂

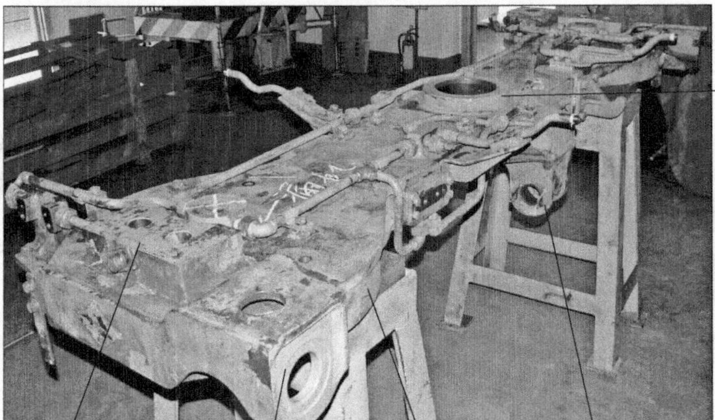

图3-54 摇枕结构

基础制动为盘形制动,制动夹钳安装于构架的横梁上,如图3-55所示。直线电机定子采用三点垂向吊挂+两横向拉杆的悬挂方式,即转向架前端有一个垂向悬挂点,后端有两个垂向悬挂点。

在H型构架的横梁上安装了特制的杠杆机构，由横向杠杆、垂向吊杆以及固定铰和可升降铰组成，如图3-56所示。横向杠杆两端分别连接固定铰和可升降铰，中间连接垂向吊杆上端，垂向吊杆下端连接直线电机。可升降铰支撑在一个丝杠螺母机构上，螺母转动时，丝杠上下移动，带动可升降铰移动，达到调节直线电机高度的目的。

图3-55　基础制动装置

图3-56　直线电机悬挂装置

车体垂向载荷的传递过程：车体—摇枕旁承—摇枕—空气弹簧—构架侧梁—一系弹簧—轴箱—轴承—轮对；直线电机纵向牵引力和电制动力的传递路径有两条路线，一是直线电机定子—牵引杆—摇枕—中心销孔—车体中心销—车体；二是直线电机定子—牵引杆—摇枕—摇枕构架牵引杆—构架侧梁—一系弹簧—轴箱—轴承—轮对；黏着制动力的传递过程是制动盘—轮对—轴箱—轴箱弹簧—构架侧梁—摇枕构架牵引杆—摇枕—中心销孔—中心销—车体。

3.4.3　神户海岸线转向架

图3-57所示为神户海岸线转向架实物图；图3-58所示为神户海岸线转向架结构示意图。

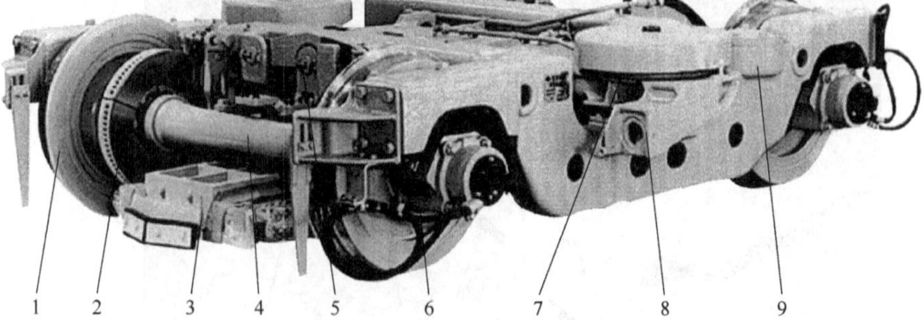

1—弹性车轮；2—制动盘；3—直线电机；4—车轴；5—直线电机悬挂机构；6—轴箱；
7—空气弹簧；8—摇枕-车体牵引拉杆座；9—弹性铰接。
图3-57　神户海岸线转向架实物图

神户海岸线转向架在日本被命名为FS563A型转向架，结构上与大阪7号线转向架类似，同样都采用了对角弹性铰接构架、弹性车轮、圆筒形无托盘轴箱、盘形制动、直线电机-摇枕连杆等技

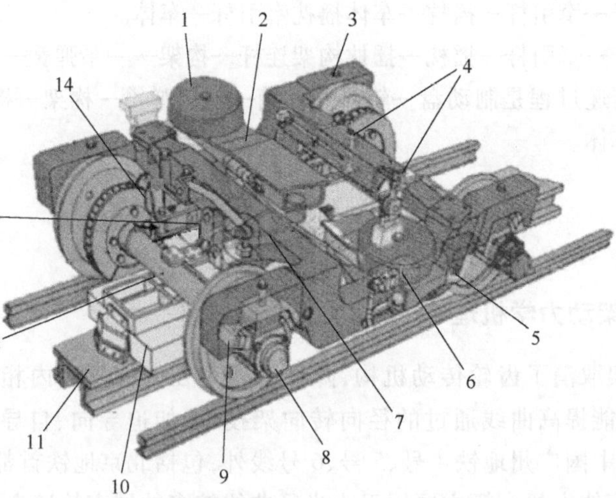

1—空气弹簧；2—摇枕；3—构架；4—后端直线电机悬挂机构；5—摇枕-车体牵引拉杆轴箱；6—旁承；
7—直线电机-摇枕牵引拉杆；8—轴箱；9—一系弹簧；10—直线电机；11—感应板；12—车轴；
13—前端直线电机悬挂机构；14—盘形制动装置。

图 3-58 神户海岸线转向架结构示意图

术，一系悬挂也是八字橡胶弹簧+垂向橡胶弹簧，直线电机定子同样采用三点垂向吊挂+两横向拉杆悬挂方式和杠杆式电机高度调节机构。不同的是，空气弹簧位于摇枕上部，取消了中心销和摇枕-构架牵引拉杆，取而代之的是在摇枕外侧增加摇枕-车体牵引拉杆（见图 3-59），在摇枕内侧增加摇枕-构架连杆以传递纵向牵引力和制动力（包括电制动力和黏着制动力）。高度控制阀布置在车体与摇枕之间。另外，在直线电机高度调装置的丝杠螺母机构上增加了垫片（见图 3-60），以保护丝杠，并提高装置的可靠性。直线电机定子与反应板之间的间隙标准定为 12 mm。

图 3-59 车体-摇枕拉杆

图 3-60 直线电机高度调整垫片

车体垂向载荷的传递过程：车体—空气弹簧—摇枕—构架——系弹簧—轴箱—轴承—轮对；直线电机纵向牵引力和电制动力的传递路径有两条路线：

①直线电机定子—牵引杆—摇枕—车体摇枕牵引杆—车体。

②直线电机定子—牵引杆—摇枕—摇枕构架连杆—构架—一系弹簧—轴箱—轴承—轮对。

黏着制动力的传递过程是制动盘—轮对—轴箱—轴箱弹簧—构架—摇枕构架连杆—摇枕—车体摇枕牵引杆—车体。

3.5 径向转向架设计原理

3.5.1 径向转向架动力学机理

直线电机转向架取消了齿轮传动机构，降低了轮对在俯视平面内相对构架摆动的机械限制，有利于采用各种能提高曲线通过的径向转向架技术，如迫导向、自导向以及柔性转向架技术。至今为止，除了中国广州地铁 4 号、5 号、6 号线外，包括北京地铁首都机场线以及加拿大和日本所投入运用的直线电机车辆主要用于小半径曲线较多的城市轨道交通，因此直线电机转向架都在提高轮对导向能力方面采取了一定的措施，即或采用带导向机构的径向转向架技术，或采用柔性转向架。广州地铁 4 号、5 号、6 号线尽管小半径曲线不多，但也采用了柔性转向架以提高列车运行品质。径向转向架（radial bogie）技术并不是什么新技术，早已在世界很多国家的铁路机车车辆领域应用。

在一般转向架设计中，为提高转向架横向运动稳定性，保证转向架在高速运行时的蛇行运动的稳定性，要求转向架的轮对与轮对间、轮对与构架间有足够的定位刚度。这种刚性转向架在通过曲线时，由于两轮对在构架中保持平行配置，从而造成转向架的前位轮对的大冲角，轮对在通过曲线时除纯滚动的前进速度外，还产生横向的滑动速度，轮轨的接触面上要提供足够大的横向力，即所谓蠕滑力，使转向架产生瞬时的回转。当蠕滑力不足时，势必使轮缘贴靠钢轨，产生轮缘力，加剧曲线钢轨磨耗、轮缘垂直磨耗和噪声，造成轨距挤宽等。为了提高转向架通过曲线的能力，又要求轮对与构架的定位尽量柔软，以使转向架过曲线时其轮对能处于（或接近）纯滚动的径向位置，从而最大限度地降低过曲线时钢轨和轮缘的磨耗及噪声。解决转向架横向运动稳定性和曲线通过能力这一对矛盾的最有效措施就是采用径向转向架。径向转向架能保证具有足够的直线运动稳定性的同时减少过曲线时的轮对冲角，使轮对的轴线尽量指向曲线的半径方向，减少轮缘和钢轨的磨耗及侧向力，降低动力消耗和过曲线时轮轨的摩擦噪声，特别适合于小半径曲线上地铁车辆运行的要求，具有较大的技术经济意义。

径向转向架与普通转向架的区别在于曲线通过方式不同，如图 3-61 所示。图 3-61（a）所示为普通转向架，图 3-61（b）所示为径向转向架。从图中可看出，径向转向架在通过以 O 点为圆心的曲线时的冲角比普通转向架要小，因此第一轮对的横向力可以降低，从而减轻轮轨磨耗并降低噪声。

常规转向架在通过曲线时，由于轮对相对于构架间的纵向定位刚度较大，两轮对的轴线在构架中几乎保持相互平行，故轮对与轨道间形成较大冲角。轮轨接触关系和蠕滑理论研究表明，冲角的增大将导致轮对的横向蠕滑增加，从而使轮轨间的横向蠕滑力增大，其结果是轨道易出现横移、轮轨磨耗严重。与此同时，横向蠕滑的增加将使车轮的纵向黏着下降，导致转向架回转力矩减小及黏着性能降低，故冲角的大小成为衡量转向架曲线通过性能的重要指标。降低轮对轴箱的纵向定位刚度有利于减小冲角，但转向架的横向稳定性将降低。解决此问题的唯一方法是在不降低转向架横向稳定性的前提下,降低轮对的摇头刚度,使轮对在曲线上具有趋于曲线径向的功能。径向转向架就是基于上述设计理念,将转向架上的前后轮对通过一定的方式连接起来,使其摇头运动相互耦合,从而使轮对轴线指向轨道曲线半径的方向,达到径向调节的目的。径向转向架一般可分为自导向径向转向架和迫导向径向转向架两种。两种径向转向架的结构不同,导向机理也不一样,适用的线路也有所不同。自导向径向转向架是通过解除对轮对的摇头约束,依靠轮轨之间的蠕滑力导向。迫导向径向转向架是利用车辆通过曲线时车体相对构架的转角来迫使轮对趋于曲线的径向位置。另一类介于常规转向架和径向转向架之间的是柔性定位的转向架,其一系纵向定位刚度比常规转向架小,在一定程度上释放了轮对的径向能力,因而减小了轮对在曲线上的冲角。

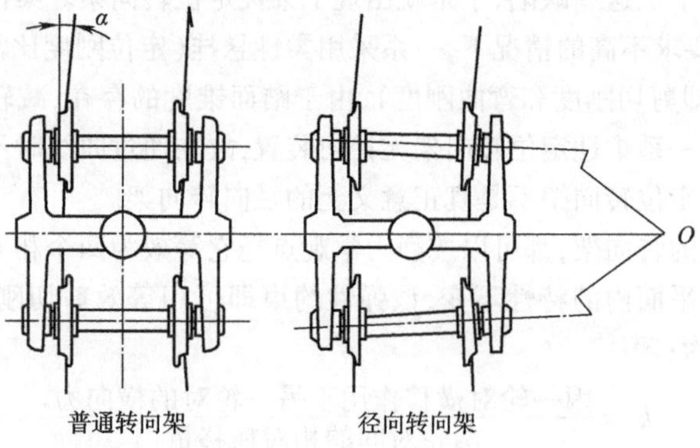

图 3-61　不同转向架通过曲线时轮对的状态

3.5.2　径向转向架设计原理

曲线上,外轨上的车轮所需走行的距离大于内轨上的车轮。对于常规轮对而言,由于其左右车轮转速相同,为使车轮在曲线上做纯滚动,车轮踏面一般设计成具有一定的锥度。转向架在通过曲线时,尽管轮对向曲线外横移,外侧车轮滚动圆半径增加,内侧车轮滚动圆半径减小,但使轮对作纯滚动的条件一般不能满足,即轮轨间将不可避免地产生蠕滑,而轮对也正是依靠轮轨间的纵向蠕滑产生的纵向蠕滑力来导向的。图 3-62 所示为轮对通过曲线时的示意图。图中($o_1\,x_1\,y_1$)是转向架(或车体)中心坐标系,($o\,x\,y$)是轮对中心坐标系,S 是两侧车轮滚动圆间距之半;ψ 是轮对相对于转向架(或车体)的摆动角,r_l 和 r_r 分别是左右车轮的滚动半径,ω_l 和 ω_r 分别是左右车轮的滚动角速度;$\dot{y}_{Tl}$和 $\dot{y}_{Tr}$分别是左右车轮接触点处的横向线速度,v_l 和 v_r 分别是左右车轮接触点处的纵向线速度。通过速度矢量合成,可得左右车轮的蠕滑速度分别为 w_l 和 w_r,将其分解即得左右车轮的纵、横向蠕滑

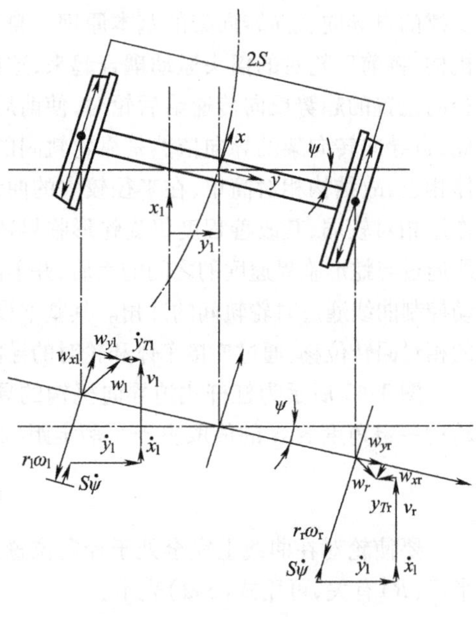

图 3-62　径向转向架力学机理

速度 w_{xl}、w_{yl}和 w_{xr}、w_{yr}，正是这些蠕滑速度，产生了左右车轮的纵、横向蠕滑力。由图 3-62 可见，左右车轮的纵向蠕滑力形成一蠕滑力矩，在其作用下，轮对有趋于径向位置的趋势，这就是轮对的蠕滑力导向原理。但当通过曲线的速度较高且曲线半径较小时，蠕滑力不能满足导向的要求，此时势必发生轮缘贴靠钢轨，以产生较大的轮缘力来导向。轮缘力的大小与轮轨间的冲角直接相关。

当刚性定位的转向架通过曲线时，轮对的刚性悬挂要求两轮对保持相互平行，造成前导轮对与钢轨之间存在较大的冲角，以致产生很大的轮缘力。对于常规转向架，轮对轴箱一般采用弹性定位，其轮对与构架之间存在剪切刚度和弯曲刚度。这样，虽然蠕滑力有使轮对趋于径向位置的趋势，但轮对与构架之间的剪切刚度和弯曲刚度对此径向趋势存在限制作用，使得常规转向架的曲线通过性能存在导向不足这一缺陷，于是就出现了柔性定位转向架。柔性定位转向架是指在运行速度低，横向稳定性要求不高的情况下，一系采用柔性悬挂（定位刚度比常规转向架小），以降低轮对横移和摇头刚度（即剪切刚度和弯曲刚度），由于踏面锥度的存在，减轻了约束的轮对就能够趋于径向位置。但由于一系柔性定位转向架无径向装置，故在通过曲线时不能使前后轮对同时趋于径向位置，因而，柔性定位转向架不是真正意义上的径向转向架。

对于任何结构形式的转向架，都可以按静力学观点把它等效为两个相互弹性约束的轮对。假设一弹簧悬挂装置在水平面内的特性不变，该弹性约束即可用等效剪切刚度 k_s 和等效弯曲刚度 k_b 来模拟，二者的定义为：

$$k_s=\frac{\text{因一轮对横移作用于另一轮对的横向力}}{\text{两轮对间的相对横移量}}$$

$$k_b=\frac{\text{因一轮对摇头作用于另一轮对的摇头力矩}}{\text{两轮对间的相对摇头角}}$$

从提高转向架曲线通过性能的角度，要求 k_b 尽可能小，在此条件下，为提高转向架的蛇形临界速度，又需要较大的 k_s。而在非零的剪切刚度作用下，轮对有占据径向位置的能力，因此可以采用降低弯曲刚度的办法来改善曲线通过性能，这就是 Wickens 提出的轮对间相互连接或对角交叉支撑的自导向径向转向架的基本原理。自导向径向转向架是在同一转向架前后轮对间加装导向机构，将前后轮对的摇头运动耦合起来，这样转向架通过曲线时，导向机构可以将前轮对趋于曲线径向位置的趋势反向传递给后轮对，使前后轮对在通过曲线时均有趋于曲线径向位置的作用。因此，自导向转向架的导向依然是靠轮轨间的蠕滑力导向。自导向转向架的自导向机构由于不与车体相连，故结构相对简单，在半径较大的曲线上有较好的径向调节作用，在半径较小的曲线上径向作用相对较弱，其改善程度仍受蛇形临界速度的制约。故自导向转向架只能在一定程度内解决曲线通过与蛇形临界速度的之间的矛盾，并不能完全实现径向通过曲线。迫导向径向转向架是能够主动控制曲线通过时轮轨间的冲角。其基本设计思想是：利用机车车辆通过曲线时车体与转向架之间的相对回转位移，通过连接车体和轮对的导向机构迫使前后轮对反向回转而趋于曲线的径向位置。

图 3-63 所示为杠杆式迫导向机构的导向原理图。轨道车辆架通过曲线时，车体相对构架要转动一定角度 α，α 的值取决于车辆定距（$2L$）和曲线半径（R），可用式（3-1）表示：

$$\alpha\approx\sin\alpha=\frac{L}{R} \tag{3-1}$$

要使轮对在曲线上完全处于径向位置，轮对需要转动一定角度 β，β 与转向架轴距（$2b$）和曲线半径（R）有关，可用式（3-2）表示：

$$\beta\approx\sin\beta=\frac{b}{R} \tag{3-2}$$

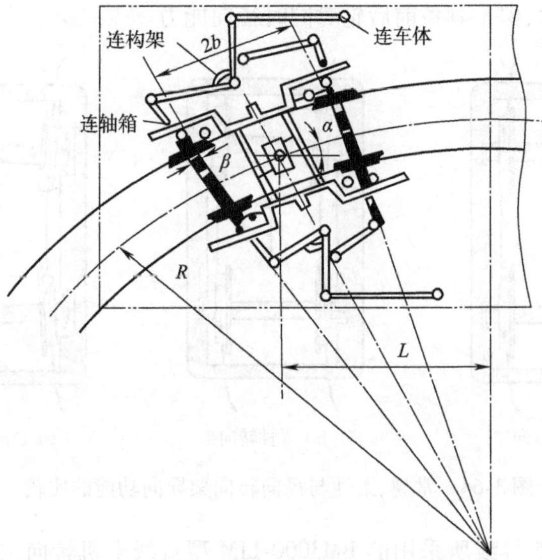

图 3-63 杠杆式追导向机构的导向原理图

由于在车体和轮对之间有导向装置,如果导向装置将车体相对构架的转角 α 按一定的比例 g 传递给轮对,迫使轮对转动一定的角度 αg,则轮对的冲角 ϕ 为:

$$\phi = \alpha g - \beta = \frac{L}{R}g - \frac{b}{R} \tag{3-3}$$

要使轮对处于曲线径向的位置,即冲角 ϕ 为 0,根据式(3-3)可得:

$$g = \frac{b}{L} \tag{3-4}$$

式(3-4)所得导向增益 g 称为追导向机构的理论导向增益,它是设计追导向径向转向架的关键参数。

如果导向机构没有间隙,且无弹性变形,其实际导向增益等于理论导向增益,轮对即可处于曲线的径向位置。但在实际设计过程中,考虑到导向机构的间隙和弹性,以及使用过程中还可能存在磨损,其实际导向增益应比理论值稍大。理论上,追导向转向架不但能够使轮对在任何曲线上处于曲线径向位置,且其导向机构同时还可提供较大的轮对纵向定位刚度,故也能满足直线运行稳定性的要求。但追导向径向转向架的导向机构要直接或间接地与车体相连,结构比自导向径向转向架和一系柔性转向架复杂,制造精度要求较高。所以,在曲线不多、曲线半径较大的线路上运行的车辆则可不必采用追导向径向转向架,而采用成本较低的自导向径向转向架或柔性转向架。

总之,追导向径向转向架的导向能力最强,其次是自导向径向转向架,再其次是柔性转向架,而导向能力最差的是接近刚性定位的常规转向架。图 3-64 所示为常规、柔性和径向转向架通过曲线时的轮对位置比较。

在开发直线电机转向架时,加拿大、日本等国家都是从提高转向架的导向能力出发进行设计的,但是由于国情不同,分别走了不同的技术路线。加拿大 Bmbadier 公司把自导向和追导向技术与传统的三大件转向架技术相结合,设计了 MKⅠ型和 MKⅡ型转向架。其中,MKⅡ型转向架,在两侧都布置了追导向连杆,与位于转向架下部的 V 形叉臂共同组成追导向机构。日本则基于自身的技术特长,开发了直线电机定子构架悬挂的一系柔性定位的直线电机转向架。柔性定位转向架具有一定的前轮径向能力,但不具备前后轮对同时径向能力。

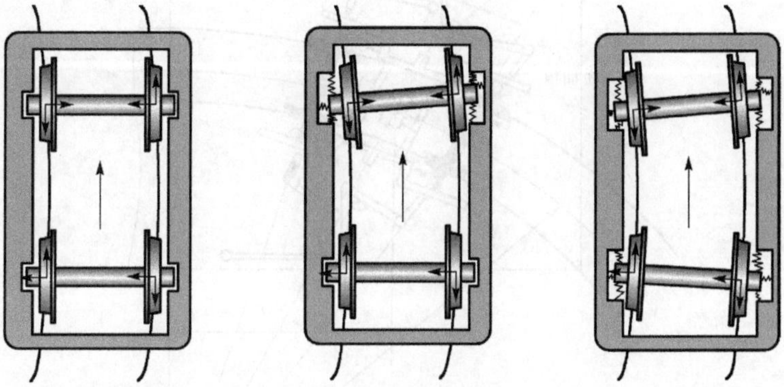

图 3-64　常规、柔性与径向转向架导向功能的比较

我国广州地铁 4 号、5 号线所采用的 BM3000-LIM 型直线电机转向架,以及后续开发的 SDB-LIM 转向架都采用直线电机定子轴箱悬挂,并设置较小的轴箱纵向定位刚度以加强导向功能。由于没有安装导向机构,因此这两种转向架也属于柔性定位转向架的范畴。

第 4 章　车体与内装

4.1 概　述

车体是直线电机轮轨车辆最重要的部件之一，是车辆结构中最大的零件。车体支撑在转向架上，是容纳乘客和司机驾驶（对于有司机室的车辆）的部分，也是安装和连接其他设备及组件的基础。车体下部及顶部都安装有大量机电设备，承受各种动静载荷、各种振动，因此必须具有良好的强度和刚度特性。与地铁、轻轨等其他城市轨道交通车辆车体一样，直线电机车辆车体也是由底架、车顶、侧墙前后端墙等部件组成。其部件间的连接方式主要是焊接、螺栓、铆钉连接等。带驾驶室车辆前端设有司机瞭望窗口，后端设门口或贯通口；侧墙设窗口及旅客乘降门口；车顶设受电弓或空调机组安装座。车底架设各种吊梁、吊卡、线槽、安装座，用来安装车钩缓冲、各种机电设备、制动设备等。

直线电机轮轨车辆一般运营于城市人口稠密地区，主要服务于城市内或近郊的公共交通，乘客数量多，旅行时间短，上下车频繁，因此车内设置的座位数量少、车门数量多而且开度大，服务于乘客的车内设备简单。在内部装饰材料方面，对防火、隔音、减振、隔热等有着较高的要求，一旦发生事故应尽可能保证旅客安全。

直线电机轮轨车辆对重量限制较为严格，其原因一是在于部分运行于高架轨道的列车，要求列车重量轻、轴重小，以降低线路设施的工程投资；二是较轻的列车自重可以降低牵引所需的电能消耗，弥补因直线电机效率偏低而导致的用电量过大的问题。为减轻列车自重，车体必须轻量化，因此直线电机轮轨车辆普遍采用整体承载筒形车体结构，车辆的其他辅助设施也尽量采用轻型材料和轻量化结构。

按照车体所使用材料的不同，直线电机轮轨车辆的车体可分为全铝合金车体和钢铝混合铝合金车体，按照载客量的大小则分为中大运量车体和中小运量车体。

4.2 全铝合金车体

为了最大限度地减轻车体重量，中大运量直线电机车辆车体一般采用全铝合金材料车体。全铝合金车体是一种轻型整体承载结构，主体材料是铝合金型材，通常采用模块化结构或全焊接组装。铝合金材料密度小、比强度大，构造的车体在满足车体强度和刚度的同时大幅减轻了车体的重量而备受青睐。铝合金或不锈钢制作的车体与碳素钢车体相比，重量可降低 30%～35%，从而可实现车体的轻量化。铝合金材料具有如下特性：

①质轻且柔软：铝的密度为 2.71 g/cm^3，约为钢密度（7.87 g/cm^3）的 1/3，杨氏模量也约为钢的 1/3。

②强度好：纯铝的抗拉强度约为 80 MN/m^2，是低碳钢的 1/5。但经过热处理强化及合金化强化，其强度会大幅增加。例如，铝合金车体常用的材质 6005A-T6，它的最低抗拉强度为 360 MN/m^2，能达到低碳钢相应的强度值。

③耐蚀性能好：铝合金的特性之一是接触空气时表面会形成一层致密的氧化膜，这层膜能防止腐蚀，所以耐蚀性能好。若再实施氧化铝膜处理法，就可以全面防止腐蚀。

④加工性能好：车辆用型材挤压性能好，二次机加工、弯曲加工也较容易。

⑤易于再生：铝的熔点低，再生简单。在废弃处理时也无公害，有利于环保，符合可持续发展战略。

根据铝合金车体结构及制造、运用情况，直线电机车辆车体在选择材料时一般遵循以下原则：

①从轻量化方面考虑，要求强度、刚度好，而重量轻。

②从寿命方面考虑，要求耐蚀性、表面处理性、维护保养性好。

③从制造工艺方面考虑，要求焊接性、挤压加工性、成型加工性高。

直线电机车辆车体结构一般采用大型挤压结构铝合金型材焊接而成。

我国广州地铁 4 号线车辆属于中大运量直线电机车辆，其车体为全铝合金结构，由中国南车四方机车车辆有限公司制造。车体主体结构采用铝合金大断面挤压型材及板材制造，所使用的铝合金材料的参数满足日本工业标准 JIS。车体结构分为 A 车和 B 车两种车体，A 车车体由司机室、底架、侧墙、端墙及车顶组成，B 车车体由底架、侧墙、端墙及车顶组成。车体的外部造型为体现现代和时尚的流线型。车体结构能够承受垂向、纵向、扭转等载荷，司机室端部结构设计满足意外撞车时的强度要求。本书以该车体结构为例介绍全铝合金直线电机车辆车体的结构特点。

4.2.1 底架

底架是车体的基础，同时车辆的走行装置及连接缓冲器装置都直接与底架相连。车辆与线路之间各个方向的力都要通过底架来传递。广州地铁 4 号线车体的底架如图 4-1 所示。底板由几种中空封闭断面的铝型材挤压模块拼焊在一起构成一整块地板梁，底架上的其他一些梁，如牵引梁、缓冲梁、枕梁及横梁等均以地板梁组成为基础，焊在地板梁的底部。地板梁既确定了其他一些梁的相对位置，也传递着他们之间的载荷。

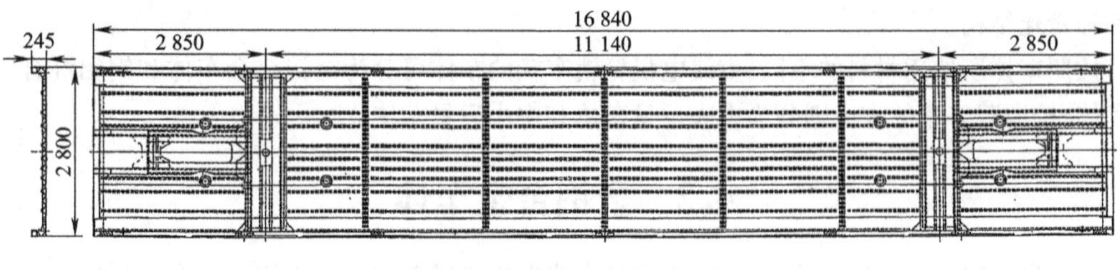

图 4-1　全铝合金车体的底架

底架的枕梁是由铝合金型材焊成的箱形结构，为保证上下平面的平行，下平面经过机械加工。牵引梁与缓冲梁预先组成一个丁字形组件，焊在地板梁上时，牵引梁的尾部直接与枕梁相连，以便牵引力传递到枕梁的牵引销及枕梁两端的下侧梁上。靠近底架的枕内设有四处顶车垫板，满足车辆的检修、吊运和救援作业的需要，同时在车体上设作业标记。在两端的车钩横梁中央分别设 1 个架车支承点，作复轨用。在车钩横梁下方架车能抬起空载的整车的一端。在车辆端部的四角处设4个起吊点,用于紧急情况下的架车。

带司机室端的车底架端部设计为吸能结构,当冲击速度大于8 m/h时发生作用,参与吸收能量,从而保证车体的主要部件及客室部位不发生损坏。

底架的挠度保证在AW3情况下,车体挠度不大于转向架中心距的千分之一,任何载荷下都能保证车门顺利打开。底架的下面装有隔音次地板,次地板采用0.5 mm厚的不锈钢板,底架铝合金地板与不锈钢板之间是隔音材料,转向架区域的隔音材料厚度为20 mm,轮缘区域有5 mm厚的进隔音毡,中部的隔音材料厚度为60 mm。

4.2.2　侧墙

侧墙为弧形设计,以增强车辆的美观性(见图4-2),主要由墙板、支撑梁、隔音和隔热材料组成。侧墙的主体结构先由若干模块纵横焊接拼焊成一整体,组焊后的整体结构再与底架和车顶进行总组装焊接。侧墙的功能之一是用于安装客室窗玻璃、客室车门、座椅等部件。每侧墙上设有3个开度1.4 m宽的车门。带有司机室的车体每侧设一个司机门。

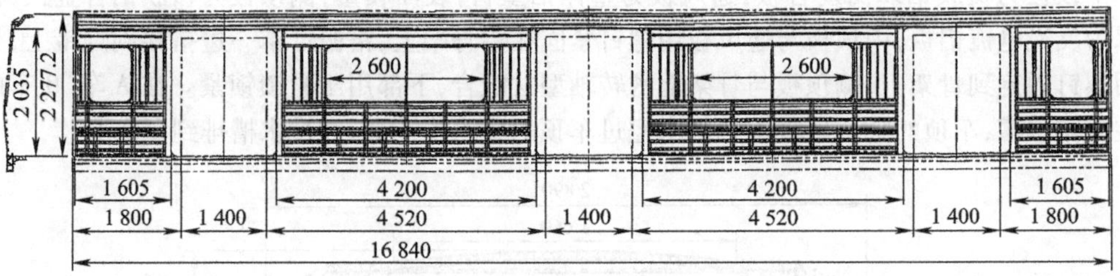

图4-2　全铝合金车体侧墙

4.2.3　车顶

车顶如图4-3所示,由几个空腔部分按照纵向排列组成,包括拱形顶梁。车顶上焊接有空调机组安装座以及内部装饰所需的支撑等部件,车顶结构能够承受空调装置和受电弓的负荷,保证车顶板上施加的垂直载荷的要求。车顶通常还装有通风口、空调设备、排水装置、受电弓及其连接装置、车辆无线电天线等设备。

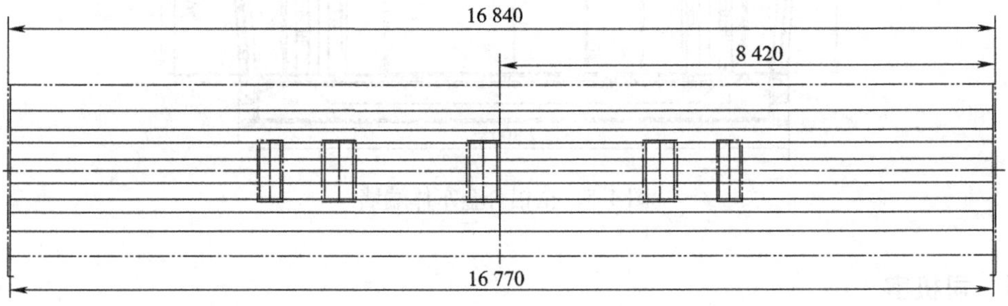

图4-3　全铝合金车体车顶

车顶的断面由几段弧线组成,与侧墙的弧线形成一个整体弧形,其结构由几种中空封闭断面的铝型材挤压模块拼焊在一起构成,如图4-4所示。

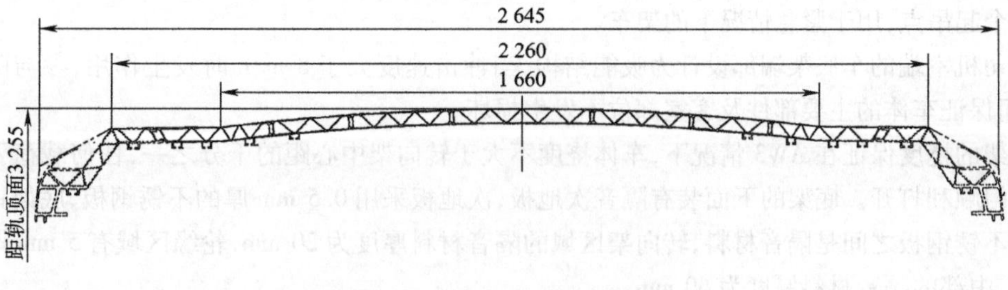

图 4-4　全铝合金车体车顶断面

4.2.4　端墙

端墙呈∩形结构，小断面的铝合金型材焊接而成，如图 4-5 所示。立端板为覆膜铝蜂窝复合板，用螺钉紧固在铝合金车体。门上板为覆膜玻璃钢板，上下两端用螺钉紧固在铝合金车体上。墙板为覆膜铝合金板，塞拉门罩板为覆膜玻璃钢板，墙板和塞拉门罩板分别用螺钉紧固在铝骨架上。中顶板为覆膜铝蜂窝复合板，通风板为整体铝型材，表面喷塑，侧顶板为覆膜铝合金板，格栅灯罩为反光电镀铝板，中顶板与通风板用螺钉紧固在铝骨架上，格栅灯罩一边搭接到灯带上，另一边用螺钉固定到骨架上，侧顶板与骨架上的转轴型材配合，下部用压紧锁锁紧。在 A 车、B 车的两端装有排水槽，车顶的空调冷凝水和雨水经过车顶的集水槽汇集，经排水槽排到车底下。

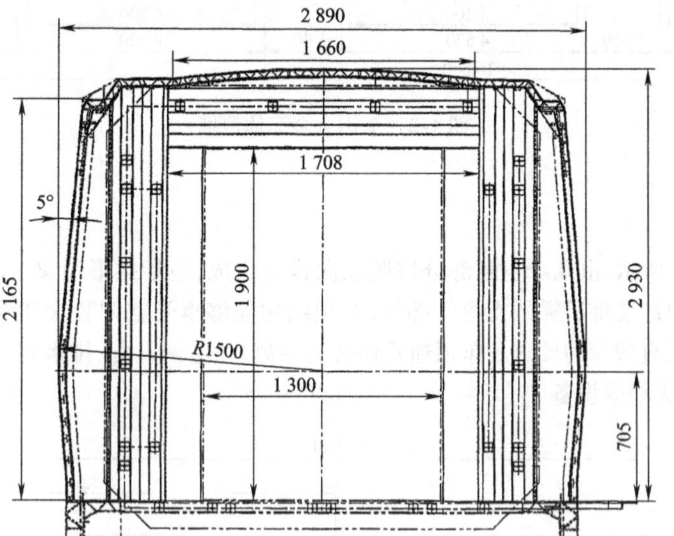

图 4-5　全铝合金车体端墙

4.2.5　司机室

司机室外观造型采用现代化的流线型，骨架采用板梁结构，板梁采用数控机床切割而成，如图 4-6 所示。司机室采用计算机三维软件进行建模，玻璃钢外罩与板梁筋板紧密结合，满足司机室的强度及刚度要求。司机室与侧墙、车顶及底架之间的连接采用螺栓连接，中间压密封胶可以防止雨水进入其中，连接处的闪缝采用密封胶进行密封装饰处理。

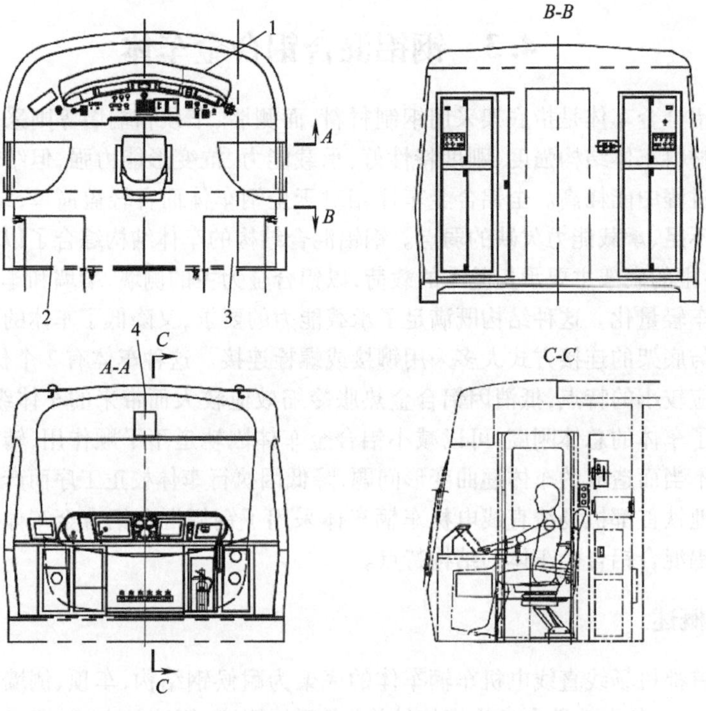

1—司机操纵台;2—司机室电气柜;3—ATO/ATC 设备柜;4—CRA 天线。

图 4-6　司机室结构

司机室与客室之间的隔门结构形式为无折页单扇摆门。门扣框采用铝合金型材整体焊接而成,作为整体装在车体门框上。扣框四周采用暗藏式三元乙丙胶条与门板密封,密封严密,抗老化性强。门板结构采用焊接铝合金型材骨架与薄铝面板粘接而成,内部填充优质铝蜂窝。门板厚度 27 mm,重量轻,刚性好。该门板表面采用覆膜形式,外露表面无螺钉。门的整体样式简洁、美观。门通过的净宽度 640 mm,净高度 1 800 mm,开度大于 90°。

4.2.6　车体强度刚度

车体强度满足在极端条件下承受的动载荷、静载荷以及冲击载荷要求,并在各种工况下,如架车、起吊、救援、调车、连挂、多车编组回送作业等的各种力的作用下,车体应力不超过材料的许用应力值。车体结构的刚度应在正常载荷和自然频率下,车体的变形不超过运行条件所决定的极限值;能确保在各种载荷下车门运动不受阻。车体结构能够保证车辆强度和刚度的要求,而不会产生永久变形,同时保证在 35 年的寿命周期内没有疲劳破坏。车体在承受各种最大垂直载荷的同时,沿车钩安装纵向水平方向施加 490 kN 的静压载荷,车体应力不超过设计许用应力。车体满足与转向架连接后同时吊起的要求。

当车体进行联挂时,由车钩缓冲系统吸收冲击能量。当冲击速度为 8 km/h 时,车钩缓冲系统吸收全部的冲击能量,从而使列车的车体、转向架、车钩缓冲装置、贯通道、设备箱和支撑等主要部件得到保护。当冲击速度大于 8 km/h 而小于 20 km/h 时,即撞击力大于 800 kN 时,司机室端的安装车钩缓冲系统的冲击座铆钉被剪断,车钩脱落,两司机室端部底架前端的防爬器啮合在一起,当冲击力超出车体结构的弹性变形后,司机室端底架的吸能结构起作用,该结构能够被压溃从而吸收能量,保护客室部位的底架,从而保护客室内乘客的安全。

4.3 钢铝混合铝合金车体

钢铝混合铝合金车体是指底架采用钢制材料，而侧墙、车顶和端墙等则采用铝合金材料的车体结构。全钢材料车体结构强度、刚度特性好，承载能力、抗变形能力强，但结构笨重，材料冗余，造成列车行驶过程中能耗高。全铝合金车体相对于全钢车体而言轻盈简单，结构轻量化明显，但容易出现刚度不足、承载能力欠缺的弱点。钢铝混合结构的车体结构综合了以上两种结构的优劣势，以钢材料为主的底架主要承担整车的载荷，以铝合金为主的侧墙、端墙和车顶结构在分担载荷的同时兼顾整车轻量化。这种结构既满足了承载能力的要求，又降低了车体的重量。

车体侧墙与底架的连接方式大多采用铆接或螺栓连接。这种车体有 2 个优点：一是利用钢材料热胀冷缩效应较小的特点，抵消因铝合金热胀冷缩效应较大而带来的车体纵向变形问题；二是钢制底架提高了车体的总体刚度，可以减小铝合金车体因轨道不平顺作用，转向架进、出曲线，以及维修时顶车不当而造成的车体翘曲变形问题，降低因执行车体校正工序而产生的维修成本。

我国北京地铁首都机场线直线电机车辆车体采用了钢铝混合铝合金车体结构。本书以该车体为例介绍钢铝混合铝合金车体的结构特点。

4.3.1 车体概述

北京地铁首都机场线直线电机车辆车体的底架为耐候钢结构，车顶、侧墙和端墙为铝合金结构，如图 4-7 所示。各大部件本身为焊接结构，车顶与侧墙、侧墙与底架、端墙与底架之间采用高强度 HUCK 铆钉铆接，端墙与侧墙、车顶采用焊接连接。头车的前端外罩为玻璃钢结构，与车体结构采用螺栓连接。在首尾车底架端部设有防爬装置。图 4-8 所示为车体断面图。

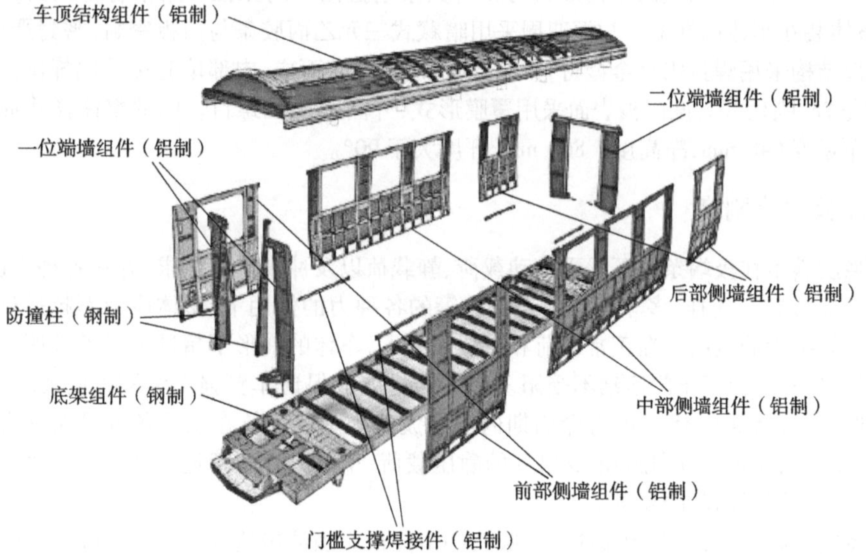

图 4-7 车体结构示意

4.3.2 底架

底架为无中梁结构，采用普通钢焊接构架结构，由缓冲梁、端梁边梁、枕梁、牵引梁、横梁等组

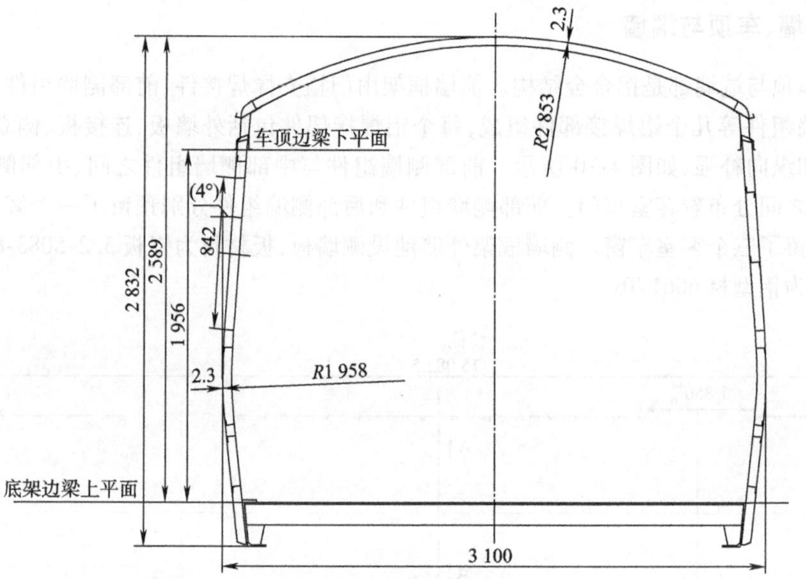

图 4-8　车体断面

成，如图 4-9 所示。Mc 车端部底架一位端包括两个钢制防撞柱和防爬缓冲梁。枕梁上布置有中心销孔和空气弹簧安装座。边梁位于两端梁之间，沿底架两侧全长布置。两牵引梁之间布置有 15 根均匀分布的横梁，端梁与枕梁之间也布置了一根横梁。这些横梁的两端分别与边梁、牵引梁焊接。这样，底架的端梁、牵引梁、枕梁、边梁和横梁共同形成底架钢骨架。

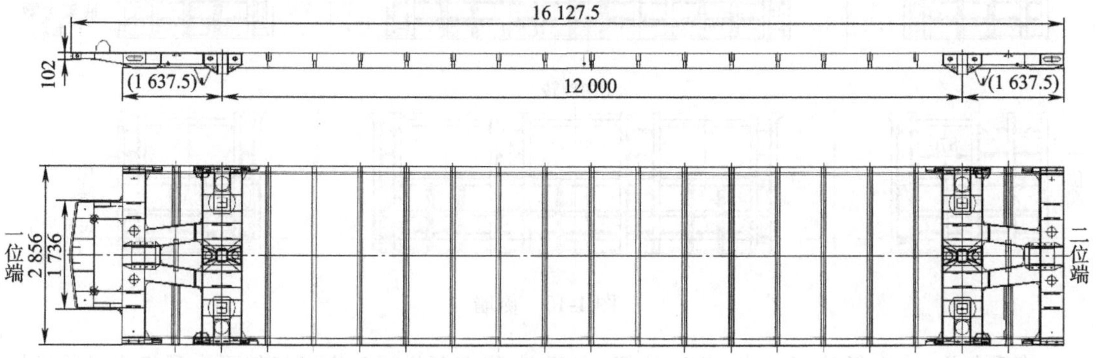

图 4-9　底架

这些横梁的作用：一是把缓冲梁、牵引梁、枕梁结构与边梁连结起来形成底架的钢结构骨架，从而保证底架有足够的强度和刚度，以承受作用于底架上的各种载荷；二是成为地板的支撑。由于两枕梁间无贯通的中梁，因而作用于底架上的纵向拉压力主要由边梁来承担。

在底架钢骨架上部铺设地板，该地板采用外表包裹薄不锈钢板的胶合板结构，通过螺钉固定在底架边梁及主横梁上。底架边梁材料为 ASTM A588，防爬器、枕梁、横梁和牵引梁材料为 09CuPCrNi，防爬板、枕梁下盖板、牵引梁下盖板和角部补强板材料为 Q450。

4.3.3 侧墙、车顶与端墙

侧墙、车顶与端墙都是铝合金结构。侧墙框架由门槛支撑焊接件、前部侧墙组件、中部侧墙组件、后部侧墙组件等几个铝焊接部件组成，每个铝焊接部件包括外墙板、连接板、侧立柱、短柱、端角柱、横梁和纵向补强，如图 4-10 所示。前部侧墙组件与中部侧墙组件之间、中部侧墙组件与后部侧墙组件之间分布着客室车门。前部侧墙组件和后部侧墙组件分别预留了一个客室车窗，中部侧墙组件预留了三个客室车窗。侧墙框架外墙铺设侧墙板，板材料为铝板 3.2-5083-H22。侧立柱和补强材料为铝型材 6061-T6。

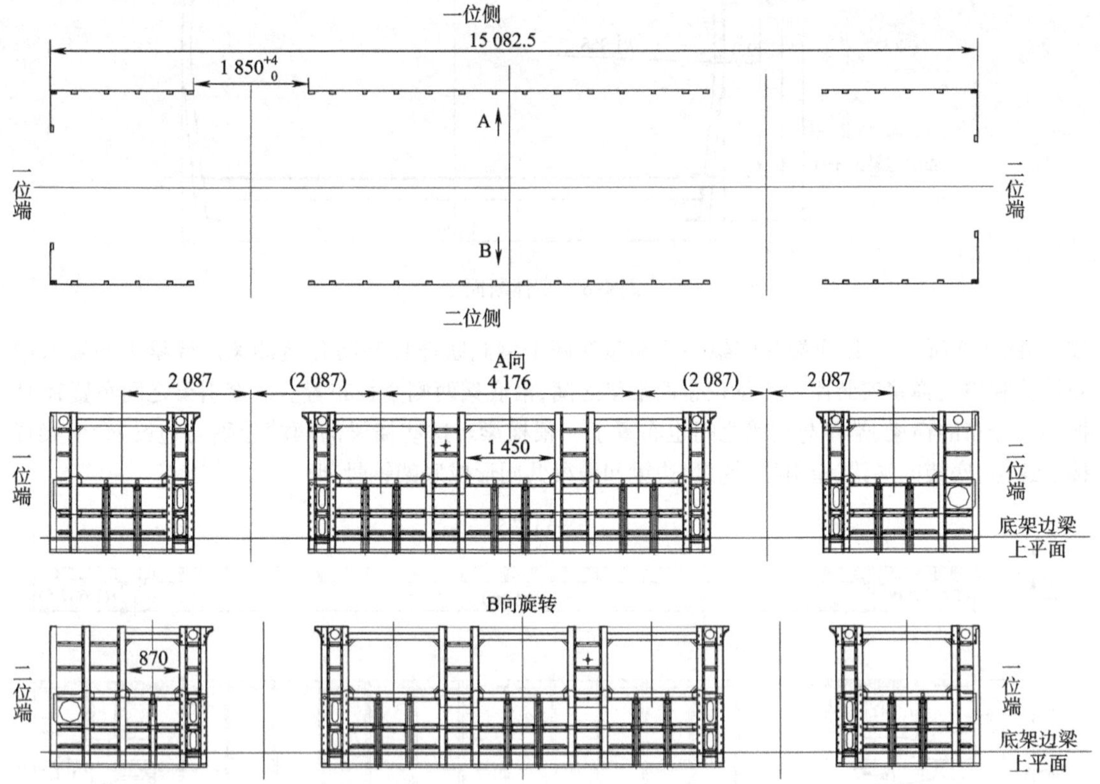

图 4-10　侧墙

车顶如图 4-11 所示，由顶板、车顶边梁、车顶弯梁、车顶纵梁和空调机组平台所组成。顶板材料为铝板 5052-H32 和 5083-H22，车顶弯梁材料为铝型材 6061-T4，车顶纵梁材料为铝型材 6061-T6，车顶边梁为长大型材，材料为铝型材 6005A-T5。

端墙分为两种类型，其中司机室前端墙是一个类型，Mc 车二位端及 M 车两端端墙结构相同，属于另一个类型。从图 4-12 可以看出，司机室前端墙由铝合金墙板、骨架和一对耐候钢防撞柱组成，其功能是在隔离司机室与客室的同时，还可在发生列车冲撞事故时起到对司乘人员的保护作用。司机室前端墙的外罩为玻璃钢结构，如图 4-13 所示。

Mc 车二位端及 M 车两端端墙为铝焊接部件，如图 4-14 所示，由端墙板、顶部横梁、两个端立柱和纵向、水平补强组成。端墙板材料为铝板 2.3-5052-H32；梁柱材料为铝型材 6061-T4。

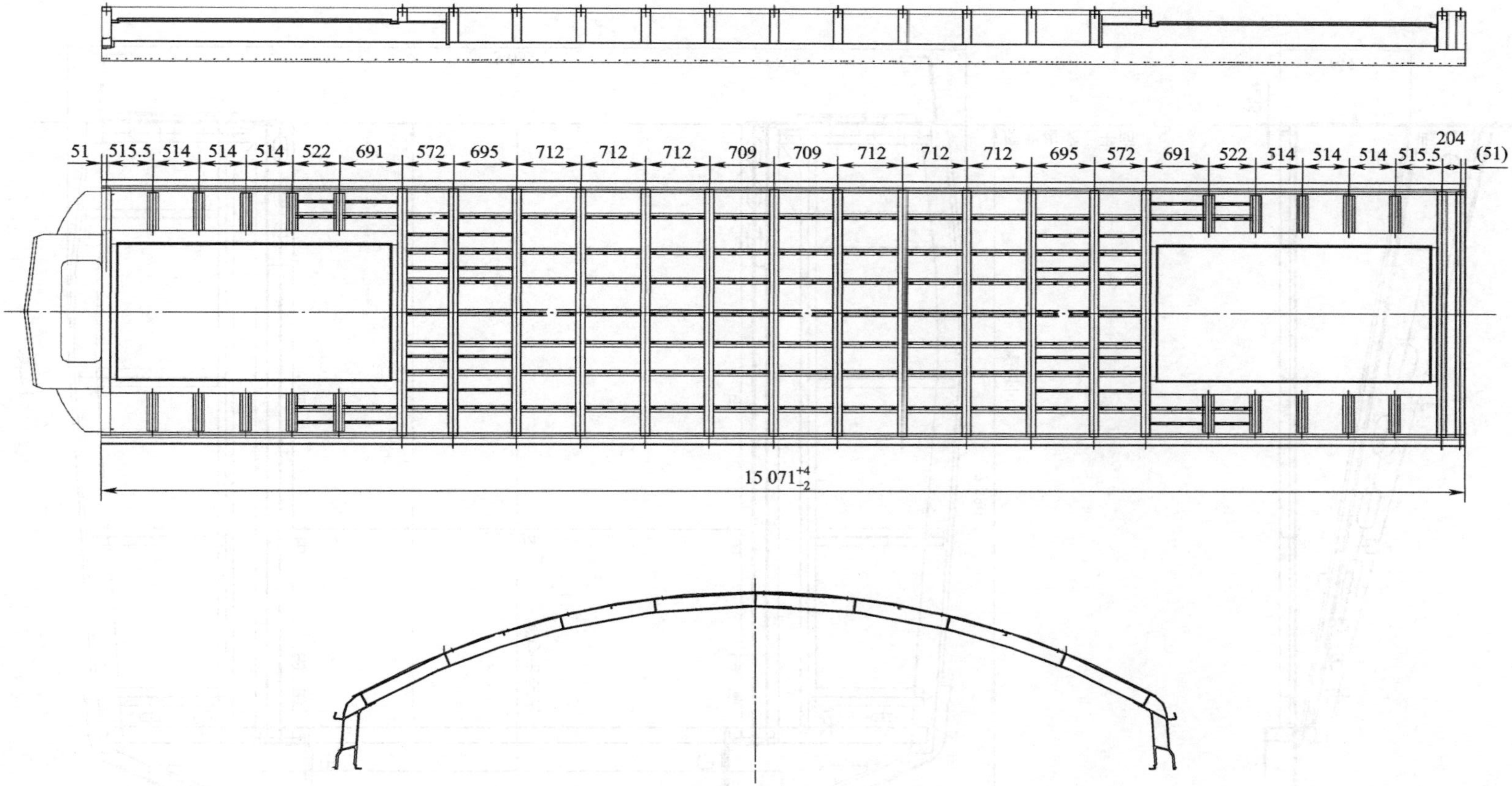
51
515.5
514
514
514
522
691
572
695
712
712
712
709
709
712
712
712
695
572
691
522
514
514
514
515.5
204
(51)
15 071$^{+4}_{-2}$

图 4-11 车顶结构

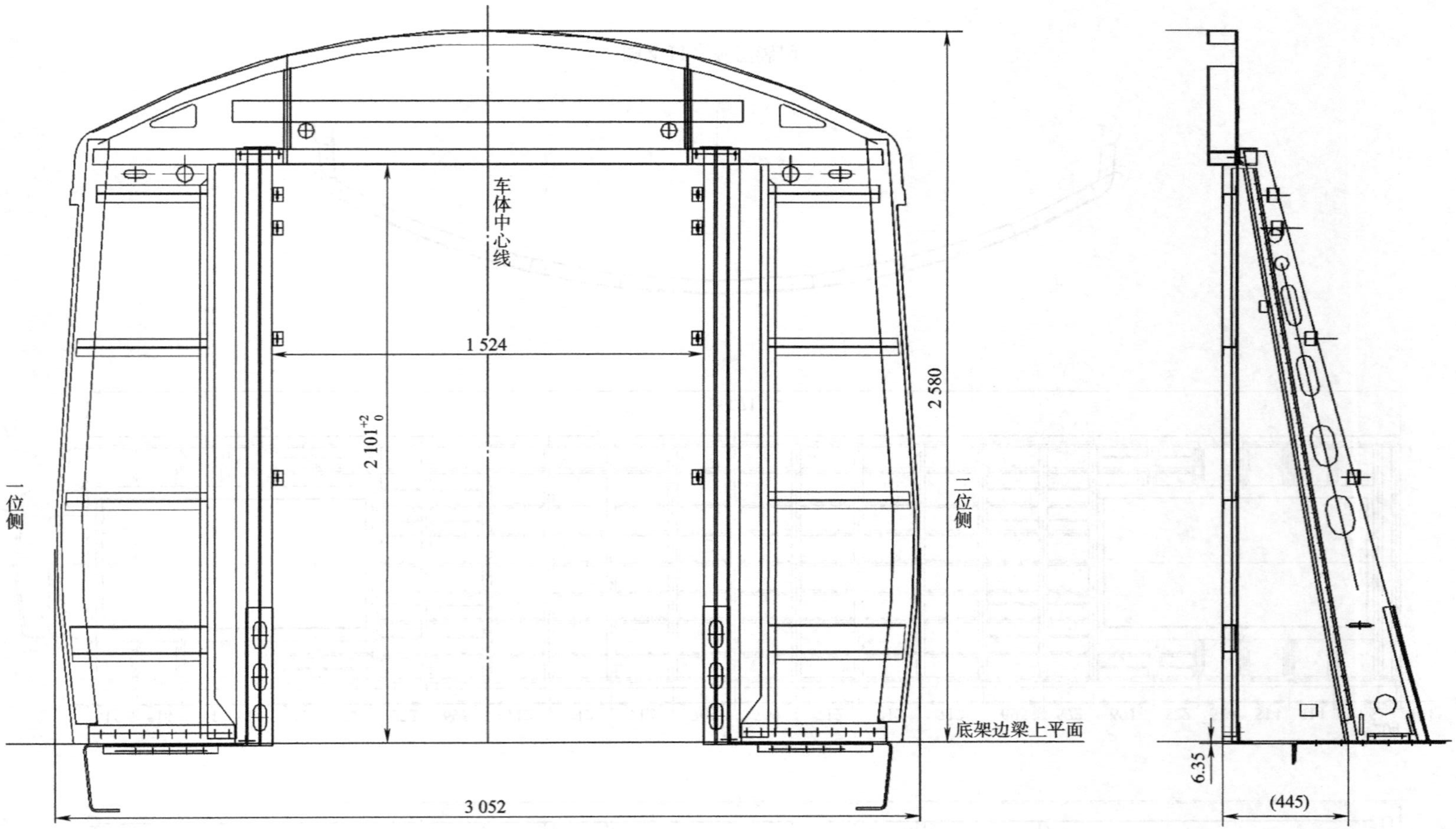

图 4-12 Mc 车司机室前端墙

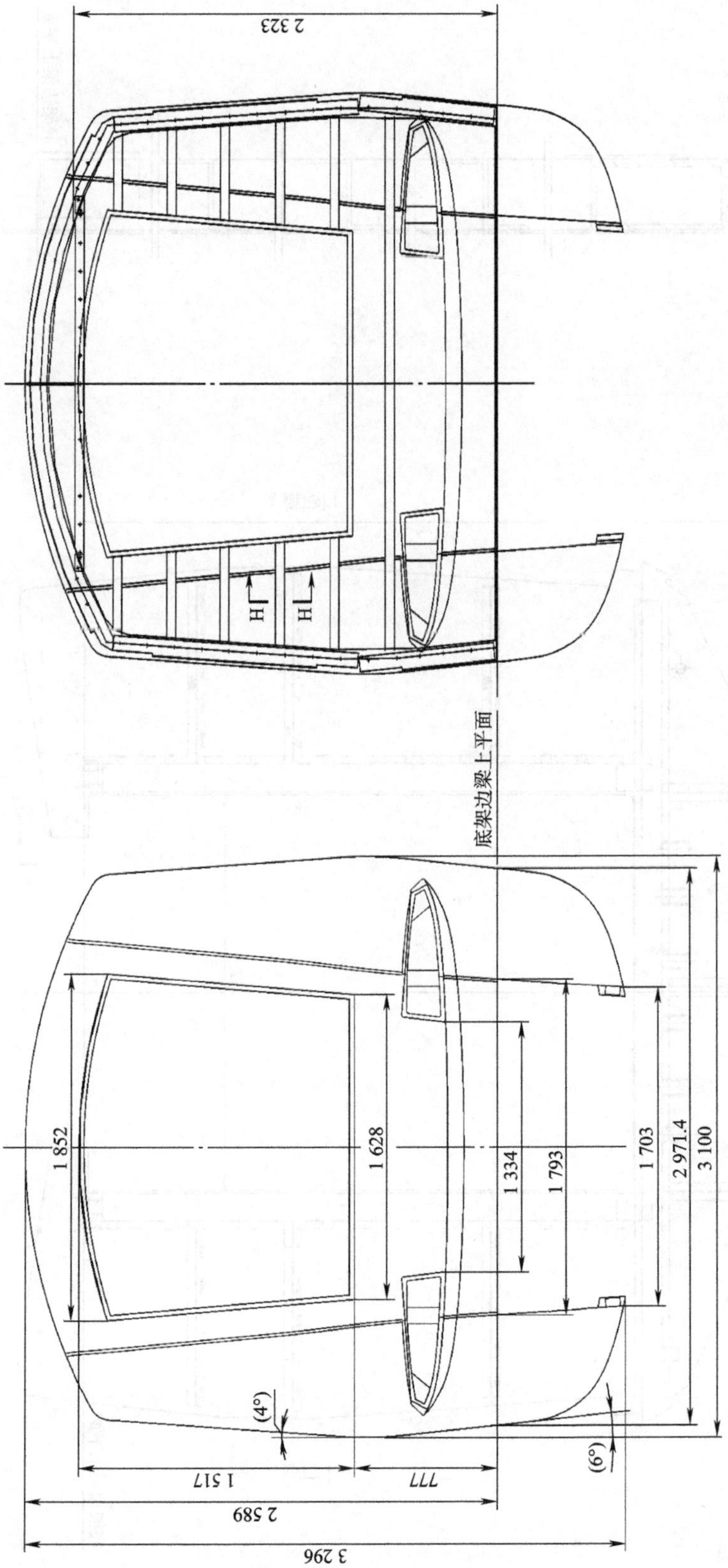

图 4-13　Mc 车前端玻璃钢结构

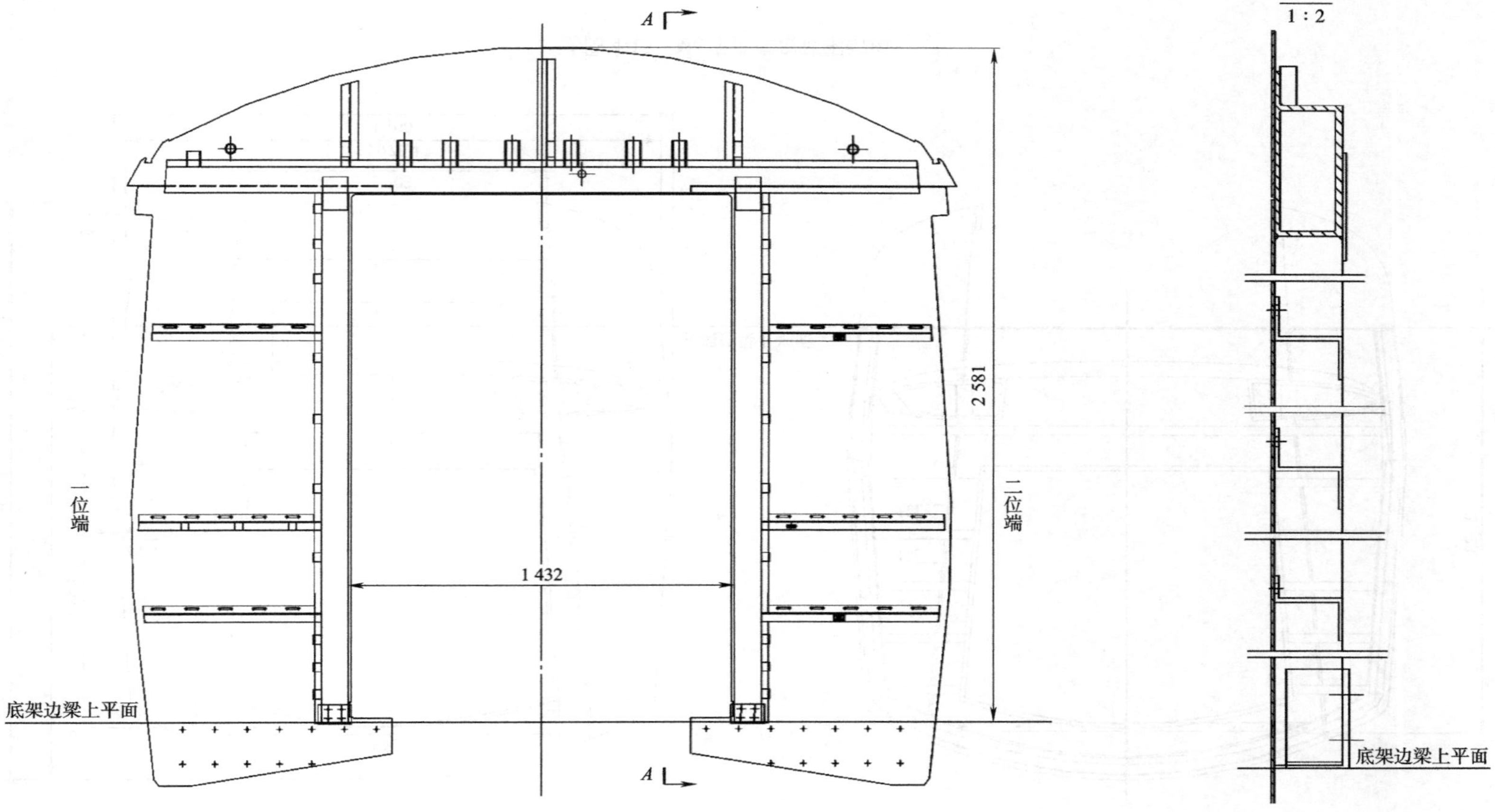

图 4-14　Mc 车二位端及 M 车两端端墙

4.4 国外直线电机车辆内装

MKⅠ型车辆的车辆内部装饰简洁明快，如图4-15所示。座位沿纵向排列，采用垂向扶杆，使各种身高的乘客都可以方便地抓扶。为方便坐轮椅的残疾乘客乘车，车内专门留出了轮椅位置。出于方便旅客快速上下车的需要，MKⅠ型车辆每辆车的两侧分别设置了两道侧门，在车辆两端还设置了端门，端门平时只供员工使用，紧急状态下也用于疏散乘客。用于列车运行和通信控制的控制计算机和通信设备放置在车内一侧座位的下面，为了保护这些设备，在其周围安装了护栅和通风装置。车辆两端设有全自动车钩，在运行过程中可以很方便地进行编组和解钩。

图4-15 MKⅠ型车辆的车辆内部装饰

MKⅡ型车辆的内部结构和装饰充分体现了制造商一贯的以人为本的设计风格（见图4-16）。在设计上尽量减少暴露在外的固定件，并使用集成的航空型内部配置，看起来更加简洁干净；采用舒适的垂向的扶手代替头顶的扶栏；曲面侧墙形成的上宽下窄［上部比下部宽6英寸（1英寸＝2.54 cm）］的空间布局使得乘客拥有更大的平均肩部空间。采用剧院式的装软垫的座椅，几乎所有座位都面向前面或后面（除了过道），每个座位的腿空间比MKⅠ型车辆宽2英寸左右，为乘客提供了更多的隐私空间；座椅结构为特制的玻璃纤维材料，表面是羊毛与金属纤维织成的面料，可以防止水、油、酸碱液等多种液体的腐蚀，并可以抵御一定力度的刀刺。为轮椅提供了更宽的、更容易使用的空间，同时增加了装载自行车的空间（自行车和轮椅位置处装有折叠椅，自行车和轮椅乘客可以打开折叠椅增加总的座位数）。每侧设计了3个宽1 600 mm的车门，能够使乘客更快、较少拥挤地上下车，特别有利于轮椅和自行车的上下。在列车的前部和尾部各有一个全景车窗，以改善乘客的视野，如图4-17所示。车辆之间的连接采用贯通道方式，乘客可以通过一个与外界封闭的过道在车厢之间移动。地板表面采用了防滑、防破坏材料，车窗覆盖有塑胶薄膜，具有一定的防破坏性能。

图4-16 温哥华MKⅡ型车辆的内部装饰

图4-17 温哥华MKⅡ型车辆的全景车窗

4.5 中大运量直线电机车辆内装

中大运量直线电机车辆主要提供城市内的旅客运输服务，由于客流量大，其内装与普通地铁车辆类似，需要为乘客提供良好的服务条件，使乘客乘车舒适、方便，同时还要尽可能地提高车内乘客空间，以容纳尽可能多的乘客。客室内装主要包括车窗、中顶板、出风格栅、内端墙、电器柜、侧墙、立罩板、客室座椅、侧顶板、地板、中立柱、扶手拉环等。司机室内装主要包括前窗玻璃、座椅、电气柜、遮阳帘等。

4.5.1 座椅、立柱和扶手

带司机室的A车不带司机室的B车都是在两客室侧门之间沿车体侧墙设置纵向座椅，其中带司机室的A车28座，不带司机室的B车32座。带司机室A车的座椅、立柱和扶手的平面布局和断面如图4-18所示。由于座位数较少，因此提供了较大的车内站立空间，满足大中运量直线电机车辆的载客空间需求。座椅面板采用不锈钢制造，符合人体工程学的要求。每个座位的承载能力大于100 kg。挡风板位于客室座椅的两侧，挡风板玻璃为透光钢化玻璃，上部的装饰块采用铸造铝合金结构。

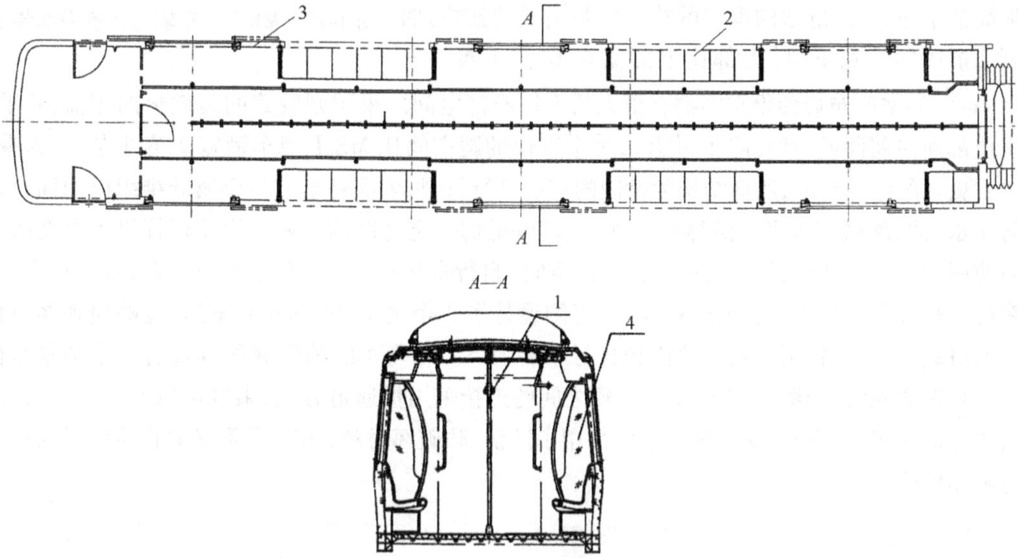

1—扶手、立柱及吊环安装；2—客室座椅安装；3—广告框；4—挡风板。

图4-18 A车座椅、立柱和扶手布局

图4-19所示为不带司机室的B车的断面图。从图中可以看出，客室立柱及横杆均为3列布置，其中中间一排横杆上设有吊环，客室侧门两侧、司机室后端门两侧及端部贯通道等处也设有扶手杆。立柱、横杆和扶手杆采用不锈钢管或用铝合金制作，表面采用烤漆或拉丝等处理。吊环的材质为尼龙加玻璃纤维，吊座及链环采用不锈钢制作。

4.5.2 照明设施

列车客室内部照明灯具平行布置在车辆顶部两侧，如图4-20所示。采用三基色荧光灯照明，由 40 W 顶灯组成两条灯带作为主照明。在车内离地板面高 800 mm 处的照明强度处于 250 lux 与 300 lux 之间。只用紧急照明时，地板面照明照度不小于 10 lux。灯具具有耐振动、耐冲击和防潮的性能，并符合有关噪声标准。

灯带分正常照明和故障照明两路控制：正常照明(非故障照明)由辅助逆变器输出的 AC 220 V 交流电供电；故障照明由 DC 110 V 直流母线供电，出现故障时，由蓄电池通过直流母线供电。故障照明均匀设在客室内上方区域，数量占全部荧光灯管的三分之一，正常照明情况下故障照明灯也处于工作状态。司机室内顶板照明采用 2 × 15 W 荧光灯照明(DC 110 V 供电)。

前照灯由头灯和尾灯两盏灯安装在同一个灯体内所组成，位于 Mc 车的 1 位端前端墙的两侧。头灯为氙气灯照明，能提供“强光”和“弱光”2 种照明强度，并且在水平和垂直方向上能进行适当调节，以满足运行要求。尾灯为红色 LED 灯。

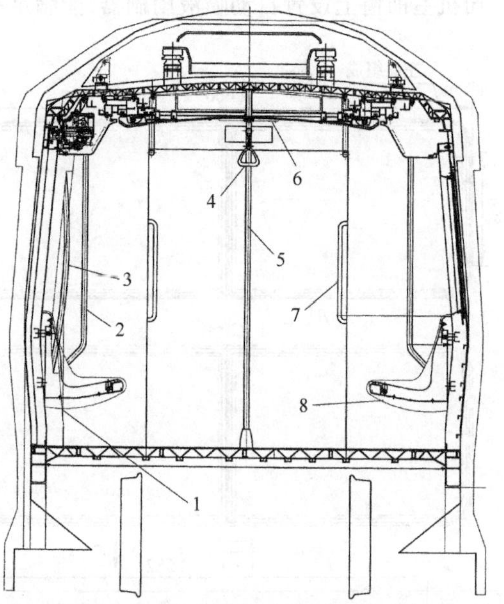

1—镜面装饰板；2—座椅边扶手；3—侧门两侧扶手；4—吊环；5—立柱；6—回风口；7—贯通道扶手；8—不锈钢座椅。

图 4-19　B 车客室断面

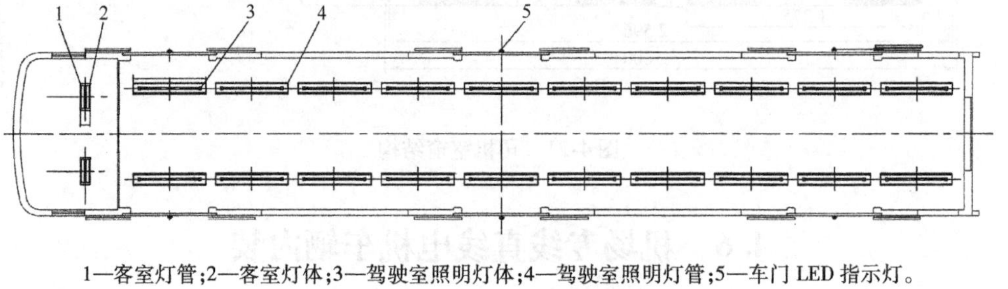

1—客室灯管；2—客室灯体；3—驾驶室照明灯体；4—驾驶室照明灯管；5—车门 LED 指示灯。

图 4-20　列车客室照明灯具布置图

4.5.3　车窗

客室车窗采用聚胺酯结构胶黏接结构，能够满足防雨、防尘、防紫外线、隔音、隔热、抗冲击等要求。车窗玻璃为中空玻璃，外层为 LOW-E 玻璃，内层为钢化玻璃。玻璃与铝合金窗框之间、钢结构与铝合金窗框之间用高强度聚氨酯胶黏接，同时用螺栓紧固件将窗框压紧在钢结构上。

司机室窗前风窗玻璃采用夹层式无色透明的安全防爆玻璃，由透明的复合安全玻璃组成，如图 4-21 所示。玻璃总厚度为 12.66 mm，外层和内层都是 5 mm 厚的强化玻璃，内外层之间用 2.66 mm 高强度胶片黏结，玻璃周边为网印处理。前窗玻璃的透光率为 80%，前窗设计能保证司机清楚方便地了望到前方信号、线路状态、供电轨、隧道和站台等，不会因窗户或反射光(从窗玻璃或从其他反射面反射来的日光或人造光)而影响司机的操作。司机室前窗还具有良好的防水、防尘密封性能。司机室前窗上设置自动喷液雨刷器,能满足在极端恶劣气候条件下乘务员正常瞭望。

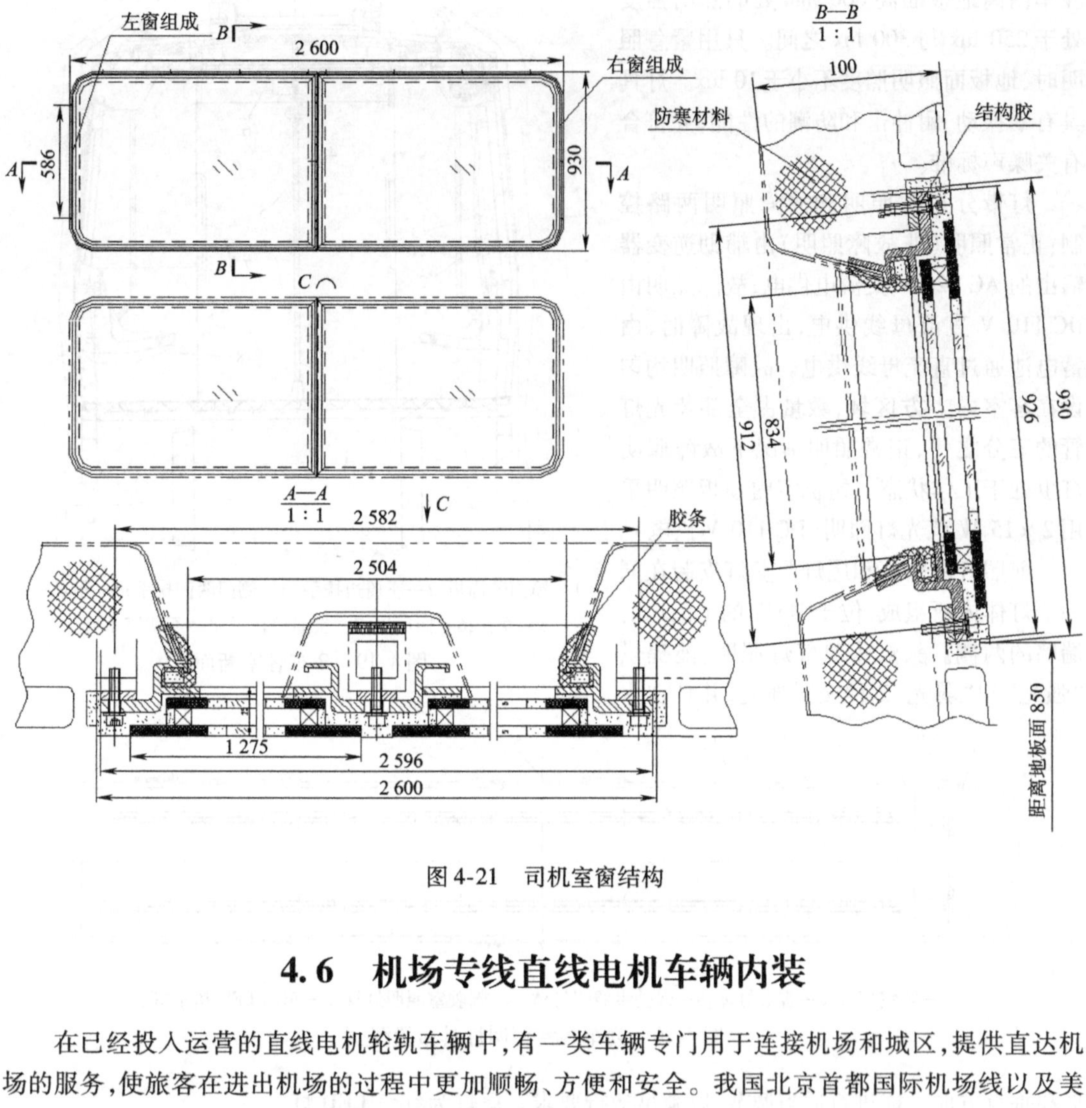

图 4-21　司机室窗结构

4.6　机场专线直线电机车辆内装

在已经投入运营的直线电机轮轨车辆中,有一类车辆专门用于连接机场和城区,提供直达机场的服务,使旅客在进出机场的过程中更加顺畅、方便和安全。我国北京首都国际机场线以及美国纽约肯尼迪国际机场 AIRTRAIN 交通系统都采用了这类车辆。机场是城市的门户,机场线的轨道车辆是这一门户的延伸。为了满足机场线对高档车辆的要求,吸引更多的游客和人才来到城市,提高城市的知名度,机场线轨道车辆的内装在针对航空乘客的服务需求进行必要优化的同时,还要尽量体现城市的特色,改善车内环境,提升乘客的出行体验。例如,加宽车门、减少座位数以增加座位空间,从而提高舒适性;增加行李架以方便携带较多行李的旅客;在车内展示具有所在城市地方特色的艺术品、装饰物和图案以突显城市的文化历史特色等。本书以我国北京首都国际机场线直线电机轮轨车辆为例介绍这类车辆内部装饰的结构和特点。

4.6.1　总体布置

图 4-22 所示为北京地铁首都机场线直线电机车辆内部装饰的模型展示,从图中可以看出,其

内部装饰在充分体现大胆、前卫、现代、时尚风格的同时，还强调以人为本的设计风格。在外部造型、内部装饰和车头设计等方面无不体现现代列车的造型特点，代表了现代城市运输系统的时尚。具体表现在以下几方面：

①独特的不对称的此起彼伏的顶板造型。

②新颖的侧墙造型。

③独特的侧墙灯带装饰。

④最具通透感的行李架以及行李架与侧墙的浑然一体。

⑤顶部灯带与筒灯的另类布置。

⑥高档气派的客室座椅造型。

⑦客室大屏幕 LCD 的设置。

⑧带内饰板的贯通道结构。

图4-22　北京地铁首都机场线直线电机车辆内部装饰的模型展示

北京地铁首都机场线直线电机车辆内装风格分为中间车与头车两种（见图4-23），中间车内装由车顶、侧墙、端墙、地板布和客室设备五部分组成。头车与中间车相比，增加了司机室内装，并在客室二位端二位侧角设置残疾人乘车区，其余客室部分与中间车内装基本相同。客室座椅为横向布置，Mc 车有座椅数量共47个（包括翻板凳），M 车有座椅数量共48个，固定座椅上带有扶手。在客室侧门和端门口设扶手。

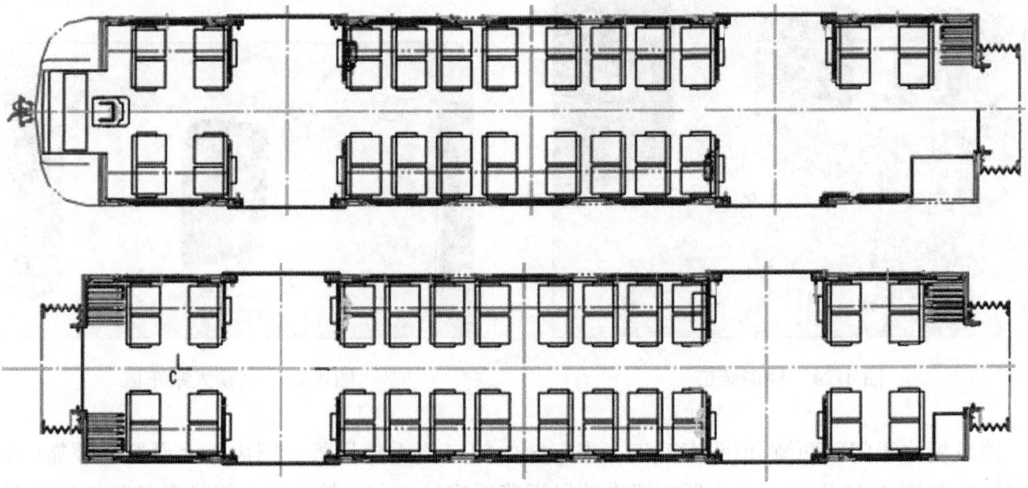

图4-23　内部装饰总体

内装主要尺寸如下：

座椅区顶板最高点	2 135 mm
最低点	2 039 mm
门区顶板最低点	2 021 mm
行李架高度	1 843 mm
双人座椅总宽度	1 070 mm

坐垫高度	450 mm
大窗尺寸	842 × 1 450 mm
小窗尺寸	842 × 870 mm
侧门开度	1 500 mm
侧门高度	1 850 mm
端墙厚度	68 mm
端门口高度	1 960 mm
端门口宽度	1 400 mm

4.6.2 侧墙装饰

侧墙厚度 100 mm，在侧墙上部座椅区上方设置通长的纵向行李架，残疾人乘车区电气柜处无行李架。行李架的支撑结构被窗间板所包裹。在门口两侧有立罩板，造型与窗间板保持一致，如图 4-24 所示。窗间板上安装有装饰灯，电热器及罩板沿侧墙下部座椅区下方纵向布置。侧墙上还装有内部紧急解锁装置、乘务员开关按钮、紧急对讲装置等设备，并在窗间板上开有扬声器扩音孔。客室车窗有固定窗和活窗两种，每辆车有 4 扇活窗，一侧 2 扇。活窗上部可向车内打开 30° 角。窗玻璃的更换在车外侧完成，不需要拆卸墙板。侧墙板的独特造型选择了 3 mm 厚的易成型质量轻的玻璃钢材质。

头车设有残疾人乘车区，备有轮椅扶手，并在侧墙上设置翻转座椅，如图 4-25 所示。

图 4-24　侧墙装饰

图 4-25　残疾人乘车区

挡风板位于门区两侧，但头车残疾人乘车区的门口侧无挡风板。挡风板上设置有腰靠（即翻转座椅），如图 4-26 所示。灭火器布置在挡风板背面座椅下方。挡风板上部装有背靠背 LCD 显示器，显示器安装在侧墙钢结构上，如图 4-27 所示。为能够承受翻转座椅及 LCD 的负载，又要兼顾到整车重量控制，挡风板下部选择了 20 mm 厚的铝蜂窝板，上部为 8 mm 厚的安全玻璃。

立式行李仓位于车辆二位端，由 7 根直径 32 mm 的不锈钢管焊接组成，通过螺钉分别与端墙和地板连接，结构简洁耐用，如图 4-28 所示。

车内电气柜位于车辆二位端，材质为 12 mm 厚的铝蜂窝板，从地板一直伸到车顶，两侧均开有检查门，如图 4-29 所示。在长 1 420 mm、宽 1 400 mm、高 1 960 mm 的贯通道的顶部安装 4 个筒灯，并在端部安装有扶手。

图 4-26　挡风板与翻转座椅

图 4-27　挡风板与 LCD

图 4-28　立式行李仓

图 4-29　车内电气柜

内墙板上侧与钢结构之间插接固定,下侧用螺钉固定到一根铝型材上,螺钉被电热器罩板遮挡不外露,铝型材铆接在钢结构上,带有滑槽和插接口,滑槽用来安装座椅,插接口用来安装电热器罩,如图 4-30 所示。

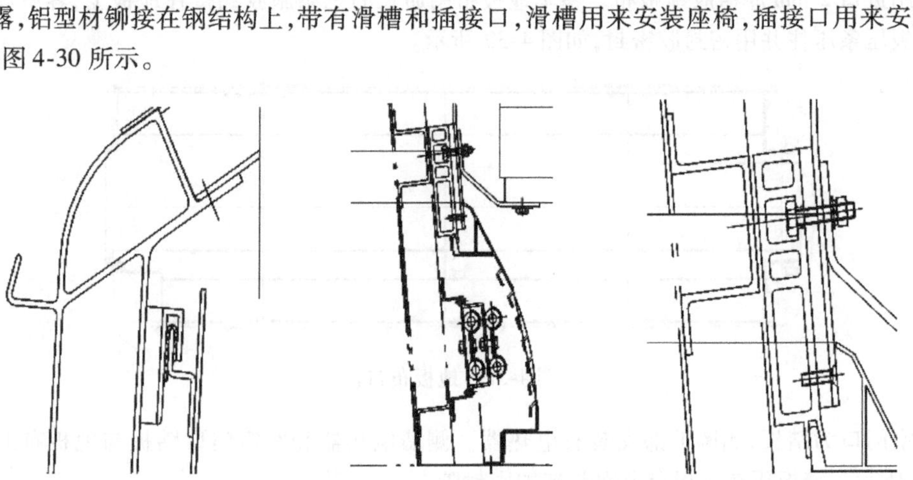

图 4-30　内墙板上侧与钢结构之间的插接固定

内墙板左右两侧和墙板窗口翻边的上下侧由尼龙搭扣固定,搭扣固定在塑料梁上,塑料梁铆接在钢结构上,如图 4-31 所示。

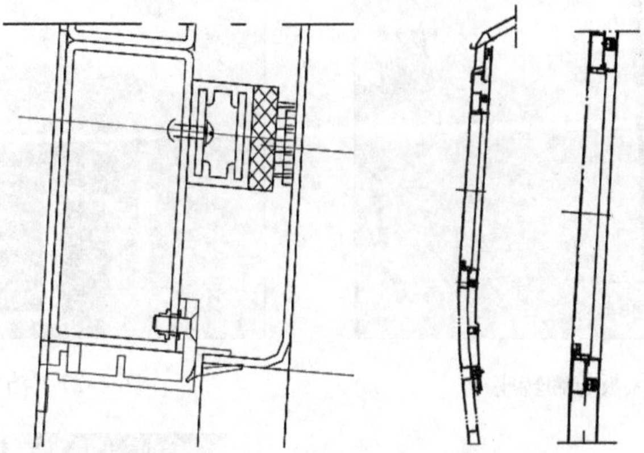

图 4-31　内墙板左右两侧和墙板窗口翻边的安装

4.6.3　端墙内装

端墙由端墙板和电气柜间壁组成,均安装于二位端,墙组成由一、二位两部分端墙组成。其中,一位端墙组成仅有端墙,安装于一位端;二位端墙组成由二位端墙和电器柜间壁组成,安装于二位端。端墙厚为 68 mm,端墙侧面接近贯通道处装有扶手。端墙内装采用玻璃钢材质,分三块安装于端墙、侧墙地板钢结构及风挡型材上,并以其独特、简洁的造型与整车的内装设计交相呼应,相得益彰,而且在整列车的内装设计上起到了连贯作用。间壁采用铝蜂窝材质,在车顶、侧墙及端墙都有固定点,间壁设有造型明快的电器检查门,检查门上设有新颖、美观实用的电器散热通风口。

4.6.4　地板布安装

采用进口 2 mm 厚橡胶地板布。整车地板布用通长的三条施胶黏接在地板上,客室周边地板布用地板压条压住并用密封胶密封,如图 4-32 所示。

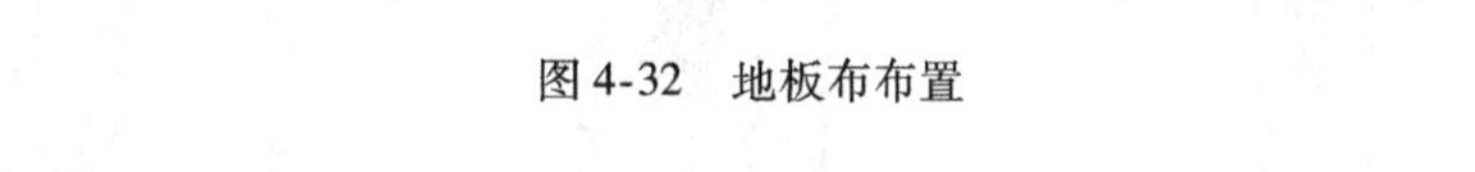

图 4-32　地板布布置

客室门口为踏板,侧墙下部安装有电热器。侧墙电热器和客室门口踏板与地板布的对接如图 4-33 所示。踏板压在地板布上面并施加密封胶。

4.6.5　座椅及翻板凳

客室双人座椅为固定座椅。座椅表面采用真皮与布料相结合的缝合方式;座椅靠背造型根据

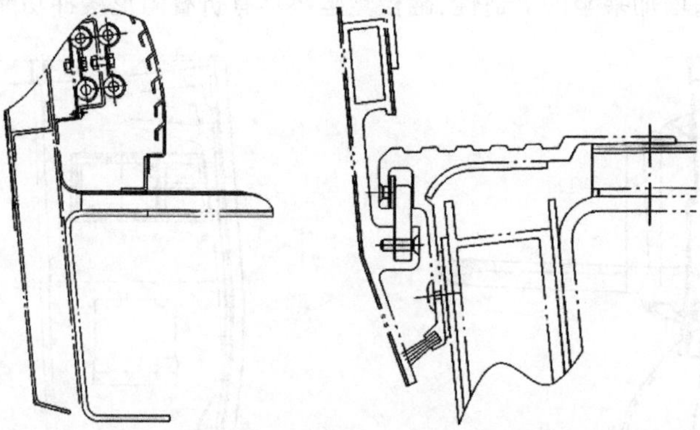

图4-33　地板布与侧墙电热器和门口踏板的安装

人体工程学设计，既美观又保证乘客乘坐的舒适性，如图4-34所示。座椅两侧设有座椅扶手，同时在靠近车体中心的座椅上端设有把手，方便两侧座椅间通道内的其他乘客乘车使用。

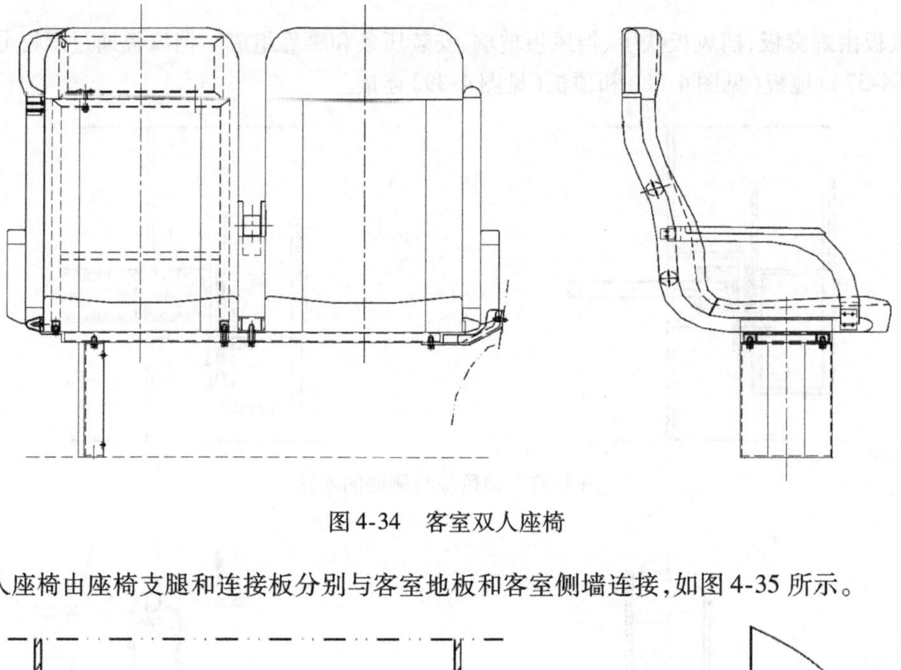

图4-34　客室双人座椅

双人座椅由座椅支腿和连接板分别与客室地板和客室侧墙连接，如图4-35所示。

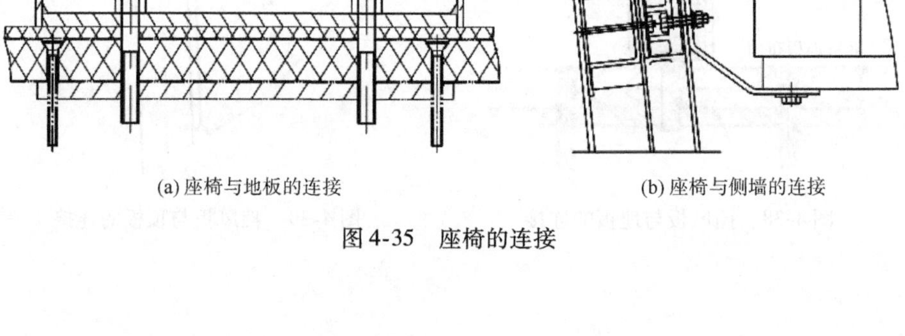

(a) 座椅与地板的连接

(b) 座椅与侧墙的连接

图4-35　座椅的连接

翻板凳设有靠背，增加乘坐的舒适性；翻板凳坐垫具有折叠阻尼缓冲功能，如图 4-36 所示。

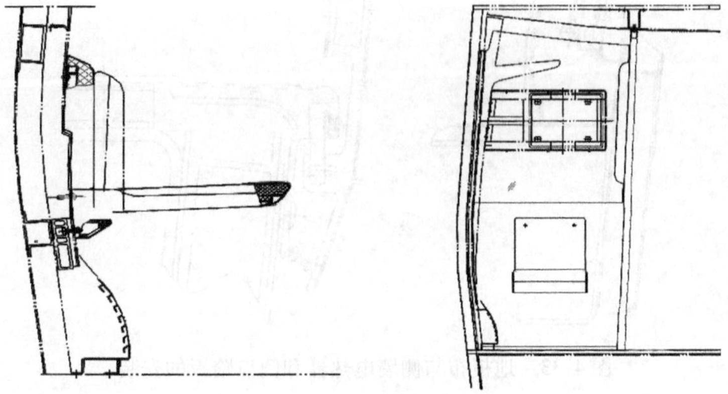

图 4-36　翻板凳的安装

4.6.6　挡风板

挡风板由蜂窝板、挡风板扶手、挡风板玻璃、安装压条和腰靠组成。挡风板通过螺钉分别与侧墙（见图 4-37）、地板（见图 4-38）和顶板（见图 4-39）连接。

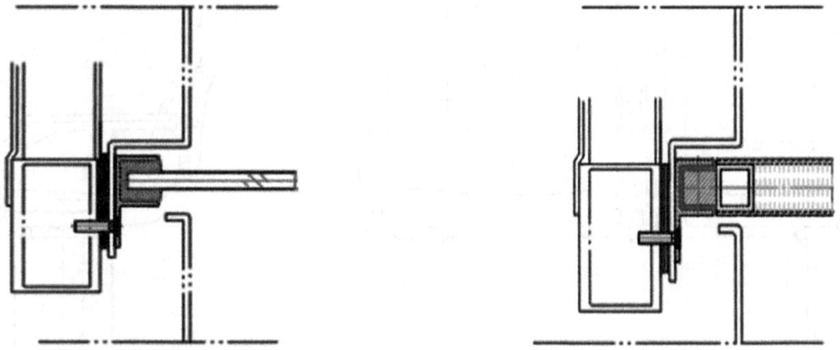

图 4-37　挡风板与侧墙的连接

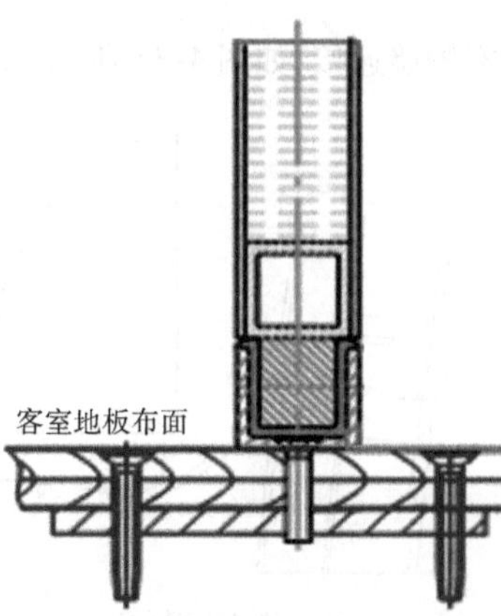

图 4-38　挡风板与地板的连接

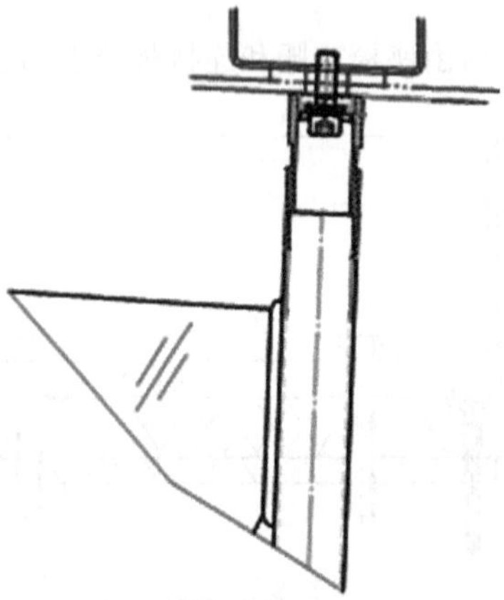

图 4-39　挡风板与顶板的连接

4.6.7　行李架

北京地铁首都机场快速轨道交通线的主要功能之一是连接机场与市区,其乘客中相当一部分是携带行李的飞机乘客,因此在车辆功能方面需要安装行李架以满足乘客需求。行李架组成由行李架饰板、压条及罩板等部分构成,各部分之间的安装关系如图 4-40 所示。

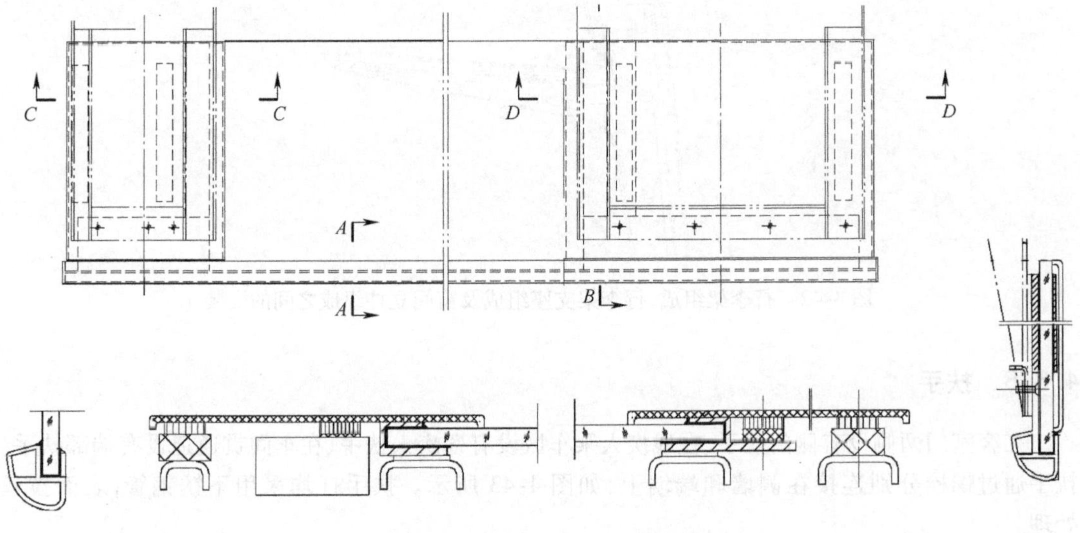

图 4-40　行李架组成各部分之间的安装关系

行李架饰板采用9.14 mm 夹层玻璃,2 个玻璃片厚度均为4 mm,中间为1.14 mm 的胶膜,此种材质可保证在玻璃损坏的状态下,玻璃碎片黏接在胶膜上,防止伤害乘客;压条材质为铝型材,由 3 个压条组焊成框,行李架饰板插入框中,增加其刚度及强度;罩板材质采用 3 mm 玻璃钢,利用尼龙搭扣固定。

行李架支座组成与侧墙钢结构之间的安装关系如图 4-41 所示。

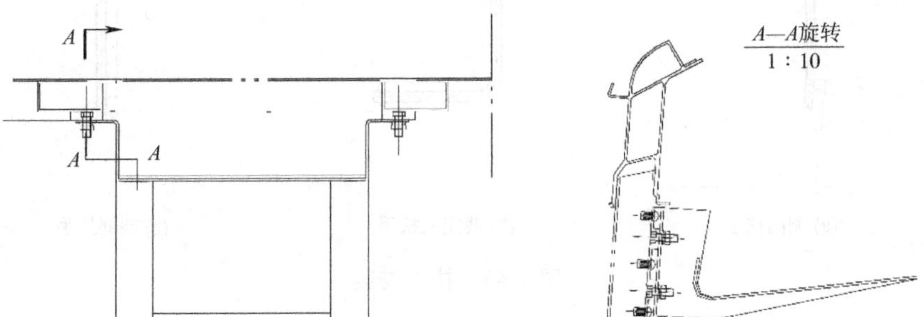

图 4-41　行李架支座组成与侧墙钢结构之间的安装

行李架组成、行李架支座组成及窗间立柱组成之间的安装关系如图 4-42 所示。

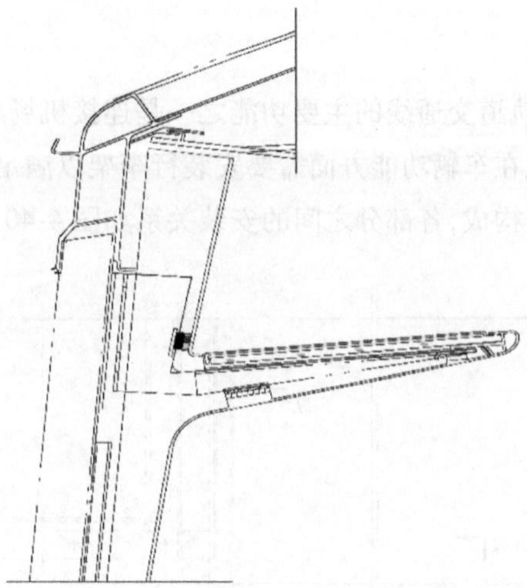

图 4-42　行李架组成、行李架支座组成及窗间立柱组成之间的安装

4.6.8　扶手

在客室门两侧设有侧门扶手、在残疾人乘车区设有残疾人扶手、在车间贯通道设有端部扶手。扶手通过螺栓分别连接在侧墙和端墙上，如图 4-43 所示。扶手杆均采用不锈钢管，表面拉丝处理。

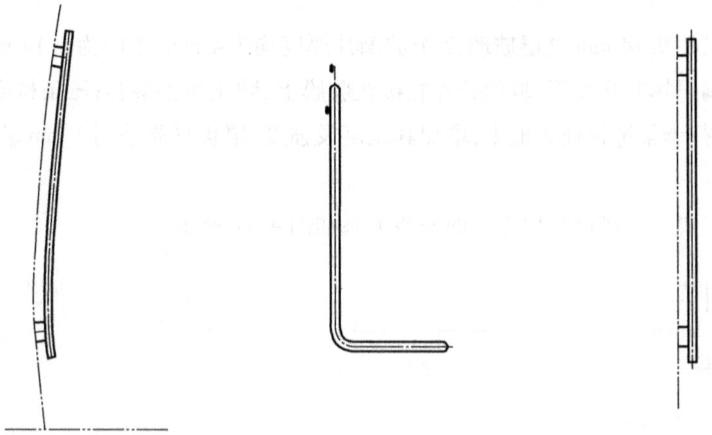

(a) 侧门扶手　(b) 残疾人扶手　(c) 端部扶手

图 4-43　扶手安装

4.6.9　车顶内部安装

车顶采用二次骨架，分为横梁和纵梁，如图 4-44、图 4-45。顶板采用 5 mm 厚铝蜂窝板，有两种造型，门区为左右对称的弧形顶板，座椅区为不对称弧形顶板，在两种顶板的交汇处形成一道鱼尾形断面。在不对称顶板的两侧分别为通长灯带和一排筒灯。在门区顶板上有回风格栅和大活门，总体效果如图 4-46 所示。

图 4-44　横梁组成安装

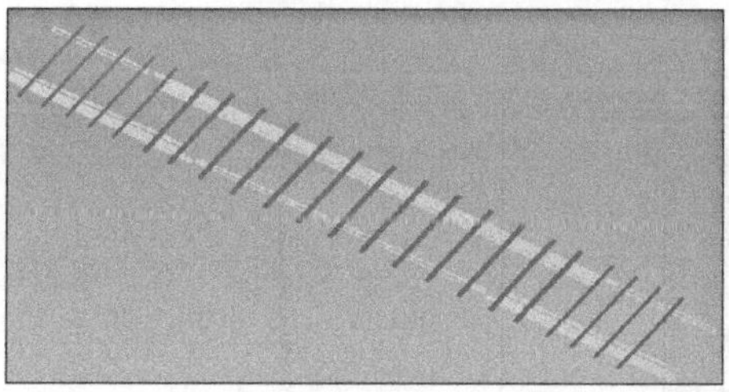

图 4-45　纵梁组成安装

图 4-46　车顶效果图

座椅区顶板为不对称弧形结构，材质采用铝蜂窝式结构，厚度为 5 mm，由上下 0.5 mm 厚铝板及 4 mm 厚铝质蜂窝芯黏制而成。周边为铝型材梁封边，具有良好的隔音隔热性能，结构轻便耐用，能够良好地满足结构强度和疲劳要求，二次骨架采用螺钉和螺栓的连接方式，具有良好的工艺性。每处断面由 3 种不同顶板组成，总长度为 2 078 mm，如图 4-47 和图 4-48 所示。

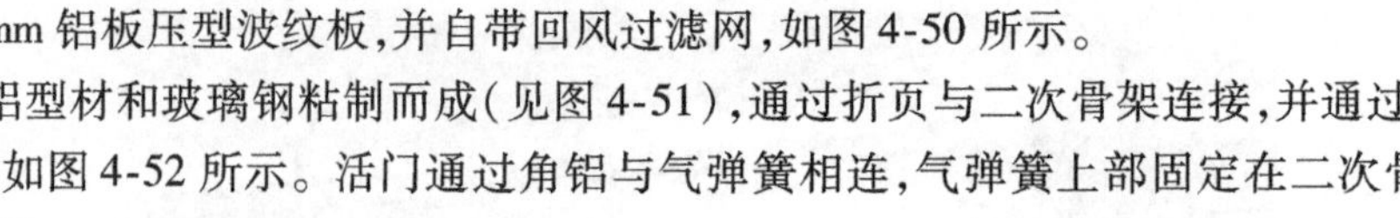

图 4-47　座椅区顶板断面图

图 4-49 所示为门区回风口顶板，其形状为左右对称弧形结构，材质为铝蜂窝板梁式结构，回风口为 0.8 mm 铝板压型波纹板，并自带回风过滤网，如图 4-50 所示。

活门由铝型材和玻璃钢粘制而成（见图 4-51），通过折页与二次骨架连接，并通过压紧锁固定在门罩板上，如图 4-52 所示。活门通过角铝与气弹簧相连，气弹簧上部固定在二次骨架横梁上，如图 4-53 所示。

送风格栅和灯具在顶板上的分布是紧紧围绕着机场线的主题而设计成飞机尾线形式的，灯带的布置位置与送风格栅保持一致，在不对称顶板的两侧灯具形式分别为通长灯带和一排筒灯，如图 4-54 所示。灯带一侧的灯罩和出风格栅通过型材连成一体，便于检修，如图 4-55 所示。

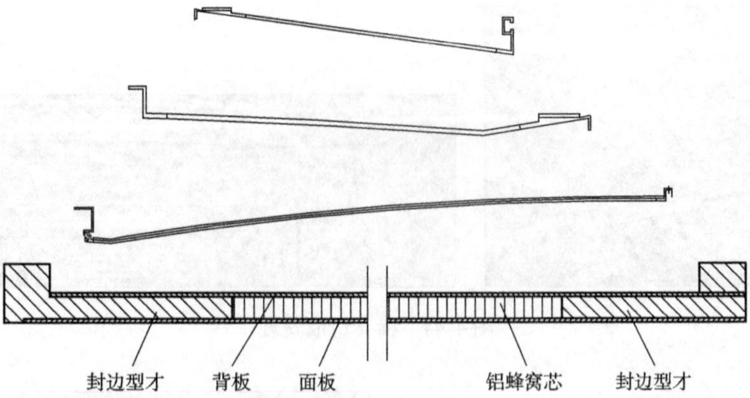

图 4-48 顶板部件图

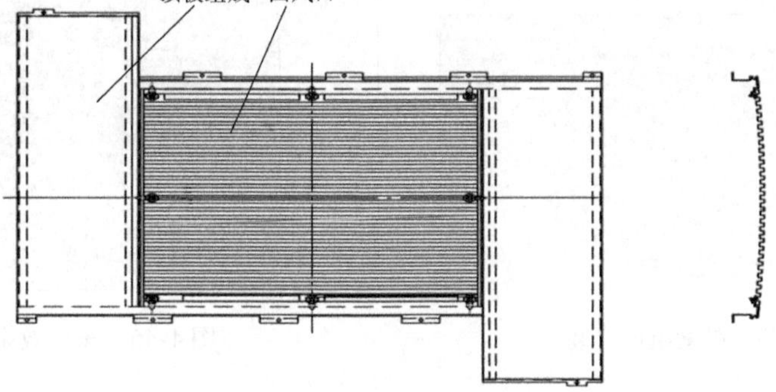

图 4-49 门区回风口顶板安装

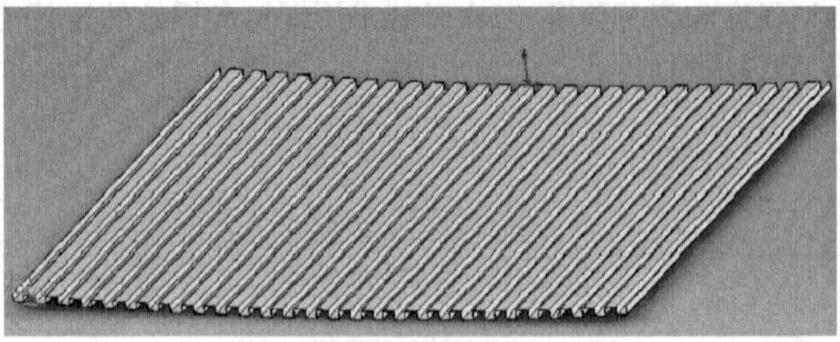

图 4-50 回风过滤网

图 4-51 活门效果图

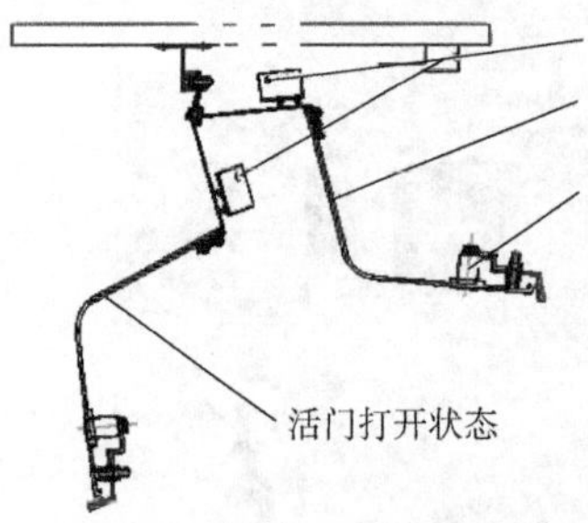

图 4-52　活门安装示意图

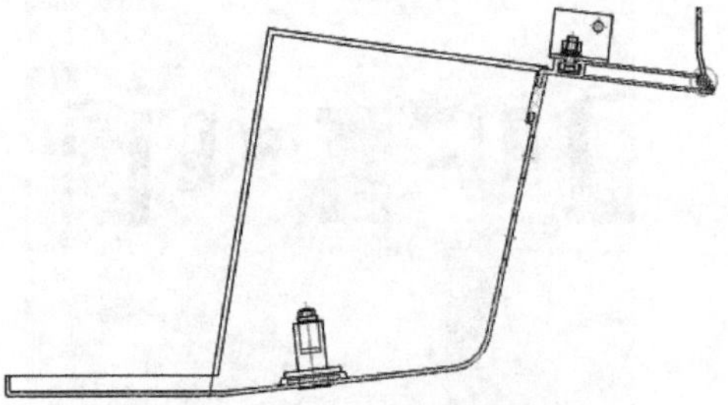

图 4-53　活门结构图

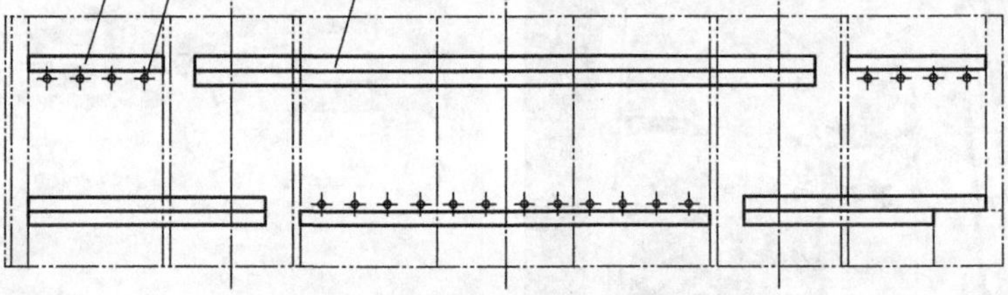

图 4-54　格栅和灯带布置图

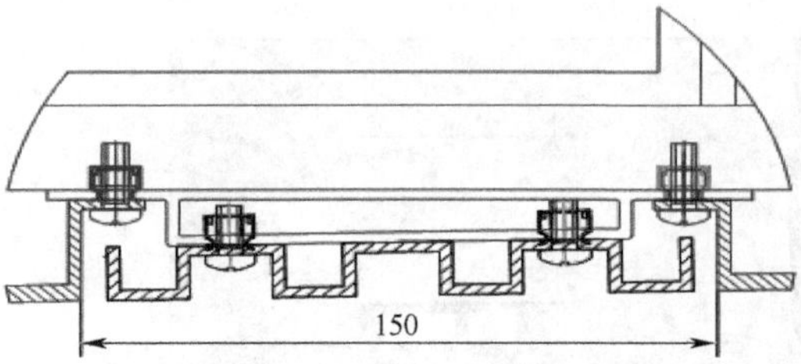

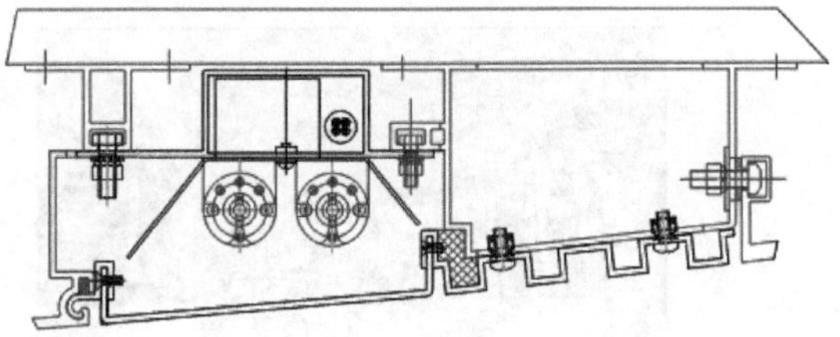

图 4-55　格栅和灯带安装结构图

灯带和格栅相得益彰,使得客室内既简洁、明快,又舒适高档,如图 4-56 所示。

4.6.10　司机室内装

列车采用无人驾驶模式,司机室内装中没有司机室间壁及间壁门。运营初期,有司机驾驶,因此设有司机室座椅和简易操作台,效果如图 4-57 所示。

司机室内部安装由五块端墙板组成,如图 4-58 所示。前端墙板采用玻璃钢材质。司机室座椅区前端墙顶板最低点为 1 915 mm,司机室前端窗尺寸为 1 376 mm×950 mm。

前端墙顶板上安装有两个筒灯和一个室内监控摄像头。前端墙顶板开 421 mm×996 mm 检查门,打开角度大于 90°,方便终点站显示器和路况摄像头等的安装及检修。前端墙板上开 160 mm×830 mm 检查门,打开角度大于 90°,方便插座电源开关组成和 WB122W 二三级插座的安装及检修。

司机室座椅由坐垫、靠背、前后调整装置、升降调整装置、左右旋转装置、固定座等组成,用 M10 螺钉固定在底架上,座椅底座上有 4 个安装孔,如图 4-59 所示。

(a)

(b)

(c)

(d)

图 4-56　格栅和灯带效果图

图 4-57　司机室效果

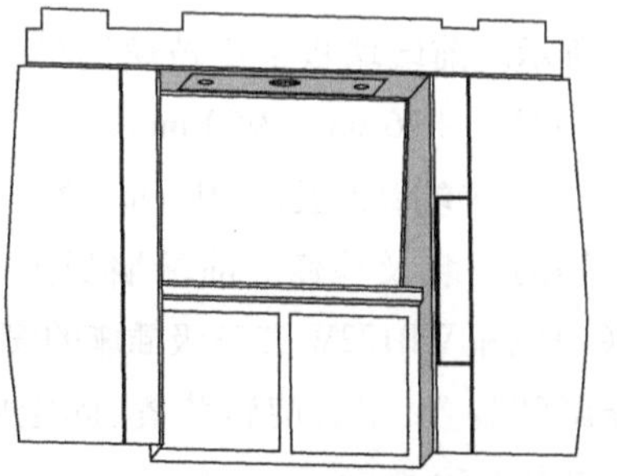

图 4-58　司机室内装端墙板

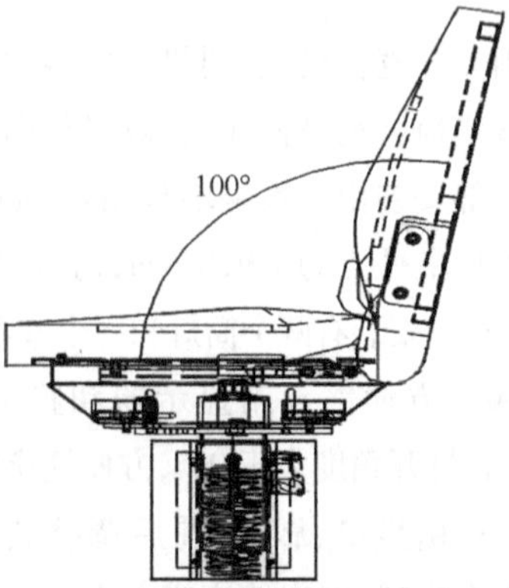

图 4-59　司机室座椅安装

第5章 车辆连接装置

5.1 概　　述

直线电机车辆一般是成列运行的,因此必须在车辆之间安装车辆连接装置。车辆连接装置主要包括车钩缓冲装置和贯通道装置,通过它们使列车中车辆相互连接,实现相邻车辆之间的纵向力传递和乘客通道的连接。车钩缓冲装置用来连接列车中各车辆,使之彼此保持一定距离,同时传递并缓和列车在运行中所产生的纵向力和冲击力。

直线电机车辆的车钩缓冲装置常采用机械气路、电路均能同时实现自动连接的密接式车钩(属刚性自动车钩)。这种车钩要求在两钩连接后,其间没有上下和左右的移动,而且纵向间隙也限制在很小的范围之内(1~2 mm)。这对提高直线电机列车运行平稳性、降低车钩零件的磨耗和噪声均有重要意义。由于转向架采用径向设计,直线电机轮轨交通系统的最小曲线半径通常比常规地铁系统要小一些,相应的也要求贯通道必须能够适应较小的曲线半径,包括小半径的S形曲线。

5.2 车钩缓冲装置

直线电机车辆所采用的刚性自动车钩,一般包括全自动车钩、半自动车钩和半永久车钩等三类,其特点和作用各不相同。本书分别以我国广州地铁4号线中大运量直线电机车辆和北京地铁首都机场线专线直线电机车辆的车钩缓冲装置为例,介绍这些车钩的结构和特点。

5.2.1 中大运量直线电机车辆车钩缓冲装置

广州地铁4号线中大运量直线电机车辆采用的车钩缓冲装置有3种形式:全自动车钩、半永久车钩和半自动车钩。A车(带司机室车辆)司机室端为全自动车钩,另一端为半永久车钩;B车(不带司机室车辆)一端为半永久车钩,另一端为半自动车钩。具体布置方式如下所示:

$$-A+B=B+A-$$

其中:

A车:带司机室车辆(有司机室门)。

B车:不带司机室车辆。

“-”自动车钩。

“+”半永久牵引杆。

“=”半自动车钩。

车钩后端部设有可复原的、具有能量吸收功能的缓冲机构。直线电机车辆通常采用较小的车轮半径以降低车辆总高度,达到减小地下隧道断面积的目的,因此车体高度较低,车钩高度远小于普通地铁车辆。广州地铁 4 号线中大运量直线电机车辆车钩高度为 500^{+10}_{0} mm。

1. 全自动车钩

全自动车钩可实现车钩的自动连挂和解钩,包括机械连挂、电气连接和气路连接。结构上主要由机械钩头、套筒联轴节、气液缓冲器、钩尾座、对中装置以主风管和接头等六个部件构成,如图 5-1 所示。全自动车钩的连挂过程:机械钩头连挂→主风管和接头自动对接给电气钩风缸供气→风缸推杆推动电气钩头伸出对接→实现电气连接。

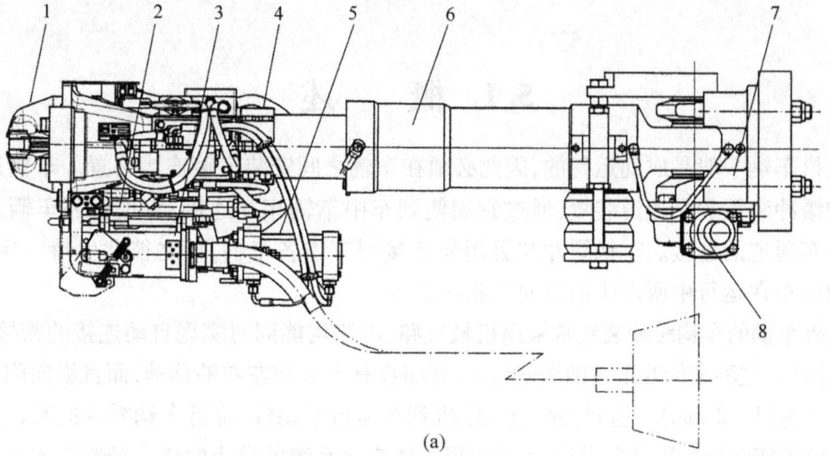

(a)

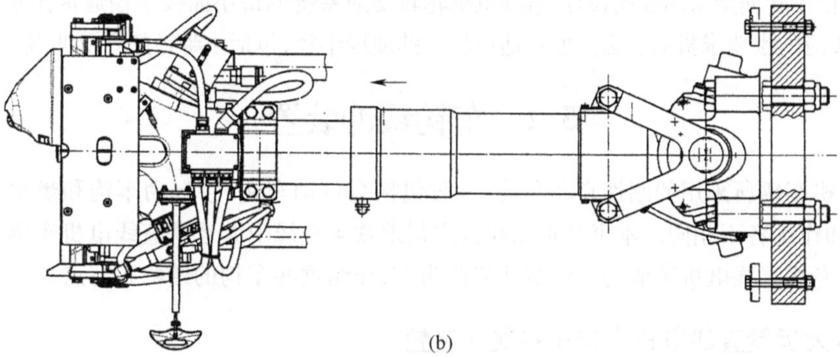

(b)

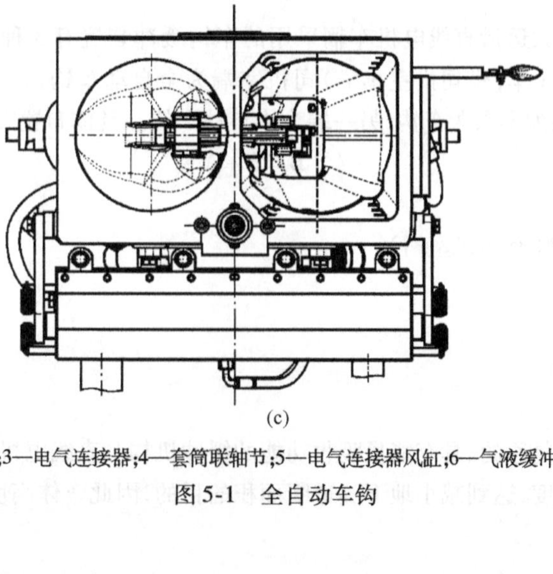

(c)

1—机械钩头;2—风管连接器;3—电气连接器;4—套筒联轴节;5—电气连接器风缸;6—气液缓冲器;7—钩尾座;8—对中装置。

图 5-1 全自动车钩

(1)机械钩头

机械钩头的连挂靠一对可旋转的钩板和钩舌完成。钩头设置有凸锥和凹锥,通过凸锥和对面车钩凹锥的配合满足车钩在垂直方向 ±90 mm、水平方向 ±170 mm 的偏准连挂范围。列车的牵引载荷通过钩锁(钩舌、中枢和拉簧等组成)进行传递。冲击载荷则通过凸锥和凹锥边缘的平面传递。

机械钩头有待连挂、连挂和解钩 3 种状态,如图 5-2 所示。

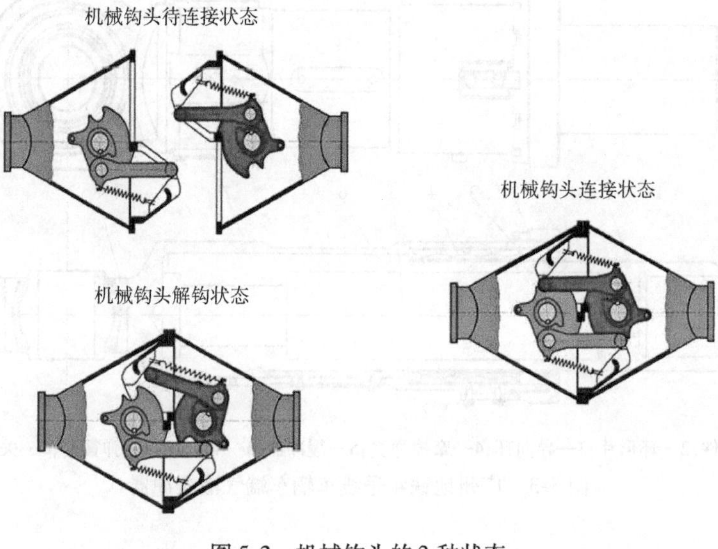

图 5-2　机械钩头的 3 种状态

①待连挂状态:钩舌外伸接近凸锥边缘,钩板被拉伸弹簧拉紧逆时针转动。

②连挂状态:当两车钩端面贴合时,钩舌挤压钩板、推动钩板顺时针转动直至钩舌推进钩板室,卡入对面车钩的钩板缺口内,形成稳定的、间隙非常小的连接,对于新造的车钩,间隙可以控制在 0.5 mm 左右。钩板因为拉伸弹簧作用有逆时针转动的趋势,从而锁紧钩舌。当连挂完成时,车钩锁闭形成平行四边形结构,保持平衡,车钩不会自发解钩。钩板、钩舌在待连挂状态和连挂状态的位置是一样的,因此称为一位锁闭。

③解钩状态:解钩时,拉动解钩绳,或者利用结钩风缸使钩板顺时针转动,直至钩舌从钩板室里释放出来。然后车辆后退即可实现解钩。解钩后,在拉伸弹簧的作用下钩板和连杆恢复至准备连挂状态。

(2)套筒联轴节

套筒联轴节是连接机械钩头与缓冲器以及两个半永久车钩的重要部件,由上、下套筒和四套六角螺栓、螺母组成,其下套筒设有一个排水孔。套筒联轴节需要承担机械钩头的所有重量。通过套筒联轴节还可以对机械钩头的水平位置进行调节。

(3)气液缓冲器

该全自动车钩的缓冲器采用了气液缓冲器,如图 5-3 所示。气液缓冲器是一种利用气体压力和油液两相结合的方式来实现对振动的缓冲作用的缓冲器。一般液压缓冲器多采用钢弹簧作为复原弹簧,由于轨道列车中的车辆之间经常出现往复性冲击,钢弹簧的疲劳寿命问题极大地限制了其在车端的应用。气液缓冲器正是为了克服这一缺陷发展起来的,其采用压缩气体作为往复弹簧,不仅消除了钢弹簧的疲劳问题,而且做到了缓冲器的工作过程基本无磨耗,大幅提高了使用寿命并减少了维修工作量。

广州地铁4号线车辆车端所采用的气液缓冲器的最大能力为拉伸 390 kN、22 mm；压缩 500 kN、150 mm。当缓冲器需要吸收的能量超过其能力范围时，多余的冲击能量则通过钩尾座铆钉传递到车体底架。

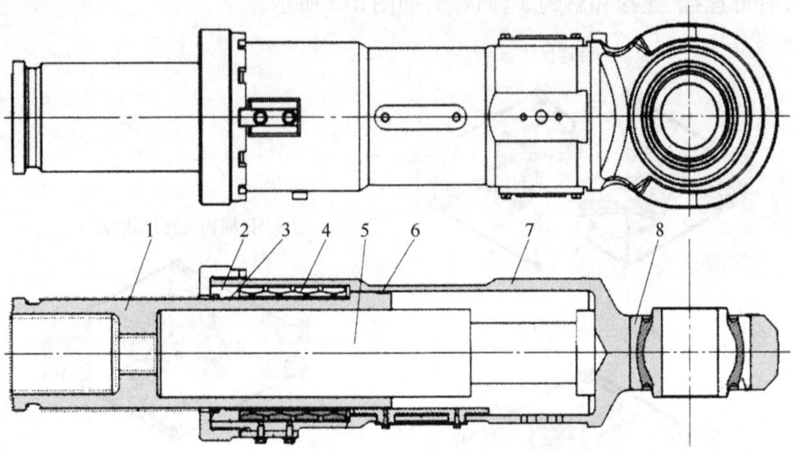

1—中间件；2—环形片；3—导向环；4—摩擦弹簧；5—缓冲器；6—导向环；7—弹簧套；8—关节轴承。

图 5-3　广州地铁4号线车辆车端气液缓冲器

(4)钩尾座

钩尾座用来连接缓冲器和车体底架，其一端通过4个螺栓直接连接在车体底架上，实现牵引和冲击载荷的传递；另一端通过圆柱销与缓冲器相连接，实现车钩牵引杆的水平运动。另外，钩尾座上设有中空橡胶堆，该橡胶堆的主要作用是调节车钩缓冲器的水平和垂直位置，同时吸收部分垂向撞击载荷。

(5)对中装置

为了确保列车的车钩在纵向列车中心线位置，防止车钩产生横向摆动，在车钩上设置了对中装置。对中装置通过碟形弹簧将两根带有滚子的心轴压入旋转式凸轮盘凹槽来实现其对中功能。旋转式凸轮盘与钩尾座枢轴为刚性连接，当车钩水平摆动、钩尾座枢轴转动时，对中装置通过限制旋转式凸轮盘使车钩保持在纵向列车中心线位置。车钩水平偏转在 ±15°范围内会自动回到中心位置。如果水平偏转超出 ±15°，将超出对中装置自动对中的范围，车钩将维持外摆。

(6)主风管和接头

主风管和接头位于车钩端面下沿的中部，相对机械钩端面凸出 8 mm。全自动车钩连挂时与另一车钩的接头自动对接。同时，弹簧式阀挺杆动作使主风缸管连通。解钩时，主风管接头的压力阀检测到压力降低后，主风缸管闭合。

2. 半自动车钩

半自动车钩可实现车辆之间或车厢之间的机械连挂和气路连接，但是无法实现电气连接。其机械钩头的解钩可以通过气动实现，在风缸压力不足时也可以采用手动解钩。而电气钩的连挂和解钩必须通过手动操作实现。半自动车钩主要由机械钩头、联轴节、橡胶缓冲器、对中装置和钩尾座共五大部件构成，如图 5-4 所示。半自动车钩连挂过程如下：机械钩头连挂→主风管接头自动对接,电气连接则需要用专用工具手动操作实现。

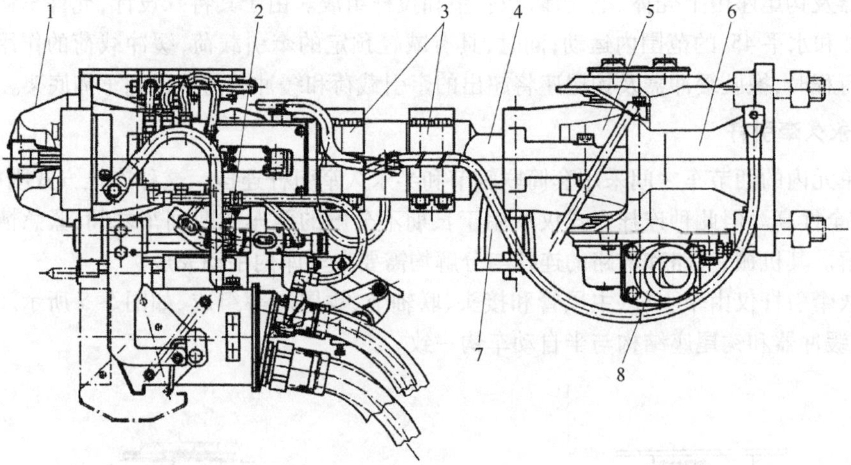

(a)

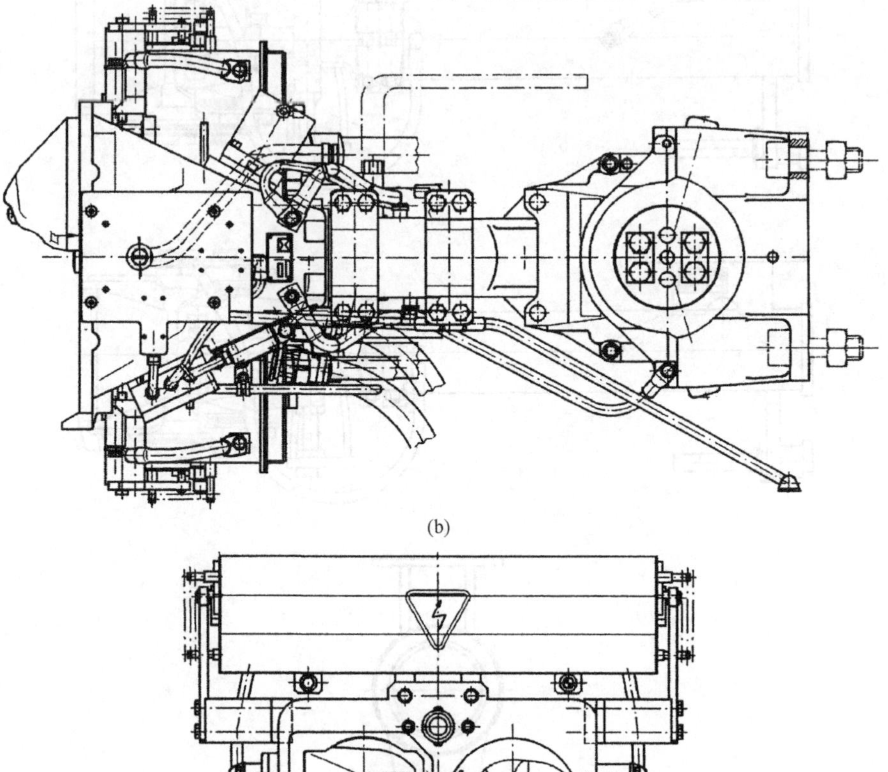

(b)

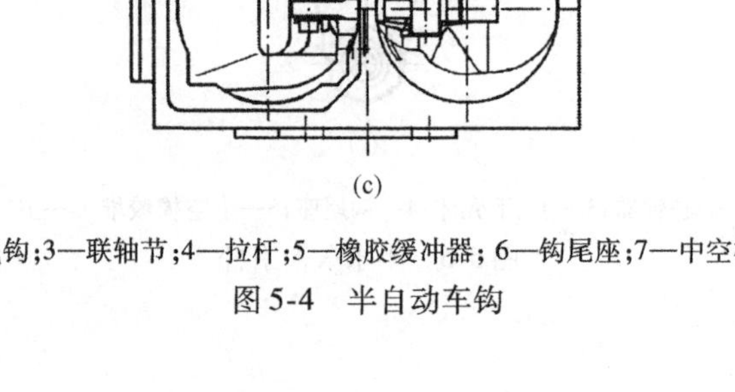

(c)

1—机械钩头;2—电气钩;3—联轴节;4—拉杆;5—橡胶缓冲器; 6—钩尾座;7—中空橡胶堆;8—对中装置。

图5-4　半自动车钩

半自动车钩缓冲能量小，连挂频率低，所以采用了橡胶缓冲器和钩尾座且无电气钩和风缸。橡胶缓冲器及钩尾座由上壳体、下壳体、橡胶垫和拉杆组成。由于其特殊设计，允许车钩在车厢纵轴垂直±6°和水平45°的范围内运动；同时，具有减轻预定的牵引载荷，缓冲载荷的作用。当载荷超出预定行程时，橡胶缓冲器及钩尾座将超出的牵引载荷和缓冲载荷传递到车体底架。

3. 半永久牵引杆

编组单元内的两节车之间采用套筒联轴节和半永久牵引杆连挂。这种连挂方式刚度好，无松脱隐患，安全性高。但此种连挂方式仅适用于长期不分解的两车或两列车之间，紧急情况或架大修时才分解。其机械、气路和电路的连挂与分解均需要在车库内手动完成。

半永久牵引杆仅由牵引杆、主风管和接头、联轴节、钩尾座等组成，如图5-5所示。其套筒联轴节、橡胶缓冲器和钩尾座结构与半自动车钩一致。

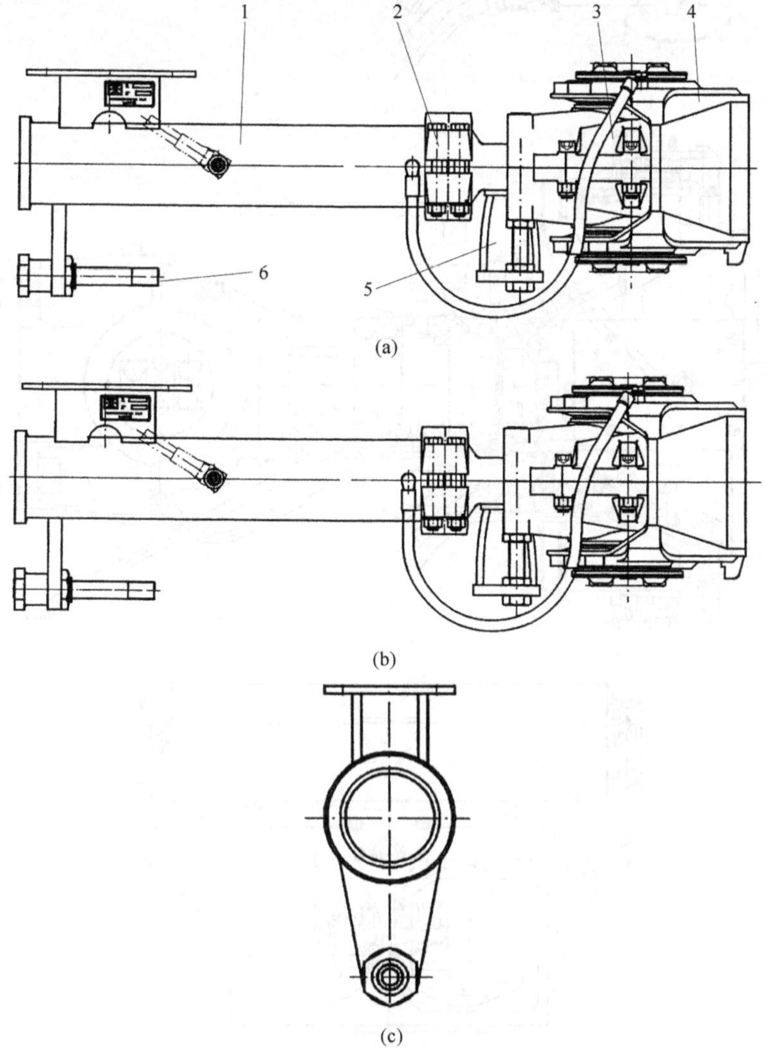

1—牵引杆；2—联轴器；3—上、下壳体；4—钩尾座；5—中空橡胶堆；6—主风管和接头。

图5-5　半永久牵引杆

(1)主风管和接头

主风管和接头位于牵引杆下方。连挂时,接头与配对车钩的接头牢牢相套,确保风管连接的密闭性良好。

(2)牵引杆

牵引杆两端均设有套筒连轴节法兰,通过套筒连轴节与法兰的配合安装实现牵引杆与钩尾座、牵引杆与对接单元牵引杆的连挂。

4. 电气连接装置

(1)电气钩

全自动车钩和半自动车钩的电气连挂均采用电气钩。电气钩配有保护等级为 IP55 的保护盖,该保护盖在电气钩被推向前(或拉向后)时可自动打开(或闭合)。连挂时,两电气钩内的触点紧密连接,外壳及其密封圈紧密地压接,从而实现电气连接和密封防护。

(2)连接器和跨接电缆

半永久牵引杆采用固定连接形式,其电气连接采用连接器和跨接电缆的方式实现。跨接电缆与连接器相连后插在半永久牵引杆的电气箱上,将两车厢的供电、牵引、辅助和控制等系统的电气装置连接在一起,其功能与电气钩相同。

连接器由外壳和插头本体两部分组成。外壳的作用是防水、防尘,保护插头本体。插头本体通过带针脚的公插头与带针孔的母插头对位连接,形成一个整体。

5.2.2　机场专线直线电机车辆车钩缓冲装置

北京首都机场线直线电机车辆编组形式为四辆一列,属于小编组,因此采用的车钩缓冲装置只有两种形式:全自动密接式车钩缓冲装置(简称自动车钩)和半永久棒式车钩缓冲装置。自动车钩缓冲装置安装在带司机室车的前端,半永久棒式车钩缓冲装置安装在列车的各车厢之间。每组半永久车钩缓冲装置由一套带气液缓冲器和带有球形橡胶轴承的牵引装置,以及一套球形橡胶轴承的牵引拉杆组成,分别安装在两辆车上。

1. 自动车钩缓冲装置

自动车钩缓冲装置主要由机械钩头、缓冲装置、回转支座、对中装置等组成,如图 5-6 所示。机械钩头上设有凸锥头和凹锥孔,具有导入连挂特性,可实现车辆的自动连挂。为了实现自动联挂,车钩必须在导向范围内。连挂时,车辆相互靠近的速度不能超出最大连挂速度 3 km/h。解钩时,从司机室传出解钩指令,压缩空气传送到车钩的解钩气缸中,推动车钩的联挂连杆从而解钩。也可通过机械车钩上的手动解钩把手手动解构。车钩在解钩和分离后,联挂解钩自动复位,等待再次连挂。

自动车钩缓冲装置的钩尾连接有一个连杆,该连杆实际上是一个弹簧连杆式的对中装置。通过这个对中装置,自动车钩与转向架相连,可控制车钩和转向架间的相对位置,确保在直线轨道上车钩纵向轴与车辆的纵向中心线保持一致,在小半径线路上确保车钩自动联挂。

自动车钩缓冲装置的主要技术参数如下:

水平回转角度	±30°
垂向回转角度	±6°
扭转角度	±3°

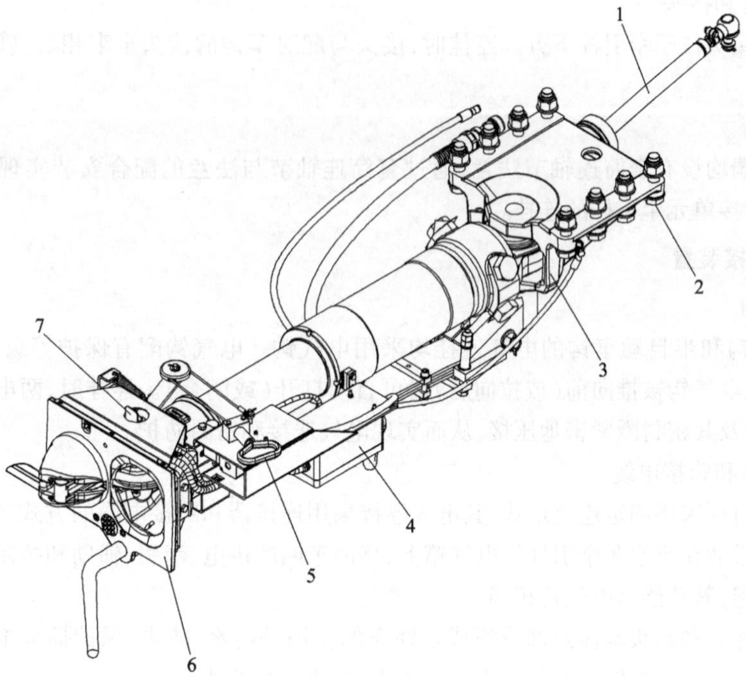

1—对中装置;2—安装螺栓;3—牵引杆;4—电器系统;5—手动解钩装置;6—机械车钩;7—联挂位置指示器。

图 5-6　自动车钩缓冲装置

车钩结合面到回转中心的长度	1 371.6 mm
球形橡胶轴承缩和拉伸行程	5 mm

2. 半永久棒式车钩的基本结构和原理

如图 5-7 所示,半永久性车钩的中间部分由两半组成,即 A 半侧和 B 半侧。A 半侧为刚性钢管,B 半侧为气液缓冲器,中间用卡环连接。半永久车钩的连挂须由人工操作完成,联挂和解钩由手动操作筒套卡环的 4 个螺栓来完成。连挂前,需要检查车钩是否水平,连接环和车钩的连接凸台是否清洁,并对连接面、连接凸台和连接环进行润滑。连接后车钩在水平面内的摆动幅度可以达到 70°。

半永久车钩缓冲装置的主要技术参数如下:

水平回转角度	±30°
垂向回转角度	±5°
扭转角度	±3°
车钩结合面到回转中心的长度	1 841 mm
球形橡胶轴承缩和拉伸行程	5 mm

3. 缓冲装置

机场专线直线电机车辆的车钩缓冲装置同样采用气液缓冲器,是一种可恢复型缓冲器,如图 5-8 所示。车辆之间发生撞击时,冲击作用力传递过程是:机械车钩钩头连接处→钢簧→气液缓冲器→回转支座→车体,回转支座安装在车体的底架上。

该气液缓冲器的主要技术参数如下:

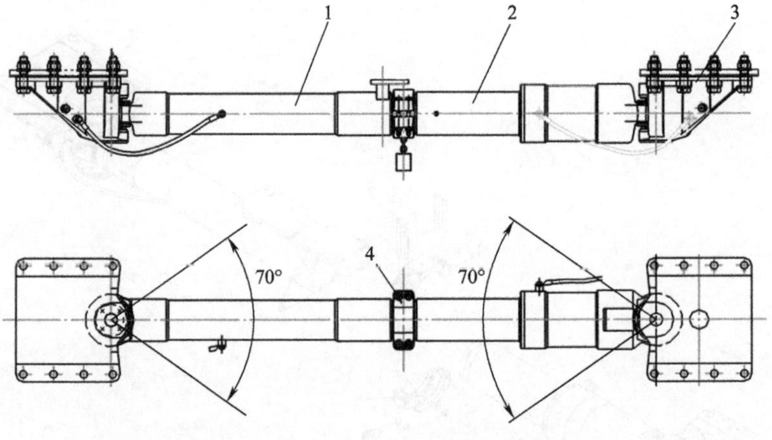

1—半永久车钩 A 半侧(牵引杆)；2—半永久车钩 B 半侧(气液缓冲器)；3—安装座；4—卡环。

图 5-7　半永久性车钩

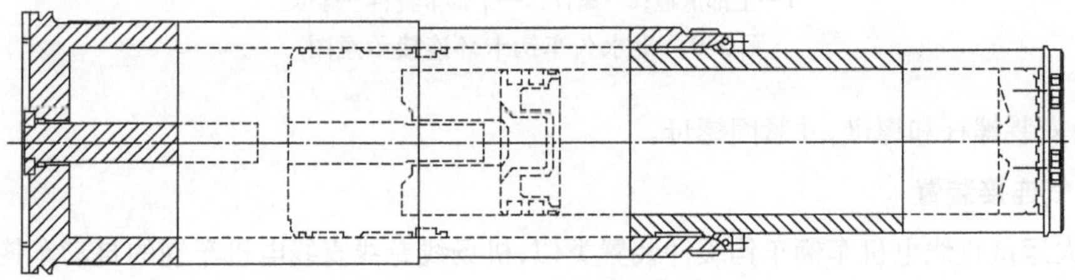

图 5-8　缓冲装置

气液缓冲器容量	160 kJ(自动车钩)
	76 kJ(半永久车钩)
气液缓冲器最大行程	300 mm(自动车钩)
	140 mm(半永久车钩)
气液缓冲器最大压缩力	680 kN(自动车钩)
	680 kN(自动车钩)
钢簧单元拉伸行程	16 mm(自动车钩)
	19 mm(半永久车钩)
钢簧单元最大压缩力	400 kN(自动车钩)
	400 kN(半永久车钩)
钢簧单元最大能量吸收	3.5 kJ　(自动车钩)
	4.2 kJ　(半永久车钩)

4. 卡环

与中大运量直线电机车辆车钩缓冲装置类似，自动车钩机械钩头与缓冲器，以及半永久车钩 A 半侧与 B 半侧之间的连接都由卡环(即联轴节)完成。图 5-9 所示为半永久车钩卡环连接示意图。连接时，要先将两辆车靠在一起，确保车钩的两半在垂直方向和水平方向都成一条直线；润滑车钩凸缘和卡箍的接触表面，再对齐车钩凸缘，安装卡箍环，这期间要确保卡箍导向针在正确地凸

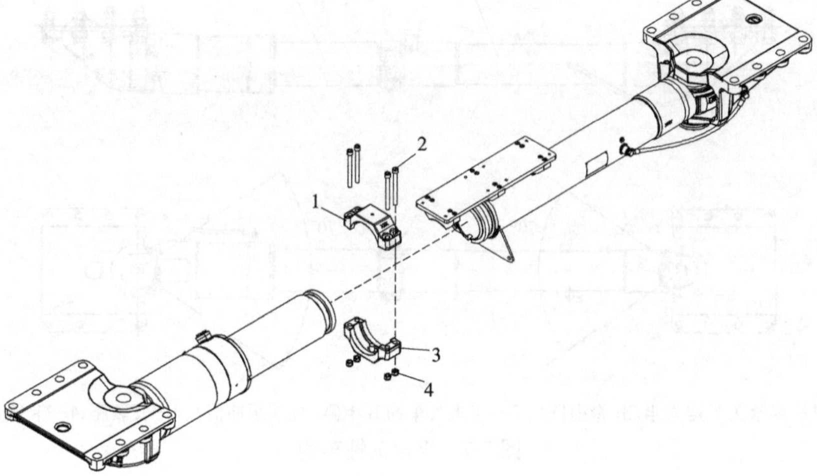

1—上部卡箍;2—螺杆;3—下部卡箍;4—螺母。

图 5-9 半永久车钩卡环连接示意图

缘凹陷处;安装螺杆和螺母,并紧固螺母。

5. 电气连接装置

与中大运量直线电机车辆车钩缓冲装置类似,机场线专线直线电机车辆的自动车钩和半自动车钩的电气连挂也采用电气钩,半永久牵引杆的电气连接同样采用连接器和跨接电缆的方式实现。

5.3 贯 通 道

5.3.1 中大运量直线电机车辆贯通道

中大运量直线电机车辆的列车编组与普通 B 型车列车编组类似,通常为 4 节或 6 节编组,因此每列车需要在车辆之间配备 3 套或 5 套贯通道。

1. 贯通道概述

中大运量直线电机车辆的贯通道装置能够满足列车顺利通过车辆段 60 m、辅助线 100 m、正线 150 m 最小平面曲线的需要。同时,也能满足 S 形曲线(*R*60 m—5 m—*R*60 m)的通过条件。即使是处于最不利条件组合(竖向曲线、水平曲线及车速等)的工况,贯通道也可以保证无异常摩擦。

每套贯通道均由两半组成,分别固定在两个相邻的车端上。两车相挂时,贯通道联挂并锁闭,为乘客提供安全通道。车辆运行期间,贯通道允许乘客站立和通过,并保证其安全性。贯通道的机构能适应车辆正常运行条件下的各种复杂运动。

2. 贯通道结构

贯通道的结构如图 5-10 所示。每套贯通道由两半可连挂、锁闭的部分构成,具体结构包括风挡组成、侧护板组成、顶板组成、踏板和渡板组成以及护板组成。

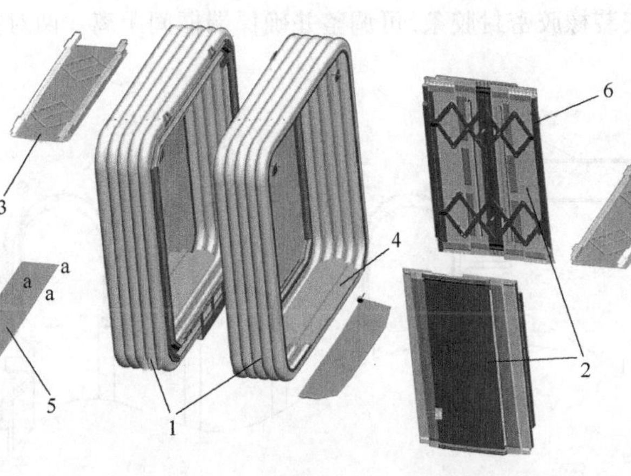

1—风挡组成；2—侧护板组成；3—顶板组成；4、5—踏板和渡板组成；6—护板组成。

图 5-10　中大运量直线电机车辆贯通道结构组成

贯通道支撑板组成用于垂向支撑贯通道，通过磨耗板安装于车钩之上。图 5-11 所示为用于永久性车钩的支撑板组成。支撑板组成用内六角圆柱头螺钉（涂螺纹锁固胶）固定于车钩上。

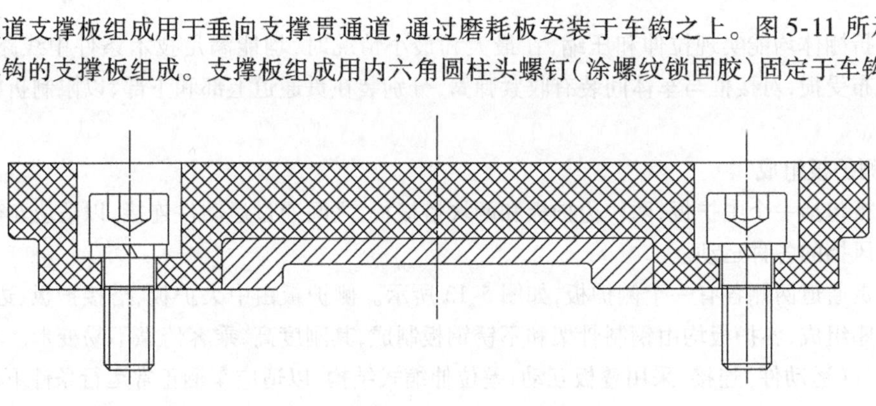

图 5-11　用于永久性车钩的支撑板组成

贯通道主要技术参数如下：

净宽度	1 300 mm
净高度	1 900 mm
车端距	920 mm

（1）风挡组成

风挡组成包括棚布、端框（VMP）、连接框、车体等，如图 5-12 所示。

棚布由多折环状面料缝制而成，每折环的下部设有 2 个排水孔。多个棚布与金属框构成折棚体。棚布选用特制的阻燃、高强度、耐老化进口面料制作，采用双层夹心结构，大幅提高了贯通道的隔音、隔热性能。折棚体各折均用铝合金型材框镶嵌，一端连接在端框上，另一端与对接框连接。

端框用于连接车体，由铝合金型材焊接而成，表面喷塑，通过安装螺钉固定在车体端墙上。端框型材上设计有沟槽，安装有橡胶密封胶条，保证了水密性要求。

连接框用于连接另一半风挡，由铝合金型材焊接而成，表面喷塑，并安装有 4 个对接锁销和 4 个锁销孔座，以实现连挂时的对中和锁闭。连接锁闭机构为滑杆结构，滑杆装有 4 个楔形板销。两车连挂时，操作手柄，4 个楔形板销同时运动，这样的结构使连接框承载均衡并可靠定位。连接框型材上设计有沟槽，安装橡胶密封胶条，可调整并确保端框间距离。两对接框连接后保证贯通道不漏雨、不渗水。

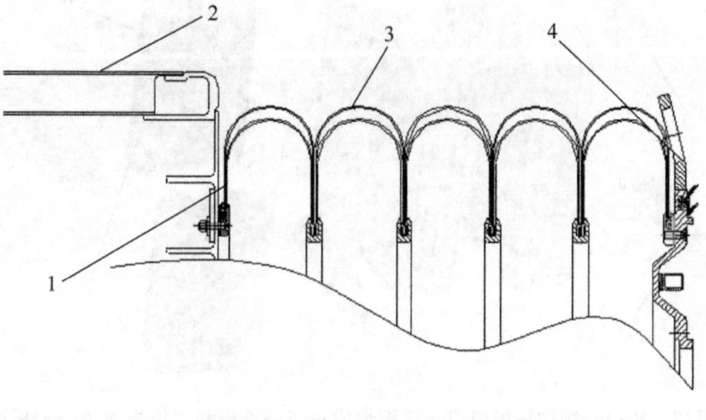

1—端框；2—车体；3—棚布；4—连接框。

图 5-12 风挡组成

每套折棚体均能实现拉伸和压缩，在最大和最小情况时，均能满足技术条件中线路的要求。为防止棚布受损，对接框与车体间装有收紧弹簧，分别装在贯通道上部和下部，以限制折棚体的最大拉伸量。

(2)侧护板组成

侧护板包括一个中护板、两块边护板和两块搭接板，之间通过运动件连接，以适应车辆正常运行条件下风挡的各种运动。

每个贯通道两侧各有一个侧护板，如图 5-13 所示。侧护板由中央护板、搭接护板、边护板、连杆和连杆座组成，各护板均由钢制骨架和不锈钢板制成，其刚度高，乘客倚靠不易变形。板之间通过两组连杆(运动件)连接，采用叠板互动、差位伸缩式结构，以适应车辆正常运行条件下风挡的各种运动。整个侧护板通过侧护板安装心轴安装在连杆的移动中心轴上。中央护板通过连杆固定在两车端的中心位置，搭接护板则叠加在中央护板和边护板之间，随连杆的伸缩而做差位移动，使整个侧护板实现拉伸和压缩。连杆通过连杆座安装在车端的护板安装座上。侧护板在护板安装座上可快速装卸。

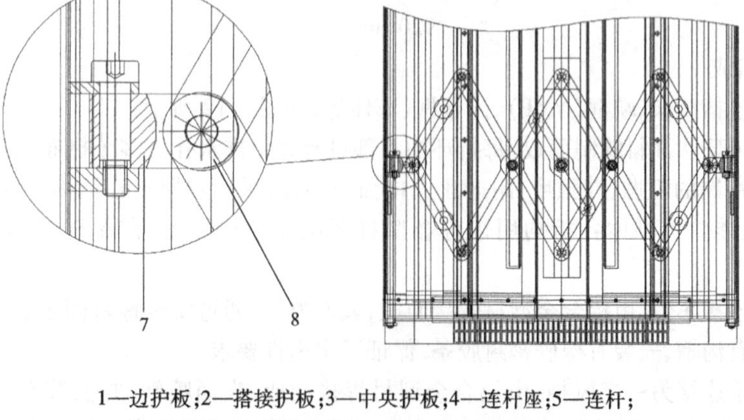

1—边护板；2—搭接护板；3—中央护板；4—连杆座；5—连杆；

6—摩擦块；7—侧护板安装心轴；8—连杆移动中心轴。

图 5-13 侧护板组成

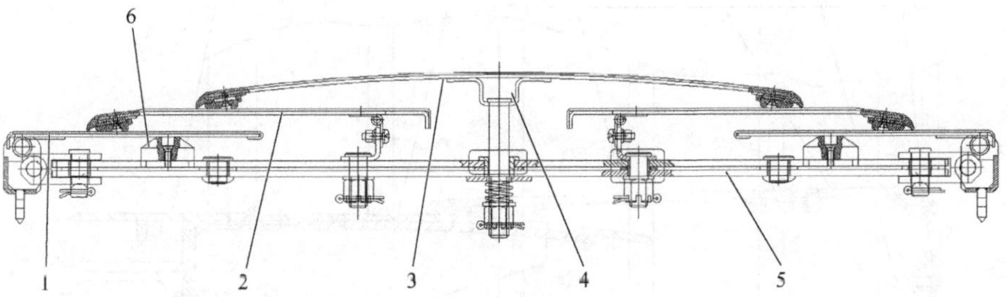

1—边护板;2—搭接护板;3—中央护板;4—连杆座;5—连杆;
6—摩擦块;7—侧护板安装心轴;8—连杆移动中心轴。

图 5-13 侧护板组成(续)

侧护板表面采用贴膜和喷塑处理,且与车辆内部装饰颜色协调一致。由于侧护板采用叠板互动、差位伸缩式结构,在车辆运行中贯通道的通过宽度变化不大。

(3)顶护板组成

顶护板由两个相同部分构成,如图 5-14 所示。每一部分都包括两个边护板、中间护板、边梁和连杆。边护板、中间护板通过连杆连接,并随连杆的伸缩而做差位移动,使整个顶护板实现拉伸和压缩。两侧的边梁分别固定在风挡车体端(含顶丝座组成)和风挡连接框上,可以适应车辆正常运行条件下风挡的各种运动。

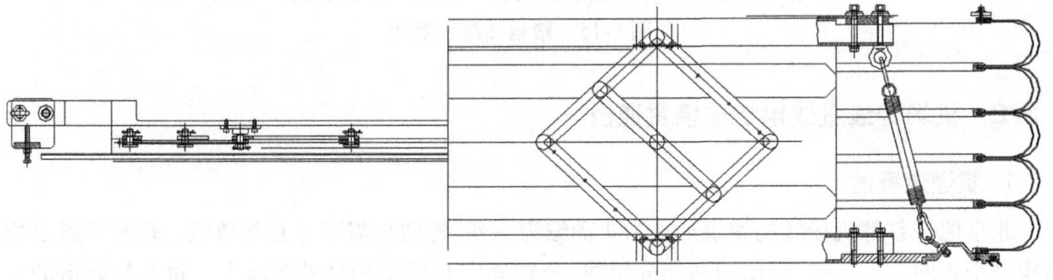

图 5-14 顶护板

(4)踏板和渡板组成

踏板和渡板组成了贯通道的过道板。二者均由多块板构成,材料为铝合金,如图 5-15 所示。

踏板组成包括踏板体和踏板支撑,踏板支撑通过螺栓固定在车体上,踏板体的固定部分安装于踏板支撑上,可活动部分与渡板连接。渡板则由渡板体和安装在风挡对接框中间支撑(即图 5-11 所示的支撑板)上的渡板支撑组成。渡板体采用具有防滑作用的菱纹板制成,其可活动部分置于踏板上,与踏板体结合面间铆接有尼龙耐磨条,固定部分则安装于渡板支撑上。渡板顶面比过道地板水平面高,但小于等于 16 mm,此结构可降低车辆过曲线时与踏板间的摩擦和错动量。当通过车辆段线路 $R60$ m 曲线时,渡板和踏板间不产生干涉现象,并可以安全通过。为了便于清洁和检查,踏板和渡板均可被抬起。

渡板和踏板有足够的强度能保证其上站立和通过乘客的安全性。踏板和渡板组成由车钩支承,以适应车辆正常运行条件下风挡的各种运动。

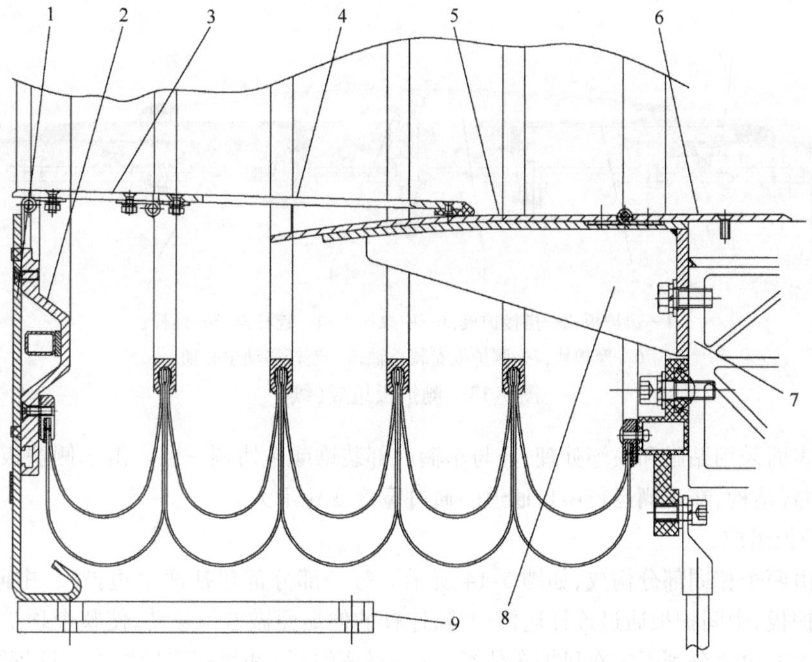

1—中间支撑;2—渡板支撑;3—渡板固定部分;4—渡板活动部分;
5—踏板活动部分;6—踏板固定部分;7—车体;8—踏板支撑;9—车钩。

图 5-15　踏板和渡板组成

5.3.2　机场专线直线电机车辆贯通道

1. 贯通道概述

北京地铁首都机场线的编组形式为 4 辆编为一列,每列车需要 3 套贯通道。每套贯通道均由结构完全相同并可连挂、锁闭的两部分组成,分别固定在两个相邻的车端上。每套贯通道的主要结构包括风挡装配、踏板组成、渡板组成、侧护板组成、侧护板安装座组成、顶板护组成、踏板支撑、拉簧组成、车钩磨耗板组成以及接地线组成等,如图 5-16 所示。

车钩联挂后,分别安装于两车端的两部分贯通道通过连接框联挂并锁闭,为乘客提供安全通道。车辆运行期间,贯通道允许乘客站立和通过,并保证其安全性。贯通道的机构能适应车辆正常运行条件下产生的各种复杂运动。

贯通道连接框框的下部装有贯通道支撑,该贯通道的支撑板结构与图 5-11 所示的支撑板类似。贯通道支撑,放置于车钩磨耗板上,如图 5-17 所示。

贯通道的主要技术规格如下:

贯通道长度	1 420 mm
端墙通过宽度	1 400 mm
贯通道通过高度	1 955 mm
隔声量	≥34 dB(A)
水密性检查	符合 IEC 61133 和 GB/T 14894—2005 规定的要求

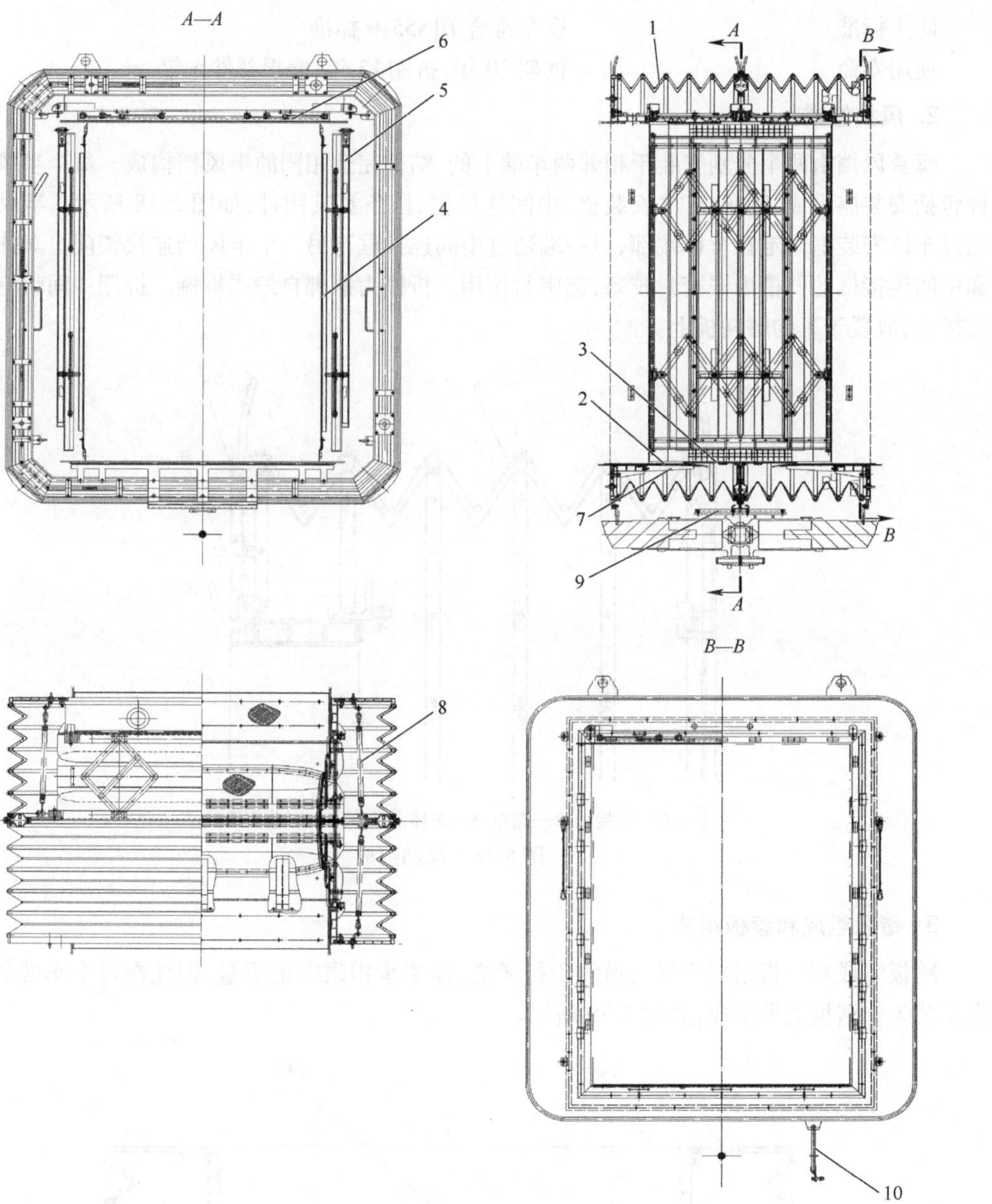

1—风挡装配；2—踏板组成；3—渡板组成；4—侧护板组成；5—侧护板安装座组成；
6—顶板组成；7—踏板支撑；8—拉簧组成；9—车钩磨耗板组成；10—接地线组成。

图 5-16　机场专线直线电机车辆贯通道总成

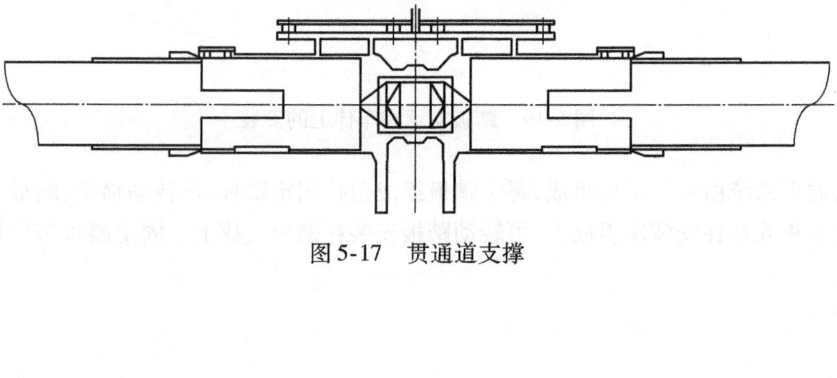

图 5-17　贯通道支撑

防火标准	棚布符合 DIN5510 标准
使用寿命	框架 30 年;折棚 15 年;磨损部件 5 年

2. 风挡组成

每套风挡由两个分别安装于相邻两车端上的、结构完全相同的半风挡构成。每个半风挡的部件包括安装座组成、棚布,车体安装框,中间连接框、压条及其附件,如图 5-18 所示。半风挡一端通过车体安装框固定在车体端部,另一端通过中间连接框与另一个半风挡连接锁闭。车体安装框和中间连接框的凹槽内嵌密封胶条,起密封作用。折棚为捆绑自缩式折棚。折棚中间带有贯通道支撑板,放置于车钩磨耗板上。

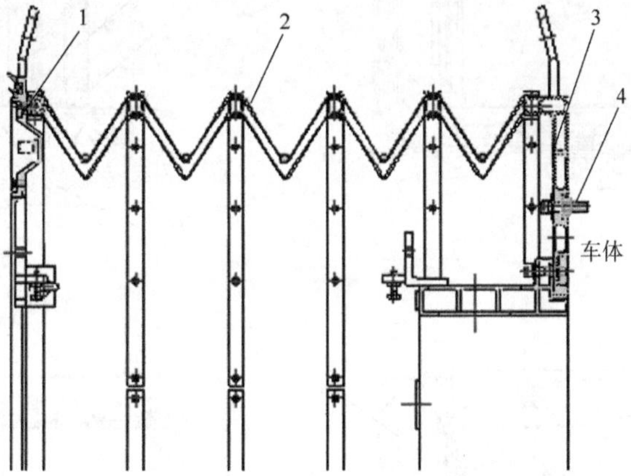

1—中间连接框;2—棚布;3—车体安装框;4—安装座组成。

图 5-18　风挡组成

3. 踏板组成和渡板组成

踏板组成和渡板组成是贯通道的步行通道,需要承担乘客的重量,因此在每个车端的下部事先安装 3 个踏板支承组成,如图 5-19 所示。

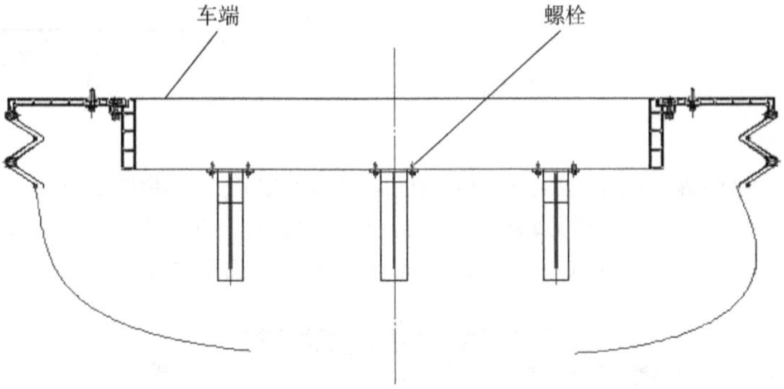

图 5-19　踏板支承在车体上的安装

每套贯通道系统由两个踏板组成,每个踏板组成包括固定踏板、可转动踏板、踏板支撑和折页组成。固定踏板安装在安装座组成上,可转动踏板安装在踏板支撑上。固定踏板采用具有防滑作用的菱纹板制成。踏板组成示意如图 5-20 所示。

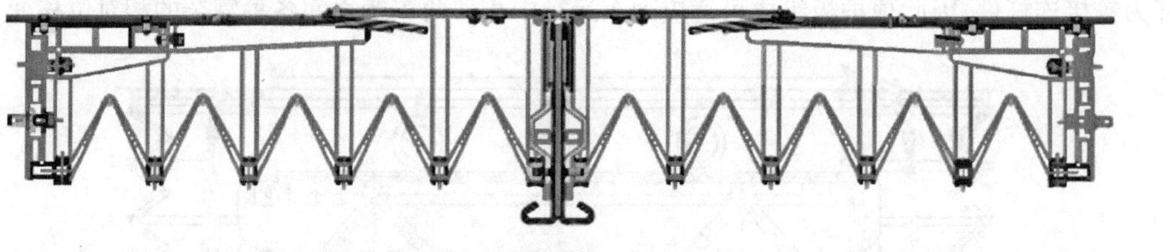

图 5-20　踏板组成示意图

每套贯通道共有两个渡板机构，每个渡板组成由渡板体、折页和渡板页组成。渡板体安装在风挡组成中的支撑上；渡板页一端通过折页与渡板体连接，另一端置于踏板上。渡板页和踏板结合面间铆接装有尼龙耐磨条，渡板由具有防滑作用的菱纹板制成。渡板页结构可降低车辆过曲线时与踏板间的错动量。渡板组成示意如图 5-21 所示。

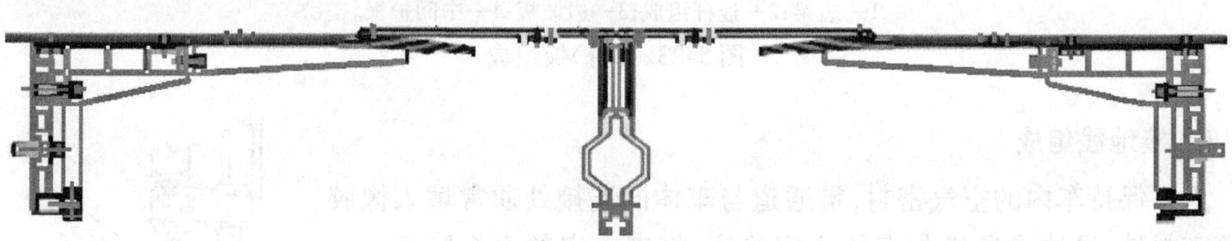

图 5-21　渡板组成示意图

踏板和渡板均可抬起，以便检查和清洁。当通过车场线路 $R70$ m 曲线时，渡板和踏板间不产生干涉现象，并可以安全通过。

4. 侧护板组成

侧护板组成包括铝型材与弧面橡胶条镶嵌而成的边护板、搭接护板、中间护板组成、护板安装座组成及连杆支撑机构。侧护板组成的两端都有护板安装座，安装座分别与风挡两侧的车端连接框连接。侧护板组成的两端安装在侧护板安装座上，可用专用钥匙快速打开、拆卸护板。侧护板组成示意如图 5-22 所示。

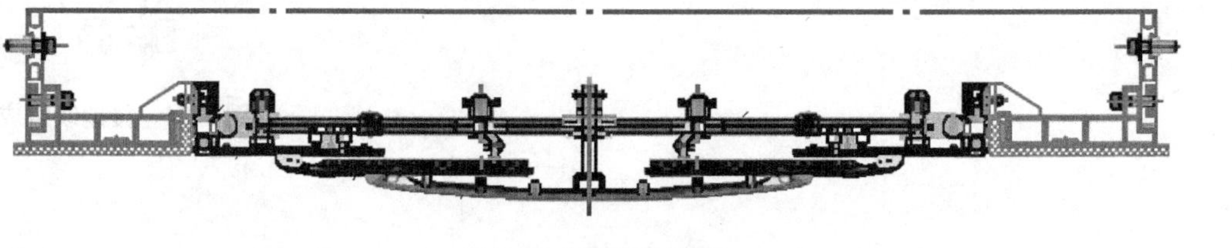

图 5-22　侧护板组成

侧护板内表面设有连杆支撑机构，连杆支撑机构提高了侧护板组成的刚度，但不影响边护板、搭接护板、中间护板之间的相对运动，因此侧护板组成可以随着风挡产生拉伸和压缩变形，以适应列车通过曲线和道岔时的复杂运动。侧护板的通道表面进行喷漆处理，颜色与顶板一致。

5. 顶护板组成

每个通道有两个顶护板。顶护板组成包括两个边护板、中间护板、连杆组成和两个边梁，如图 5-23 所示。两个边梁位于顶护板组成的两侧，与边护板和连杆组成连接。安装时，顶板组成的一端边梁安装到风挡的车端连接框上，另一端边梁安装到风挡的中间连接框的连接梁上。由于连杆为铰接连杆件，因此顶护板组成可适应列车运行中相邻两车辆之间各种复杂的相对位移变化。

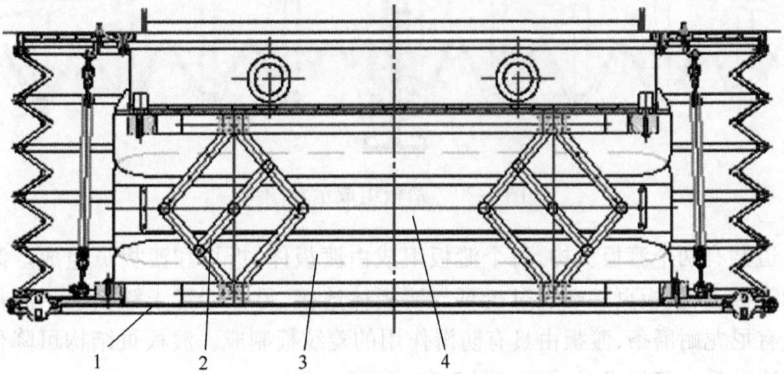

1—边梁；2—连杆组成；3—边坡板；4—中间护板。

图 5-23　顶护板组成

6. 接地线组成

为了保持车内的空气密封，贯通道与车体的连接处通常填入橡胶条等密封件，导致贯通道与车体之间绝缘，带来一定的安全隐患。为此，每个贯通道上安装了 2 组接地线组成，安装于风挡的车端连接框上。具体的安装方式是，将接地线组成一端用 M10 × 25 六角头螺栓，加上弹簧垫圈，固定于风挡组成车端连接框的接地架上；另一端用 M10 × 40 六角头螺栓，加上弹簧垫圈，固定于车体端墙上，如图 5-24 所示。

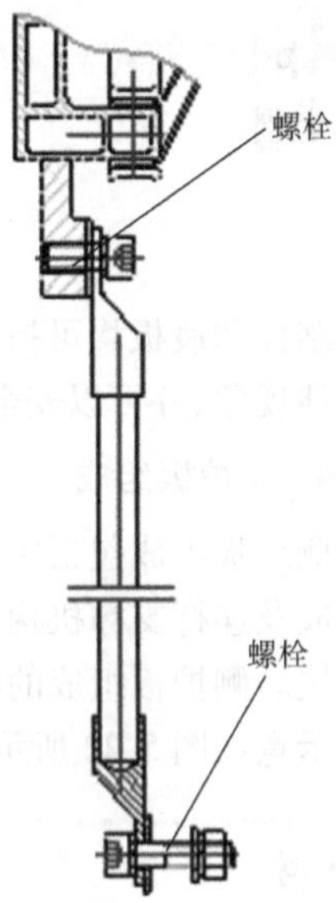

图 5-24　接地线组成

参考文献

[1] 朱世麟. 直线电机传动系统在我国地铁车辆的应用前景[J]. 北方交通大学学报,1993,17(2):192.

[2] 吴俊泉. 直线电机在温哥华 Skytrain 系统中的应用及发展[J]. 机车电传动,2003(2):28-30.

[3] 刘友梅,杨颖. 城轨交通的一种新模式:直线电机驱动地铁车辆[J]. 电力机车与城轨车辆,2003,26(4):5.

[4] 柳拥军. 城市轨道车辆[M]. 北京:科学出版社,2016.

[5] 施翃,魏庆朝. 新型城市轨道交通模式:直线电机地铁系统[J]. 地铁与轻轨,2003(4):18.

[6] 李磊. 直线电机地铁车辆系统动力学研究[D]. 北京:北京交通大学,2015.

[7] 魏庆朝,孔永健. 磁悬浮铁路系统与技术[M]. 北京:中国科学技术出版社,2003.

[8] 李威. 地铁车辆径向转向架自主化设计与应用试验研究[D]. 北京:北京交通大学,2017.

[9] 党一纵. 直线电机车辆的牵引计算仿真研究[D]. 北京:北京交通大学,2006.

[10] 叶云岳. 国内外直线电机技术的发掌与应用综述[J]. 电器工业,2003,(1):12-16.

[11] 叶云岳. 直线电机原理与应用[M]. 北京:机械工业出版社,2000.

[12] 魏庆朝,蔡昌俊,龙许友. 直线电机轮轨交通概论[M]. 北京:中国科学技术出版社,2010.

[13] 土福天,车辆系统动力学[M]. 北京:中国铁道出版社,1994.

[14] 陈韵彰,吴俊泉,刘智成. 直线电机运载系统技术在广州市轨道交通中的应用[J]. 地铁与轻轨,2003(6):1-9.

[15] 饶忠. 列车牵引计算[M]. 2 版. 北京:中国铁道出版社,1999.

[16] 庞绍煌,耿明. 直线电机在轨道车辆运用中的三维力学分析[J]. 电力机车与城轨车辆,2004,27(1):31-33.

[17] 黄问盈,杨宁清,黄民. 列车基本阻力的思考[J]. 中国铁道科学,2000,21(3):44-57.

[18] HARTONO A S,ROOSDIATMOKO T,WIDODO A. et al. "Development of new drive system of diesel electric multiple unit(DEMU) for Indonesia railway," 4th IEEE International Conference on Power Electronics and Drive Systems. IEEE PEDS 2001-Indonesia[J]. Denpasar,Indonesia,2001(2):489-493.

[19] 杨中平,柳拥军,单雷. 日本直线电机地铁车辆技术[J]. 都市快轨交通,2006,19(2):63-67.

[20] 肖锋. 城市轨道交通直线电机车辆段设计与研究[J]. 华东交通大学学报,2017(5):29-34.

[21] 卢桂英. 直线电机车辆维修基地的设计[J]. 都市快轨交通,2006,19(5):36-39.

[22] 郝海龙. 直线电机车辆动力学仿真研究[D]. 北京:北京交通大学,2005.

[23] 龙遐令. 直线感应电动机理论和电磁设计方法[M]. 北京:科学出版社,2006.

[24] 张振生. 直线电机城市轨道交通车辆综述[J]. 变流技术与电力牵引,2003(4):1-7.

[25] 杨中平. 日本直线电机地铁的发展[J]. 都市快轨交通,2006,19(1):11-15.

[26] 柳拥军,杨中平. 直线感应电机悬挂技术[J]. 都市快轨交通,19(1):49-51.

[27] 杨中平. 日本直线电机地铁技术问答[J]. 都市快轨交通,2006,19(2):96-99.

[28] 曾根悟. 日本直线电机地铁系统的发展与改进[J]. 都市快轨交通,2012,25(1):19-22.

[29] 刘晓芳,柳拥军,施翃. 加拿大直线感应电机车辆技术[J]. 都市快轨交通,2006,19(2):68-71.

[30] 庞绍煌,高伟. 广州地铁 4 号线直线电机车辆[J]. 都市快轨交通,2006,19(1):77-79.

[31] 庞绍煌. 广州地铁直线电机传动车辆[J]. 机车电传动,2008(2):44-47.

[32] 郑沃奇. 广州地铁四号线直线电机车辆牵引系统[J]. 电力机车与城轨车辆,2007,30(1):62-65.

[33] 劳建江. 广州地铁四号线直线电机车辆柔性转向架[J]. 电力机车与城轨车辆,2008,31(4):44-46.

[34] 罗曦春,罗世辉. 直线电机地铁车辆转向架[J]. 电力机车与城轨车辆,2008,31(5):41-44,49.

[35] EBRAHIM A. Study of linear induction motor end effects using 3-D FEM and equivalent circuit[J]. 39th Annual Conference of the IEEE Industrial-Electronics-Society(IECON),2013,(11):3165-3170.

[36] EBRAHIM A. A novel equivalent circuit model of linear induction motors considering static and dynamic end effects[J]. IEEE Transactions on Magnetics,2014,50(3):120-128.

[37] 党一纵,柳拥军,文龙贤. 直线电机地铁列车牵引计算软件的开发[J]. 电力机车与城轨车辆,2007,30(4):57-61.

[38] 龙许友,魏庆朝,冯雅薇,等. 轨道不平顺激励下直线电机车辆/轨道动力响应[J]. 交通运输工程学报,2008,8(2):9-13.

[39] TSUYOSHI H,SAKUTARON,MASAHIRO A. On the design of high-efficiency linear induction motors for linear metro[J]. Electrical Engineering in Japan,2001,137(2):36-43.

[40] FATEMI M J,GREEN M F,CAMPBELL T I. Dynamic analysis of resilient crosstie track for transit system[J]. Journal of Transportation Engineering,1996,122(2):173-180.

[41] 冯雅薇,魏庆朝,高亮,等. 直线电机地铁车轨系统动力响应分析[J]. 工程力学,2006,23(12):159-164.

[42] 赵岩. 广州地铁四号线直线电机地铁车辆:轨道机电耦合动力学仿真研究[D]. 北京:北京交通大学,2009.

[43] 顾戌华. 直线电机列车:桥梁系统动力响应与车辆走行性研究[D]. 北京:北京交通大学,2007.

[44] 邓铁松,吴磊,凌亮,等. 轴箱内置与外置直线电机地铁车辆曲线通过性能对比[J]. 计算机辅助工程,2015,24(1):12-17.

[45] 王晨,罗世辉,马卫华,等. 直线电机悬挂结构的振动特性分析[J]. 铁道机车车辆,2013,33(4):66-70.

[46] 侯文镜. 直线电机转向架牵引颤振研究[D]. 成都:西南交通大学,2013.

[47] 胡彦. 直线电机地铁车辆动力学性能研究[D]. 成都:西南交通大学,2009.

[48] 孙照刚. 轴悬式直线电机地铁车辆振动特性研究[D]. 成都:西南交通大学,2013.

[49] 张济民,周和超,胡用生. 副构架直线电机转向架车辆动力学及振动研究[J]. 振动与冲击,2008,27(12):164-166.

[50] FENG Y W,WEI Q C,GAO L,et al. Vertical-lateral model of vehicle-track coupling system for linear metro system[C]. ICMEM2005 international conference,2005.

[51] GUO Y G,JIN J X,ZHU J G,et al. Design and analysis of a prototype linear motor driving system for HTS maglev transportation[J]. IEEE Transaction on Applied Super Con-duc-tivity,2007,17(2):2087-2090.

[52] 王景宏. 采用直线电机牵引的广州地铁车辆[J]. 机车电传动. 2006(6):47-52.

[53] 刘建强,郑琼林. 直线感应电机车辆牵引传动系统研究[J]. 都市快轨交通,2006,19(2):72-75.

[54] 刘建强. 直线感应电机轨道交通牵引传动系统研究[D]. 北京交通大学,2008.

[55] 郑沃奇. 广州地铁 4 号线直线感应电机车辆牵引系统[J]. 电力机车与城轨车辆,2007,30(1):62-65.

[56] LIU J L,LIN F,YANG Z P,et al. Opitimal efficiency control of linear induction motor drive for linear metro[C]. PESC2008,2008:673 ~ 677.

[57] CIAPPA M,FICHTNER W. Lifetime prediction of IGBT modules for traction applications. Reliability Physics Symposium,2000[C]. Proceedings. 38th Annual 2000 IEEE International,2000:210-216.

[58] SCHNUR L,DEBLED G,DEWAR S,et al. Low inductance,explosion robust IGBT modules in high power inverter applications[C]. Industry Applications Conference,1998. Thirty-Third IAS Annual Meeting,1998,2:1056 ~ 1060.

[59] HIGUCHI T,HIMENO K,NPNAKA S. On the design of a single sided linear induction motor for urban transit using a nonlinear optimization technique[J]. Trans IEE Japan,1995(115):255-262.

[60] BERNTE S. Recent developments of high power converters for industry and traction applications[J]. Power Electronics,IEEE Transactions on,2000,15(6):1102-1117.

[61] 郑琼林. 电牵引传动系统研究[D]. 北方交通大学,2002.